中東
を学ぶ人のために

末近浩太・松尾昌樹［編］

世界思想社

נתרם ע"י רקמה טובה ב"ב ישראל
DONATED BY TOVA EMBROIDERY BROOKLYN N.Y.

凡例

*用語の表記については、大塚和夫ほか編『岩波 イスラーム辞典』（岩波書店、二〇〇二年）の表記を採用した。

ただし、慣例に配慮した場合もある。

*主要人物については、原則として各章の初出で生没年を併記した。

*掲載写真・図表については、出所の記載がないものは各章の筆者撮影・作成である。

目次写真　錦田愛子
扉写真
第1部　竹田敏之
第2部　錦田愛子
第3部　長岡慎介
第4部　山本健介

序章　中東を「学ぶ」

末近浩太
松尾昌樹

中東の情報は世に溢れている――でも、それでは物足りない。そんなふうに感じる人は、中東を「学ぶ」時期に来ている。

今時は、わからないことがあればYouTubeを検索するとためになりそうな面白い解説動画で溢れている。中東で起こった事件に多様な論客が解説を加える様子は、私たちの中東イメージを補強し、さらにはそれらの情報を受け止めるための道を示してくれる。たとえ中東について知らなくても、知っているそぶりは簡単にできる。ＡＩに指示すればそれらしく中東の歴史をまとめてくれる。今や既知の情報は瞬時に共有され、それが元はどんなに難しい学術論文であったとしても、機械学習にかけられて最もわかりやすい形で数行にまとめられて私たちの手元に届く。私たちは、すでに生み出された知識に限定すれば、それを入手するコストが人類史上最安の時代に生きている。中東だけではない。外国や世界が遠かった時代はすでに過ぎ去っている。

だが、いや、だからと言うべきか、私たちはもっと自分の考えに合致する既知の情報がどこかにないかと探すのに飽き飽きしている。自分の力で中東を理解し、自分なりの中東イメージや中東解釈を持ちたいと感じている。借り物の言葉や知識ではなく、自分のなかに積み上げた中東の知識から言葉を紡ぎたいと思っている。簡単に集めることができて、切り貼りすればそれらしい形になる中東の情報ではなく、自分で触れ、悩み、感動し、試行錯誤した結果を他者と共有しながら、中東のことを理解したいと思っている。中東を「学ぶ」とは、こうした感情に身を任せて、貴重な時間をそこに費やす行為にほかならない。自分の内にある正体不明の知的欲求は決して満たされない——「学ぶ」ことのない限りは。

そもそも中東はそんな知的欲求に飢えた私たちを惹きつけてやまない奥深い地域である。ある時には国際政治の結節点として、中東は私たちの眼前に立ち現れる。またある時は文明の揺籠として、あるいは文芸の宝庫として、私たちを思索の海に誘う。さらには、この地域から発せられる力強い経済の鼓動は私たちが暮らす社会と共鳴し、遠く離れた二つの世界を結びつける。こんな魅力的な中東を学ばない手はない。

そんな厄介な欲求に突き動かされてしまった人々の行き着く先が、中東を学問として「学ぶ」ことを続けている中東研究者であり、本書はそんな中東研究者たち——それも、いずれもその分野の最前線にいる人である——が、これから中東を「学ぶ」人たちに向けて執筆した章からできている。それらの章は第1部「繁栄する文化」、第2部「変容する社会」、第3部「躍動する経済」、第4部「混迷する政治」という大きく四つのテーマで構成され、読者は関心のあるところから読むことができるように作られている。このため、まずは「学びたい」と思うテーマに接していただきたい。

読者が関心のある章から自由に読めるように作られているとは言うものの、このような構成の順序には編者なりの意図がある。たとえば、「文化」が第1部に配置されているのは、編者が中東の文化を重視しているからにほかならない。一般的に中東への関心は紛争やテロといった政治現象に集中しがちであるが（そしてそれはいつの時代でも変わらない中東への関心のあり方かもしれないが）、巷に溢れる情勢分析や政治評論が現地の人々の文化への理解に基づいていることは非常に少ない。たしかに、現実の政治はその国の文化と関係なく展開されることも多く、そうであれば現地の人々の考えをあまり考慮する必要はないのかもしれない。しかし、本当にそうだろうか。現地の人々が何を考え、どのような意図を持って社会を構成し、またそこで生活しているのかを考慮せずに分析することは、他者を解釈する私たちの都合によって一方的な正義を振りかざしているようなものである。それは、現地の人々を置き去りにし、かえって事態を悪化させる危険性を高めてしまう。中東の女性が着用するヴェールと女性の権利の問題や、権威主義的な為政者への国民の支持態度など、こうした事例には枚挙にいとまがない。

　このことは、現地の人々の考えに私たちが同意する必要があると述べているのではない。同意するにせよ、同意しないにせよ、まずは観察対象の人々を深く知ることが大切であり、そのためには文化は最も重要な要素となる。中東の人々のまなざしなしでは、中東で確認されるさまざまな現象の意味を解釈することは難しいだろう。

　社会や経済についても同様である。私たちは簡単に中東の政治現象に意見を述べがちだが、そこにどんな人々がどのように暮らしているのかについて、実はよく知らない。スンナ派がいるとか、クルド民族がいるとか、あの組織はイランとつながっているだとか、アメリカに支援されているだとか、そうしたニュースで一言二言の「解説」として扱われる情報については、手元にたくさんある。しかし、人々がどのように社会生活を送っているのか、どのように経済活動を営んでいるのか、あまり関心を持とうとしない。つまり、人々が私たちと同じように考え、感じ、集まり、交換するという当たり前の中東の姿を抜きにして、一足飛びに中東の政治現象を論評しようとする。せっかく「学ぶ」機会を得ようとしているのだから、ここは腰を据えてじっくりと中東と向き合ってみてはどうだろうか。

各章では、それぞれのテーマをわかりやすく説明しながら、どのような事象に注目するとそれぞれのテーマを理解しやすくなるのか、執筆者である各中東研究者の知見を使って解説している。それをそのまま読者にお届けする前に、ここで案内をさせていただこう。

中東とはどこか

中東は地球上の特定の地域を指す言葉であり概念だが、その範囲は必ずしも明確に決まっているわけではない。「中東とはどこか」という問いに答えることは、案外難しい。

中東は、一般に西は大西洋に面したモロッコ、東はペルシア（アラビア）湾に面したイランまでの地域を指すことが多い。一方、北はヨーロッパとの境界であるトルコ、南はアフリカ大陸のスーダンまでとされる（章末の地図参照）。この地域には、二〇程度の国家がひしめいている。ただし、中東を構成する国の数え方は、パレスチナ（パレスチナ国）、西サハラ（サハラ・アラブ民主共和国）のような国際社会からの正式な承認を得られていない未承認国家をどのように扱うかによって違ってくる。また、北アフリカのモロッコ、アルジェリア、チュニジアが除かれ縮小することもあれば（この場合「中東・北アフリカ」と呼ばれ、中東と北アフリカが区別される）、逆にパキスタンやアフガニスタンを加えて拡大する場合もある。

このように中東は曖昧な地理概念であるが、それは、この概念がこの地域に暮らす人々自身によって生み出されたものではないことによる。「中東（The Middle East）」という英語の言葉は、著書『海軍戦略論』で知られるアメリカの軍人・海軍史家アルフレッド・セイヤー・マハン（一八四〇～一九一四年）が一九〇二年に最初に用いたと言われている。マハンによると、中東は、西であるヨーロッパと東であるインドとの中間（middle）に位置する地域であり、対外戦略上の重要性が高まっていたペルシア湾周辺一帯を指す言葉・概念として用いられた。

つまり、中東は、西洋列強という外部の力によって生み出された他称であり、そこで暮らす人々の意思や希望が必ずしも反映されたものではない。しかし同時に、この地域は現実世界において中東として取り扱われており、現地に生きる人々も中東という枠組みが機能していることを知ったうえで自分たちの地域や社会、文化、生活を世界のなかに位置づけていることも確かである。そのため、今日の中東を学ぶうえで大事なことは、「中東とはどこか」よりも、「中東とは何か」という、そこに内包されている歴史性や当事者性、権力性に対する不断の問いかけだろう。

中東とイスラーム

ところで、中東を語る時にはしばしば、イスラームが補助線として参照される、あるいはイスラームそのものが中東を「学ぶ」ための核心であるかのように扱われることがある。たしかに、イスラームは中東の文化、社会、経済、政治のあり方に小さくない影響を与えてきた。しかし、本書ではこの中東とイスラームのそれぞれを「学ぶ」ことを明確に分けている。本書はイスラーム案内ではなく、またイスラームがわかれば中東がわかるという立場もとらない。イスラームそのものについて学びたいと希望する読者は、イスラームに関する概説書や専門書を開いてほしい。そこでは、素晴らしい知の蓄積に触れることができる。

言うまでもなく、中東にはイスラームの聖地（マッカ［メッカ］、マディーナ［メディナ］、エルサレム）が存在し、また人口の多くはイスラーム教徒（男性ならムスリム／女性ならムスリマ）である。ムスリム／ムスリマは、正しい行いとは何か、正しい社会とは何か、正しい政治とは何かを考える際に、イスラームの教えを一つの規範として参照することが多い。そのため、イスラームを「正しく」解釈・実践する方法についての膨大な知の蓄積があり、また現実に発生した事件がイスラーム的に「正しい」のかどうかについても多くの議論が交わされてきた。イスラームもほかの宗教と同様に、教義の解釈や信仰実践を整然と体系立った姿へと収斂させる力と、さまざまな方向へと拡散させる力がせめぎ合っている。別の言い方をすれば、現実のイスラームには一定の多様性があり、そうした多様性は時代や地域、あるいはイスラームを実践する人々の多様性に強く規定される。そのため、人々が「正しい」とするイスラームのあり方は時代や空間によって変化し、その変化したイスラームが人々の文化、社会、経済、政治の営みに影響を与えていく。

イスラームと中東は不可分であるが、それはどちらかがもう片方を一方的に規定するような関係ではなく、両者が相互に作用する関係にあると言えよう。さらに言えば、中東はイスラームだけでなく、キリスト教やユダヤ教にとっても揺籃の地であり、イスラーム以外の宗教も含めた宗教的重層性が今日の中東を強く規定している。これらのことを踏まえると、イスラームを理解すれば中東が理解できるとする論法が単純にすぎることは明らかだろう。

中東を学ぶのか、中東に対する立場を学ぶのか

今日の中東をめぐる言論は、政治的立場と密接に関連づけられている。中東で発生したある暴力をテロ行為と糾弾し、そのすべてを力によって強制的に抹消するのが正しい対応であると主張するものもあれば、そうした暴力の背後にある歴史的経緯やさまざまな人々の立場に耳を傾けるべきだと主張するものもある。イスラエルが長年にわたってパレスチナを抑圧・占領してきた事実や、中東の各国で女性の地位が低いままに置かれているといった問題は、しばしば対照的な立場を表明する言論のなかで扱われる。これらを論じる人々が政治家であったり、活動家であったりする場合は、その言論に政治性が伴うことには異論はないだろう。

これに対して、学問は政治的に中立であるべきだという意見がある。中東を「学ぶ」人は必ずしも眼前の出来事への対応を迫られているわけではなく、熟考を重ね、さまざまな立場を超えて対象を理解する余地があり、ゆえに政治性を乗り越えることが可能だ、と。しかし、編者はこうした立場をややナイーブだと考えている。現実には、中東研究者がなんらかの政治性を伴って発言することは珍しくない。研究対象になんらかの思い入れがあり、それゆえにその観察対象を代弁するような主張を展開する研究者もいるだろう。自身の主張を開示するために必要な紙面をメディア上で獲得するために、あえて政治的党派性に乗せて中東を描写する研究者もいるだろう。あるいは、研究者本人にそのつもりがなくとも発言に政治性が付与されることもある。いや、そもそもあらゆる発言は政治性から自由にはなれない。議論を交わすことは「学び」に必要なプロセスであり、またそうした議論を通じて私たちは中東との

関係を自分たちのなかに、あるいは私たちが日々暮らす社会のなかに位置づけてゆく必要がある。議論が政治的立場を必要とするのであれば、私たちはそれらを受け入れる必要があるだろう。ただし、中東を「学ぶ」際には——そして中東に限らないだろうが——「学ぶ」ことよりも政治的な立場が優先しないように心がけたほうがいい。立場に基づいて学ぼうとする姿勢は予断であり、現実を捉えようとする私たちの目を曇らせる。

さまざまな情報に触れてなんとなく中東を理解している私たちが、そうした情報の一歩先の知識を獲得しようとする時、その知識は本物なのか、正しいのか、という判断に常に迫られる。そこでは、再生回数やフォロワー数、ＡＩのバージョンなどは当てにならない。簡単に手に入る知識は、自分だけではなく誰でも簡単に手に入れることができる。瞬く間に生成される知識は、瞬く間に古くなり、陳腐化する。

私たちの判断の拠りどころとなるのは、立場ではなく、「学び」そのものである。中東研究の歴史が紡いできた学知を自身のなかに蓄えながら、その知識に基づいて対象を解釈し、自身の見解を述べることが、私たちの主張を確かにする。この主張に基づいて批判し、批判され、議論を続けることで新たな理解を作り上げる。「学び」とは、そうした不断のプロセスである。学んで得た知識よりも立場が優先すると、しばしば学びは独善的となり、学んで得た知識に基づく批判ではなく立場に基づいた批判となり、その行き着く先は自身の立場に適合した情報や知識のみで構成された中東である。それはグロテスクな中東の姿であり、私たちの生活や人生、そして、社会や世界を豊かにするものではない。

中東を「学ぶ」楽しさ

とはいえ、私たちは自分の人生や周りの社会を豊かにするために中東を「学ぶ」のではないし、またあえてそうすべきでもないだろう。学問がもたらす豊かさとは運良くもたらされた結果であり、約束されたものではない。そこに至るまでの日々の営みは、なにやら価値のありそうな「学び」という言葉とはほど遠い、単調で地味な作業だ。現地語で書かれた文章の行間に意味を読み取ろうと眠い目を擦ってページをめくり、足を棒にして辿り着いた集落で人々の話を聞き、そうしてようやく出来上がった論考の陳腐さに愕然とする。

それでも「学び」を続けられるのは、その営み自体が持つ楽しさを知り、同時に中東という舞台に惹きつけられているからにほかならない。それほどまでに中東を「学ぶ」ことは楽しい。本書はその入り口にあって、その先へと長く続く道の、最初の一歩を踏み出そうとしている読者への案内である。

本書で取り上げる中東諸国

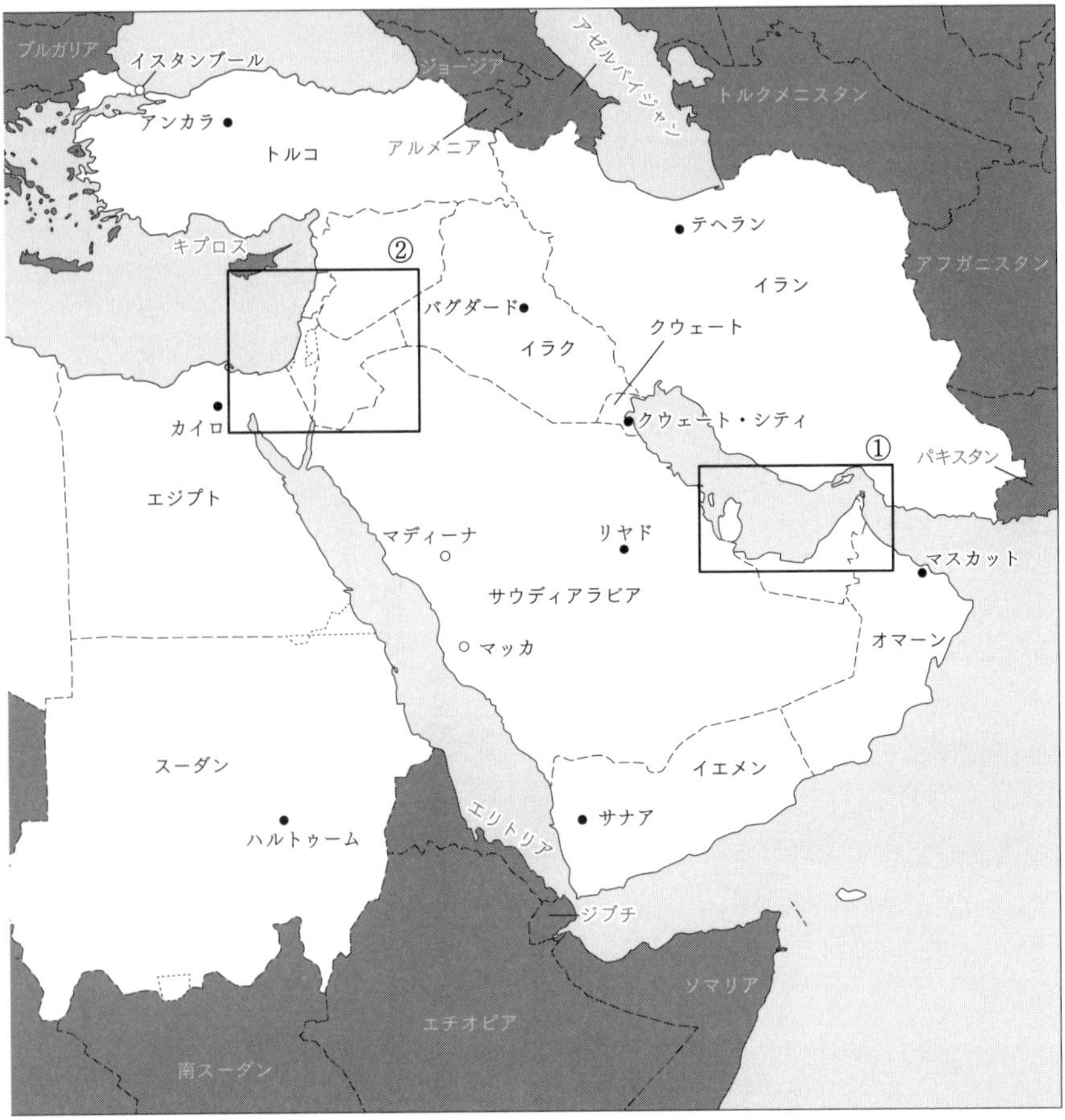

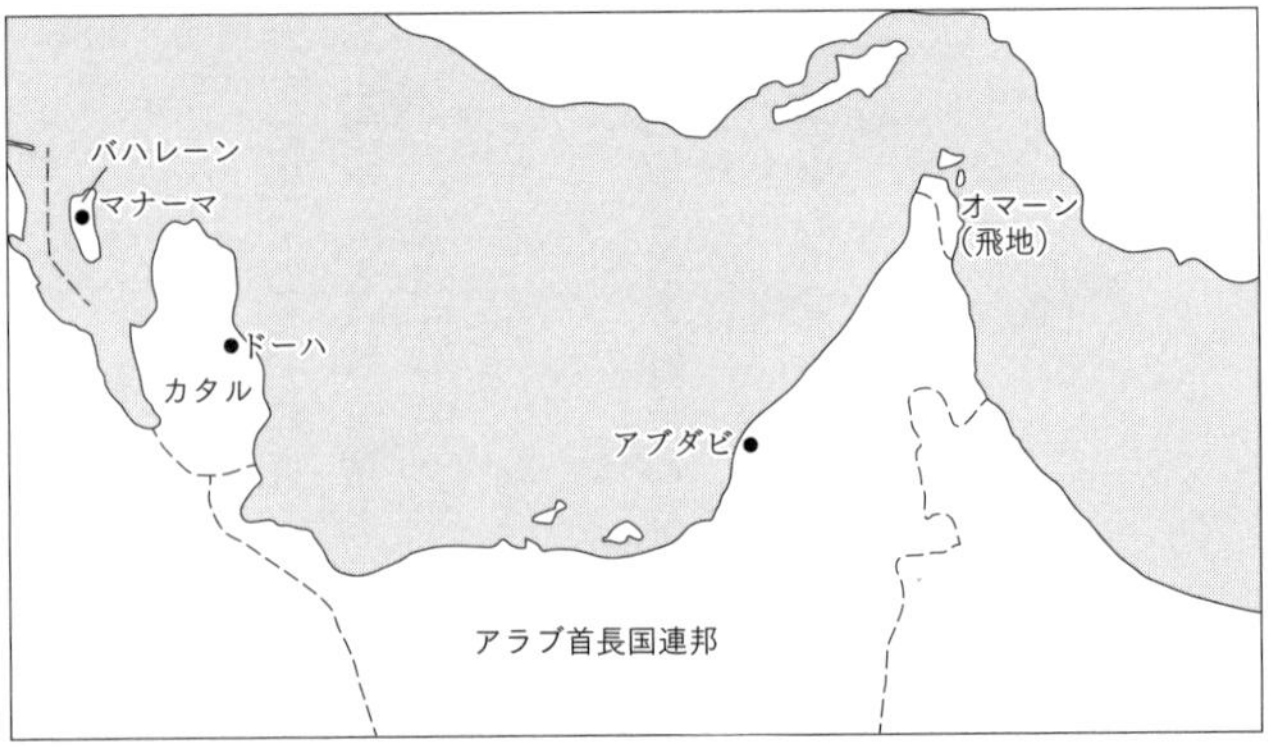

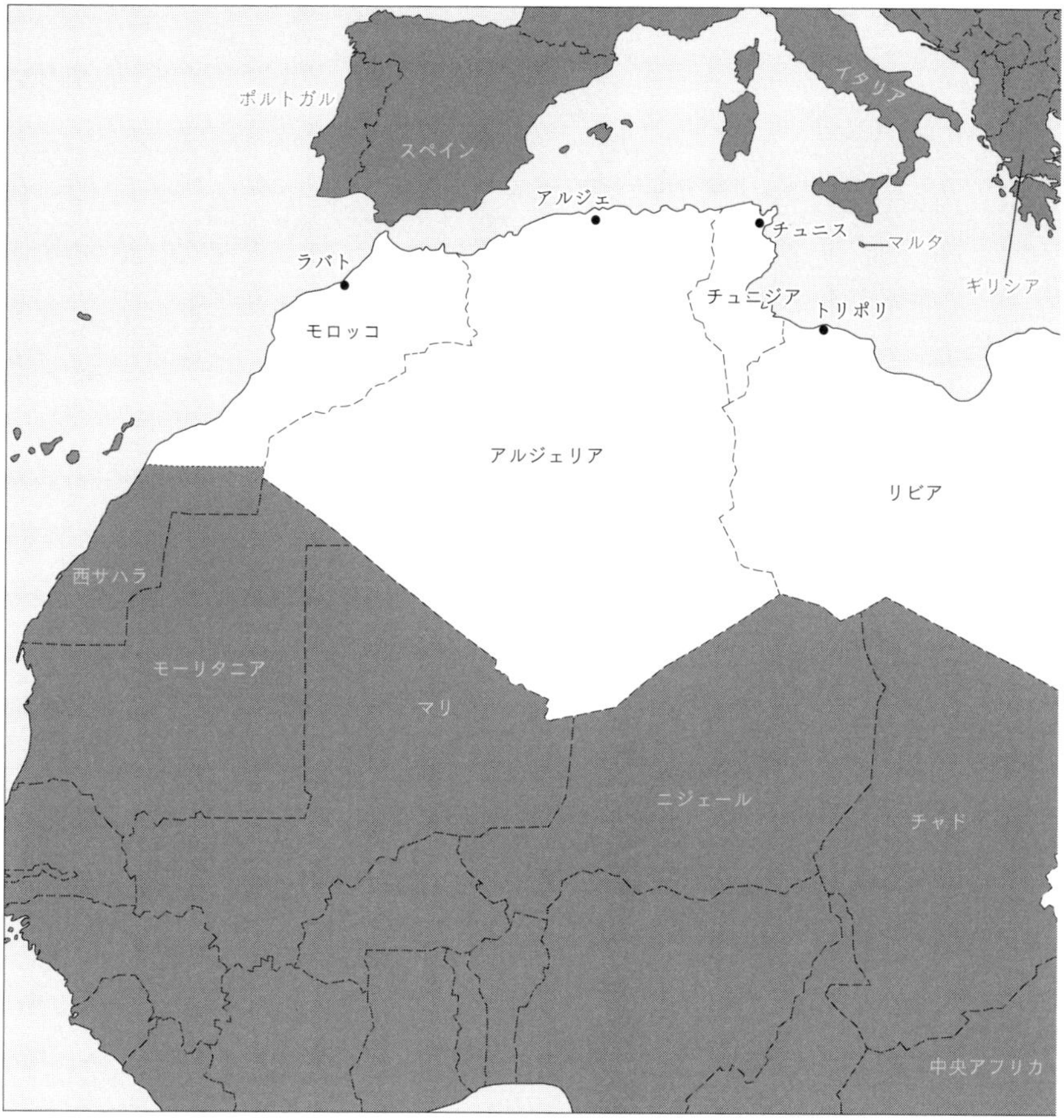

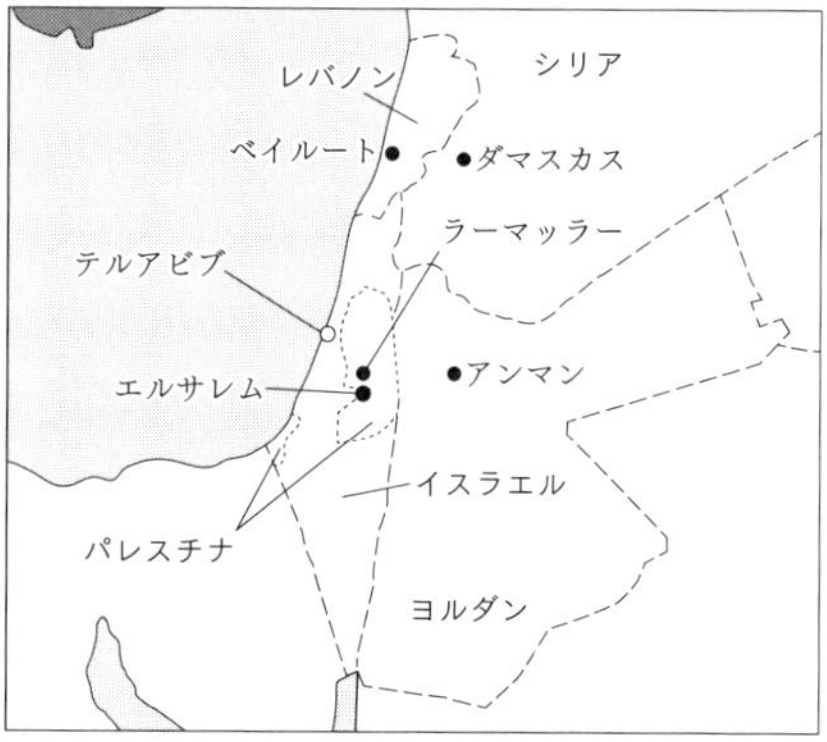

…… 領有権をめぐって争いが続いており国境線は未確定
● 首都
○ 重要都市
（注）表記については，巻末の「中東を学ぶ人のための国別データシート」も参照

第1部
繁栄する文化

Culture

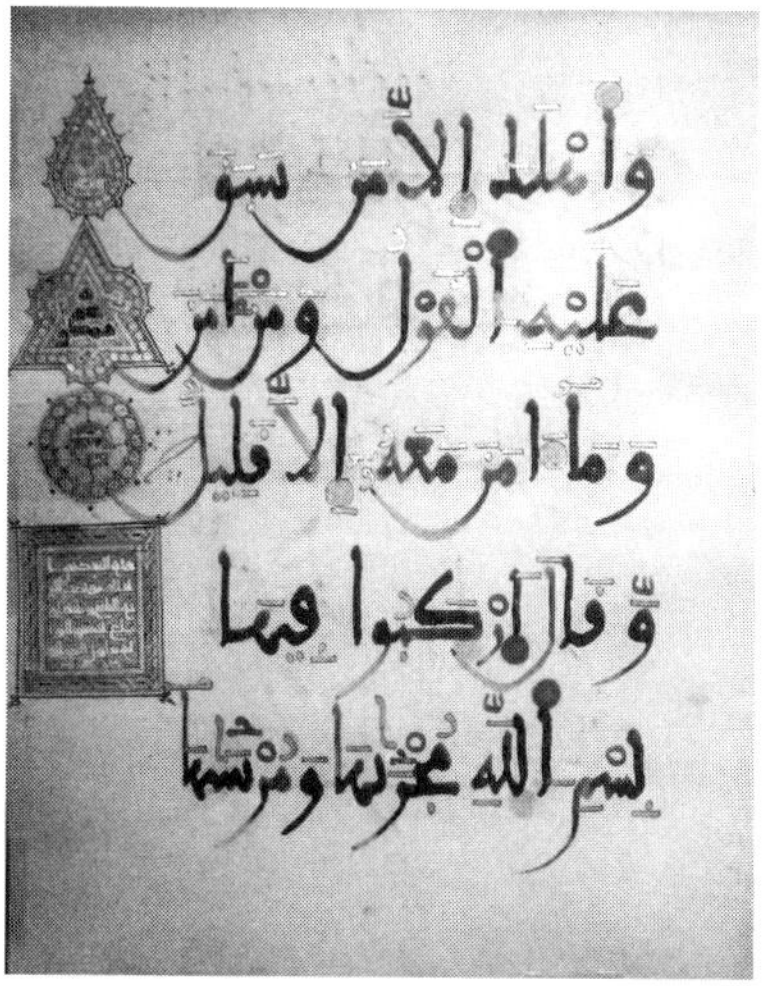

クルアーン写本，フード章：40-41節
（イスラーム芸術博物館，カタル）

第1部　イントロダクション

松尾昌樹

海外の文化を学ぶことは楽しい。色彩豊かな装いや食欲をそそる香辛料の香り、風変わりな舞踏や儀礼の数々は、私たちの心を惹きつける。そうした情報にテレビやインターネットで触れて、中東の文化に関心を持った読者も多いだろう。文化には非常に多様な側面があり、そのすべてを取り扱おうとするなら一冊を割いても足りない。そこで本書では、言語・文字を媒介とした文化に焦点を当てる。

文化に限らず、また中東に限らないが、海外の地域や国を理解する時に必要とされる基本スキルの一つが現地語の運用能力である。現地で発生している事象を現地語で観察し、現地の人々の意見を現地語で収集することは、現地を理解する第一歩となる。人々の思考を形作るのは言語であるという基本に立ち返り、1-1「言語と宗教」では中東地域で使用されている言語を人々の生活様式、とくに宗教との関連で学ぶ。中東における今日の言語的多様性を理解することは、それを基盤として成立している中東世界そのものの多様性を学ぶうえで重要な示唆となるだろう。

また、このような中東の多様性をよく表しているのが歴史である。中東のさまざまな民族や王朝が織りなす歴史紋様の複雑さ・美しさ・長大さは圧巻である。日本の高校世界史にも登場するイブン・ハルドゥーンはよく知られているが、中東はこれら以外にも多くの歴史家を輩出し、彼らが連綿と歴史を紡いできた。歴史叙述はそれがなされた時代や目的で異なっており、この違いも歴史の多様性を生み出す一つの要因である。1-2「歴史叙述」では、今日も中東史研究で参照される歴史書やその著者を取り上げつつ、現地で受け継がれてきた歴史叙述の足跡を辿る。

歴史と並んで、言語・文字を媒介とした文化のもう一つの代表は文学であろう。中東は文学作品の宝庫であり、現代においても文芸活動は盛んである。このなかでもとくに現代アラブ小説に焦点を当てた

1-3「アラブ小説」では、各作品が著された時代や地域、国が反映されている多様な作品が挙げられる。現代中東を読み解く題材として「フィクション」である小説を用いることには異論があるかもしれない。しかし、そこには現地を生きる人々の苦難や葛藤、喜びや絶望、また「フィクション」としてしか表明されえない現実が反映されているだろう。

人々の思考、とりわけ国家や民族といった「われわれ」に関する思索的営みを直接的に表現しているのが思想である。中東の思想と言えばイスラームであると考える読者は多いだろう。それは間違いではないが、イスラームと関連しながらも、植民地支配や民族運動、民主主義といった多様な現実を織り込みながら発展してきたのが現地の思想活動である。こうした思想活動の方向性はその活動を行う当事者の使用言語や民族に規定されることが多く、言語的・民族的・歴史的多様性を持つ「中東」の思想があるのかとの問いに答えるのは難しい。しかし、1-4「中東の近現代思想」はこの問題に正面から向き合い、中東における政治思想をどのように整理し、理解することができるのか、その道筋を示している。

現地語は多様かつ難解、歴史は過去の出来事で、文学はフィクションであり、思想は抽象的だ。文字によって媒介された文化が対象とする事象は実態として観察し、手に取ることが困難であり、文字を追って自らの頭のなかに像を描くことで初めて浮かび上がる。それゆえ、眼前にある現実の中東を理解するためには迂遠な学びに思われるかもしれない。しかし、現地の人々が対象に対して深く考え、自己のなかに描いた像を文字化した成果を私たちは読んでいるのであり、これは現地の人々の思考を辿る行為にほかならない。現地の人々の思考を読み解き、場合によってはそれに共感する。これもまた、中東を学ぶうえで大切な方法であろう。

1 言語と宗教

竹田敏之

中東で使用されている主要言語

言葉は情報の伝達や意思疎通のためのツールであり、人間が用いる各言語の価値に優劣はない。しかし、何が重要な言語であるかは、評価基準によって変動するものであり、中東の主要言語を概観する時も、切り口によって自ずと答えが変わってくる。

たとえば、話者数で言えば、同地域はトップにアラビア語（約四億人）がランクインする。その次にトルコ語（約九千万）、そしてペルシア語（約七千万）と続く。トルコ語はトルコ共和国の公用語で、国民の八割近くはトルコ語を母語としている。また、ペルシア語はイラン・イスラーム共和国の公用語である。

もちろん、国家と言語が一対一で、ぴったりと重なるわけではなく、たとえばペルシア語はタジキスタンではタジク人の「タジク」を冠し、タジク語の名で公用語となっているし、アフガニスタンの公用語の一つであるダリー語も、ペルシア語の一方言である。ダリーはペルシア語で「宮廷」を意味するダル（ダルバール）に由来する。トルコ語についても、キプロスやドイツ、アゼルバイジャンなどに一定数の話者が存在する。

　トップのアラビア語はどうであろうか。中東・北アフリカを中心に二二の国と地域の国語・公用語として使われている。中東地域では、世界最大の石油生産量を誇るサウディアラビアをはじめ、同国が位置するアラビア半島の産油国五カ国（カタル、クウェート、アラブ首長国連邦［ＵＡＥ］、オマーン、バハレーン）と、イエメン、イラク、そしてシャーム（歴史的シリア）の地域名で知られるシリア、レバノン、パレスチナ、ヨルダンといった国名が挙げられる。またアラブ諸国の文化・政治の中心であり続けてきたエジプト、「日が沈む場所」（西方アラブ地域）を意味するマグリブ諸国（モロッコ、アルジェリア、チュニジア）などでも、アラビア語は公用語の地位にある。また、多くのアラビア語学者や文人を輩出してきた、モーリタニアやスーダンといった国も忘れてはいけない。

　さて、ペルシア語とアラビア語は同じ文字（ペルシア文字はアラビア文字に四文字を追加）を使うため、同系統の言語と思われがちだが、ペルシア語はインド・ヨーロッパ語族のイラン語派であり、アラビア語はヘブライ語などと同系統のセム語派に属する。「セム」とは、方舟の話で有名な預言者ノアの三人息子、サーム、ハーム、ヤーフェスのサームに由来する命名で、ヨーロッパの言語学の発展とともにその名が知られるようになった（名づけ親は一八世紀ドイツの歴史学者アウグスト・シュレーツァー）。両言語が発する視覚的イメージは酷似しているが、耳に入ってくる音はまったく別物である。実際、両言語の話者が互いに話しても通じることはない。ちょうど中国語と日本語の関係を想起するとわかりやすいかもしれない。

◆宗教と多言語社会

次に、宗教という切り口から中東の主要言語を見てみよう。ノアの方舟の舞台も中東であるが（トルコ東部のアララト山は方舟の漂流地説があることで有名）、この地は一神教のユダヤ教、キリスト教、イスラームの故郷であり、各宗教に関係の深いヘブライ語、アラム語、アラビア語といった言語が、同地域の歴史と密接に関わりながら展開してきた。ユダヤ教の典礼言語であるヘブライ語は、一九四八年のイスラエル建国とともに現代ヘブライ語となって息を吹き返し、同国の公用語として通用している。またイエスの母語とされるアラム語は話者がシリアのマアルーラや、トルコ南東部のマルディンに少数ながら今も存在する。アラビア語は中東を代表する地域言語であるほか、イスラームの宗教語として全世界のムスリム／ムスリマ（イスラーム教徒）に共有されている。

イスラエルの公用語である現代ヘブライ語は、音韻や文法・形態の面で聖書ヘブライ語（古典ヘブライ語）とはだいぶ異なっている。二千年以上ほぼ使われなくなってしまったユダヤ人の言葉を復活させ、一九四八年のイスラエル建国に伴い国家語として復興させた（提唱者のエリエゼル・ベン・イェフダー［一八五八～一九二二年］は「ヘブライ語の父」の名で知られる）。学校教育はもちろん、家庭内での使用も徹底し、急速に国民に普及しその母語化が進んだ。結果として国家の生きた言語として機能させた政治的成果は大きい。

現代トルコ語も、オスマン帝国崩壊後にトルコ共和国が誕生したこと（一九二三年）によって成立した国語である。建国の父ムスタファ・ケマル（アタテュルク、一八八一頃～一九三八年）のイニシアティヴによって「文字改革」（一九二八年）が進められ、現代トルコ語の前身であるオスマン語のアラビア文字を廃止し、ラテン文字による現代の正書法を確立した。さらにアラビア語やペルシア語起源の語彙は極力排除し、トルコ語に置き換えるというトルコ語純化政策も推し進められた〔Suleiman 2002〕。こうした一連の動きは「文字改革」や「言語改革」という表現で肯定的に評価されることが多い。しかし一方では、アラビア文字との決別はイスラームの重厚な遺産との断絶を意味する、とする否定的な見解も広く見られる。言語や文字はしばしば、ナショナル・アイデンティティや宗教意識と深く関わる。

また、民族やエスニシティという切り口で中東を見れば、多言語社会を形成している場所も少なくない。公用語のほかに複数の言語が存在するケースである。たとえば、イラン西部やイラク北部、シリア、トルコ南部にわたってはクルド語が広く使われている。また、アラビア半島のオマーン南西部ズファール地方やイエメン東部には、ジッバーリー語やマハリー語といった南アラビア諸語の母語話者がいる。また北アフリカにはベルベル語話者が相当数いる。こうした言語のほとんどは正書法が定まっておらず、国家による公の地位を得ることなく母語レベルで留まっている場合が多い。

しかし二一世紀に入り、とくに二〇一〇年の「アラブの春」以降、言語権や多言語主義の流れが強まり、イラクでは二〇〇四年の憲法改正によりクルド語がアラビア語に並んで公用語になり、またモロッコではアマーズィーグ語（ベルベル語）が二〇一一年に公用語の地位を得た（言語に関する規定は各国の憲法に記されている）。モロッコでは、公的文書をはじめ、商業的看板や道路案内にもアマーズィーグ語の表記が増え、国内の言語景観は大きく様変わりしてきている。また、アマーズィーグ語は学校教育にも導入され、正書法の整備も急速に進みつつある。こうした流れとは逆に、イスラエルのように公用語であったアラビア語がその地位を失った例もある（二〇一八年）。同国では領域内の地名のヘブライ語化が急速に進められている。このように言語と政治をめぐる関係は、多言語社会という一面を持つ現代中東の重要な課題の一つとなっている。

フスハー（正則アラビア語）とアーンミーヤ（口語）

それでは、中東で最大の話者数を有するアラビア語とその社会の言語状況をもう少し細かく見ていこう。アラビア語の世界は「ダイグロシアの言語社会」という言い方で表現されることが多い。「ダイグロシア」とは、同一言語の二変種併用のことで、一つの社会において高変種の言語と低変種の言語が、場面や対象によって使い分けられている状況のことを意味する。一九五九年にアメリカの言語学者チャールズ・ファーガソンが発表した論文で用いた用語である。アラブ世界の場合、高変種がフスハー（正則アラビア語）で、低変種がアーンミーヤ（口語または方言）となる。この分析概念の提唱は、従来は俗語と見なされた口語の価値を改めて評価する研究上の視座を与え、その後の社会言語学の発展に大きく寄与することになった。とくにフスハーの規範力が強いアラビア語の言語社会の実態を読み解く一助となり、欧米を中心に口語や方言に関する研究が飛躍的に増えた。しかし、そのトレンドの陰で、現代フスハーへの関心は相対的に伸び悩んできたように思われる（古典研究は常に関心が高い分野である）。

ダイグロシアという用語は日本のアラブ・中東研究でも頻繁に使われ、今なおアラビア語の説明で登場することがある。しかし、七〇年近くも前の見地であり、湾岸諸国が成立しオイルマネーによって地域が経済的に勃興する前の学説である。アラブ諸国の就学率や識字率が上がった現状、多言語社会を有する各国の変容、フスハーが実用的なメディアのアラビア語となって機能している実態、演説で口語を巧みに用いる宗教家の存在など、現代アラブ世界の言語社会の実相を捉えるには、ダイグロシア論はもはや時代遅れであり、分析視点としても適しているとは言いがたい。さらにファーガソンは、フスハーを文語（書き言葉）として「一般の会話にはその言語共同体のいかなる部分においても使用されることはない」〔高階 一九九八〕としているが、これはあまりにも言語運用の実態とかけ離れた記述となっている。今日、フスハーを討論や会話において自由自在に使いこなせる人は数知れない。

もう一つ大事な点は、言語学の記述主義的な立場によれば、モロッコ方言は一言語、エジプト方言も一言語、イラク方言もまた別の一言語ということになるが、アラビア語の使用地域の人々、すなわちアラブ世界では、口語レベルにおけるモロッコ方言もアラビア語、エジプト方言もアラビア語、イラク方言もアラビア語という共通認識が成立している、ということである。日本でも熊本の方言は日本語であり、青森の方言も日本語、大阪の方言も日本語である。各方言には特徴があり、なかには相互理解が難しい語彙や表現もあろう。しかし、どの方言話者も日本という国の日本語社会に属する日本語話者なわけである。アラビア語の場合、その意識が一つの国ではなく、二二カ国という大きな言語共同体にあまねく成立している、と捉えるとわかりやすいかもしれない。

◈言語と政治

仮にアラブ世界において、各国の口語（方言）が国語になっていたら、どういうことになっていただろうか。とくにアラブ諸国の多くは一九世紀以降、西欧列強による植民地支配を経験し、二〇世紀中葉にかけて独立を果たした国々である。その際に、国づくりのために憲法を制定し行政や法の整備を進めるわけだが、その段階でレバノン方言がレバノンの国語として「レバノン語」となり、モロッコ方言がモロッコの国語として「モロッコ語」となり、エジプト方言がエジプトの国語として「エジプト語」となっていたら、今あるようなアラビア語圏やその言語文化的連帯と帰属意識は成立していなかったと言える。

アラブの国々では、まず憲法でアラビア語を公用語ないしは国語と規定した。さらに一九四五年のアラブ連盟の設立期から五〇年代のアラブ・ナショナリズムの興隆期には、アラビア語を国家を超えた地域共通の教育言語として、またメディアの共通語として整備したことで、現代アラビア語（現代フスハー）が流通する一大言語圏を作り上げた。これが現代アラブ世界である。具体的には、教育のための文法改革、学術用語の均一化、メディアのための実用的アラビア語への発展などが進められた。地域共通の現代語を成立させたことが、ヨーロッパにおけるラテン語の崩壊からロマンス諸語の国語化（フランス語やスペイン語、ポルトガル語、イタリア語などの成立）といった流れと決定的に異なるところである。

現代の例を挙げると、マルタ共和国という国名を聞いて、どのような人々の国で何語を連想するだろうか。イタリアの南方の地中海に位置する国で、そこにはヨーロッパというイメージが漂う。アラブの国と考える人はまずいないだろうし、マルタの人々も自分たちがアラブ世界に属しているという意識はまったく持っていない。マルタはマルタ語と英語を公用語としている。またマルタ語は、ＥＵ（欧州連合）の公式言語にもなっている。しかし実のところ、マルタ語は言語的にはアラビア語である。言語の系統も先に紹介したセム語派であるし、実際チュニジア方言にとても近い。それにもかかわらず、アラビア語の一方言とさえされないのは、国民の歴史的系譜や宗教的要素も関わるが、イギリス統治下の自治領時代にラテン文字を基調としたマルタ語を公用語化し（一九三四年）、独立に際してはマルタ共和国の国語と定めたからであった（一九六四年）。

さて、中東に話を戻すと、アラビア語圏では二〇世紀中葉以降、現代アラビア語によるメディアの発展が、日常生活における現代アラビア語の実用性を強化し、ひいてはそれを論じる共通の場を成立させた。その舞台となったのが、シリアやエジプト、イラクなどに設立したアラビア語アカデミーである（設立年は、シリア一九一九年、エジプト一九三二年、イラク一九四七年）。アラビア語アカデミーは、学術用語の整備や外来語の言い換え、辞書の編纂などを主な活動としている。現代では、その共通の場にネット上のアラビア語アカデミーなども加わり、アラビア語を論じる共通の場はさらに進化し続けている。

アラビア語とクルアーン

イスラームの啓典は、モーセに神から下った律法（タウラー）や、イエスに下った福音（インジール）、ダヴィデに下った詩篇（ザブール）などで、そのなかで最も重要なものはムハンマドに下ったクルアーン（コーラン）である。神からメッセージ（これを「啓示」という）を受け取り、それを人々に伝える任務を担った人をメッセンジャー、すなわち言葉を預かった人という意味で「預言者」という。「啓典」とは預言者に下ったメッセージの集大成を意味する。聖書でおなじみのモーセやイエス、ダヴィデもまた、イスラームが信じる預言者であり、彼らが受け取ったメッセージが前述の啓典となる。

ムハンマドも預言者の一人であり、最後の預言者とされる。つまりムハンマドが受け取ったクルアーン以降、神からメッセージが下ることはないし、預言者もいない、と信じられている。ムハンマドは五七〇年頃にアラビア半島のマッカ（メッカ）で生まれ、四〇歳で預言者となったことを自覚し、亡くなる六三二年まで啓示は機会あるごとに下った。啓示の言語はアラビア語であった。

聖典や啓典というと「典」という言葉から「本」をイメージしがちだが、イスラームの場合、少し注意が必要である。クルアーンとは（声に出して）「読む」を意味するアラビア語の動詞カラアの動名詞で「読誦《どくしょう》」を意味する。ムハンマドは読み書きをする人ではなかった。受け取ったメッセージはそのまま朗誦され、口承で直弟子たちに伝えられた。この音のテクストこそがクルアーンの原型であり、後に写本や刊本が登場する時代においても、イスラーム世界は常に、読誦される音声の継承に力を注いできた。

その一方、ムハンマドから直弟子、さらにその弟子へと口頭伝承されたクルアーンは、第三代正統カリフのウスマーン（?～六五六年）の時代に本格的な文字のテクスト化が行われた。ムハンマドが没してから二〇年ほどが経った六五〇年頃のことであった。この大事業を「クルアーンの正典化」という〔竹田 二〇一四〕。ウスマーンが総指揮官となり、ムハンマドの直弟子で筆記に定評があったザイド・イブン・サービト（六一一～六五年）を委員長に任命し、ムハンマドと同じクライシュ族出身のほか三名からなる編纂委員会を立ち上げ、クルアーンの手稿本制作を進めた。完成した原本は「ウスマーン版ムスハフ」と呼ばれ、マディーナ（メディナ）に一点を保管し、ほかはマッカ、ダマスカス、バスラ、クーファに送られた。ムスハフとは文字が記されたページの集まりを意味する（現代でも刊本のクルアーンは、ムスハフと呼ばれることのほうが多い）。

しかし、この史的展開は口伝の伝統が正典化によって終わったことを意味するものではない。当時の筆写の媒体はラクダの肩甲骨や動物の皮などであり、ウスマーン版ムスハフは巨大かつ相当な重量であったと考えられている（一説によれば一〇八七葉、厚さ四〇センチ、重さ八〇キロ）。現代でも重要な写本は図書館の特別な部屋に保管されているのと同じように、ウスマーン版ムスハフも必要な時にのみ参照する秘宝のような存在であった。クルアーンは正典化の後も、あくまで「音」が主で「典」はそれを支えるテクストとして、現代まで継承されてきた。それは、活版印刷による刊本ムスハフやデジタル化が進んだ今日においても、大きく変わることはない。

クルアーンの翻訳

イスラームは、オリジナルのテクストの伝承、すなわち「原語」のアラビア語に非常にこだわる。一方、同じ一神教のキリスト教は、聖書のテクストの「意味」を伝えることを重視するので、翻訳が盛んである。またキリスト教は、歴史的にも活字の鋳造や印刷術を得意とし、各言語の聖書や祈禱書を積極的に各地で印刷し頒布することでイエスの教えの普及に努めた。今日、聖書全巻は七二四言語に完訳されており、約三千の言語・方言の翻訳プロジェクトが着々と進んでいる。

クルアーンの場合は逆で、意味よりもまずは原語、すなわちアラビア語で朗誦される音声テクストがそのまま正確に人々へ伝わることを重視してきた。非アラビア語圏にもクルアーンをすべて諳《そら》んずる暗誦者は数多く存在するが、章句の意味は解さない、という例も珍しくはない。しかし、イスラームではクルアーンの読誦とその暗誦を何よりも優先させ、意味の理解や解釈はその後という順をよしとする。

現在、世界のムスリム人口は約二〇億人だが、その内訳は、イスラーム発祥の地であるアラビア半島をはじめとするアラビア語圏より、南アジアや東南アジアなど非アラビア語圏のほうが圧倒的に多い。国別ランキングでは一位がインドネシアで約二・四億人、その後にパキスタン、インド、バングラデシュといった南アジア諸国、次に西アフリカのナイジェリアが続き、アラビア語圏の国が登場するのは、その次の六位でエジプトの約九千万人である〔店田 二〇二一〕。聖典に限らずあらゆる事象について、音声や文字・記号の意味が理解できないままに、それを真実として受け入れるということは不思議でもあるが、逆にそれだけ心や感性に訴えるほどの視聴覚的な魅力があるということなのかもしれない。実際、「原語」を強調するイスラームは、「意味」の重要性を強調するキリスト教と並んで、民族や国を超えて世界に広まった宗教の代表例である。

前段では、イスラームがクルアーンの原語であるアラビア語を重視することを見てきたが、世の中に流通しているクルアーンの日本語訳や英訳は、どういう位置づけなのだろうか。よく「クルアーンは翻訳を禁止している」という記述を見かけるが、これは半分は正しく、半分は正確ではない。禁じているということについて言えば、とくに刊本ムスハフ（書物の形になった印刷版クルアーン）が普及し始めた二〇世紀には、クルアーンの章句を翻訳する営為自体を禁止する見解を示す法学者も存在した。一九五〇年代にはエジプトのイスラーム学術誌『アズハル』誌を舞台に翻訳の是非が大きな論争となった。たとえば、クルアーン雌牛章一八七節の「彼女たちはあなたたちの衣であり、あなたたちは彼女たちの衣である」は、その字面をほかの言語に訳しただけでは意味が通じない。これはアラビア語の修辞学で言うところのタシュビーフ（比喩）で、夫婦の関係を表現しているからである（より具体的にはラマダーン月の夜の夫婦の和合）〔小杉 二〇一六〕。すなわち「夫婦は衣服のようにいつも一緒に寄り添い、互いを禁じられたものから守り、安心感を与え合う」というような意味である。神の言葉には修辞表現を含め無限の叡智が詰まっており、クルアーンの原語であるアラビア語からほかの言語に訳すこと自体が不可能である、という主張であった。

一方、現代では、イスラーム諸学に精通した学者がクルアーンの章句を解釈して他言語に訳すのであれば、それは意味の理解の一助になるため翻訳は許容される、という法学見解がイスラーム世界で広く受け入れられ、一定のコンセンサスを得るに至っている。つまり翻訳は、クルアーンの意味の解釈ということになる。また、翻訳は人間の営為であるため、訳された時点でそのテクストは神の言葉そのものではなくなる。その段階で「原語」が持っていた聖典の価値は失われるため、訳文を声に出して朗誦することもないし、その朗誦が日々の礼拝に取り入れられることもない。

現代イスラーム世界とクルアーン読誦

ムハンマドから現代までは一四〇〇年ほどある。これほど長い期間、口承によって正しいテクストが正しい形で伝わった証拠はどこにあるのか。イスラームには教会のようなシステムや、教皇のような絶対的な権威はない。すなわち公の機関がクルアーンの「正しさ」を認定しているわけではないのである。「正しさ」はイスラーム世界のコンセンサス（イジュマー）の成立によって裏づけられる。仮に世界各地にいる暗誦者を集めて、せいので同時に読み上げを開始すると、一字一句同じテクストであることが確認されるだろうし、どこかの章句を間違えれば、それを間違いと瞬時に指摘できる者が必ず存在する。

なぜ、こうしたことが可能であるのかといえば、暗誦者には、読誦を完了し一字一句を間違えないで教示できるというお墨つきを与えてくれた師がいて、その師にも師がいる。そしてこうした師の系譜を三〇人ぐらい遡及していけば、行き着くところはムハンマドになる。このあたかも家系図のようなクルアーン伝承の系譜は、イスラームの用語で「サナド」と呼ばれる。イスラーム世界では、独学は奨励されず評価もあまり高くない。クルアーンの暗誦者はサナドを有していることで、自身の読誦技術や知識が正統であることが証明される。このサナドの伝統が、イスラーム世界がクルアーンの音のテクストを正しいと主張する根拠となっている。また、暗誦は口伝えと対面教授を絶対条件とするから、書かれたテクストの存在やそれが読める能力は必ずしも求められる要素ではない。実際、イスラーム世界では目が不自由なプロの読誦家やイスラーム学者が幅広く活躍している。

また、キーワードとしてしばしば登場する「スンナ派」と「シーア派」という宗派の違いがあってもクルアーンは一つ、読誦するテクストは一字一句、確と同じである。礼拝や一連の動作に関わる文言についても、ともにすべてアラビア語である。最後に、この宗派の違いについて少し解説したい。

スンナ派とは正式には「スンナとジャマーアの民」という。スンナはムハンマドの慣行のことで、ジャマーアは集合体を意味する。すなわちスンナ派は、ムハンマドの教えとイスラームのウンマ（共同体）の総和を重んじるという信条を基盤としている。裏返せば、各学者や法学派による細かな見解の相違があっても「ウンマは一つである」というイスラームの理念を最優先する。一方、シーア派とは、いわば「アリー支持党」のことである。シーアはアラビア語で「党」や「派」を意味するため、サハラ砂漠の言い方と同じである（サハラは「砂漠」を意味する）。アリー（五九九／六〇〇～六六一年）はムハンマドの従弟にあたり、ムハンマドはアリーがまだ小さい頃から実子のように親しく接した。アリー自身もムハンマドに献身的に仕え、ムハンマドの娘のファーティマを妻として迎えている。ムハンマドがアリーを格別に大切にしていたことは、誰の目から見ても明らかであった。

両宗派の違いは端的に言えば、歴史認識の違いである。ムハンマドが亡くなった後に、誰が後継者となるべきだったのか、をめぐる相違である。スンナ派は、信徒の合議によって選出されたアブー・バクル（五七三～六三四年）、そしてウマル（五八四～六四四年）、次いでウスマーン、そしてアリーという四人を正統なカリフ（後継者の意味）と信じる。スンナ派では、歴史上起きたことは神が定めた真実となる。しかしシーア派は、ムハンマドは生前、自らの任命によってアリーを後継者に指定していたとする。ところが、ムハンマドが亡くなった日、アリーは葬儀の支度で忙しく、後継者選出の場面に参じることができなかった。その間に本来アリーが就くべき地位は奪われてしまった、と主張する。つまり、アリーが後継者になるべきだったのに、不当な人選と歴史によってあるべき真実は裏切られた、という認識である〔小杉 一九九四〕。そのため、シーア派は先のカリフ三名を認めないし、カリフという職位名も使わない。アリーこそがムハンマドを継承する第一のイマーム（指導者）であることを信条の中心に据える。さらに、その指導者の地位はアリーの子孫のみに受け継がれるとし、その継承は前イマームによる直接の任命による。よって、アリーの息子で長男のハサンが第二イマーム、次男のフサインが第三イマームとなる。以下、第十二イマームのムハンマド・ムンタザルに至る流れを信じるのが、イランが国教とする十二イマーム派である。

分布で言えば、シーア派は現代イスラーム世界の一〇%ほどである。イランのほか、イラク、レバノン、バハレーンやサウディアラビア東部にも多い。ただし宗派とはいえ、イスラームの根本的教義は同じで信じる神は一つ、クルアーンも一つであるから、聖地マッカでは宗派を問わず巡礼が行われているし、世界各地で開催される国際クルアーン朗誦コンテストでは、その差もなく各国の代表者がこぞって美声や朗誦の技能を競い合っている光景がある。

今後の学びに向けて

中東を研究する際、言語にしても宗教・文化にしても相違が見えてくるのは当たり前と言えば当たり前である。それは、日本各地に方言があり、さまざまな文化や慣習、宗派や信仰があるのと同じであろう。その部分もたしかに面白い。言語で言えば、自分の好きな地域の方言や口語を学べば、一気に現地の日常に接近できる。一方で、アラブ世界やイスラームを研究する醍醐味は、そうしたバラエティの豊かさと同時に、貫徹した共通性や統一性があることかもしれない。多様性が重視される今日において、フスハー（正則アラビア語）という共通語やイスラーム世界という共同体が生き生きと躍動しながら展開している姿は、読者の研究関心をおおいに刺激してくれるに違いない。

参照文献

小杉泰『イスラームとは何か——その宗教・社会・文化』講談社現代新書、一九九四年。

——『イスラームを読む——クルアーンと生きるムスリムたち』大修館書店、二〇一六年。

高階美行「アラビア語研究における若干の視点」池田修監修『世界地域学への招待——大学院への研究案内』嵯峨野書院、一九九八年。

竹田敏之「アラビア語正書法の成立」小杉泰・林佳世子編『イスラーム 書物の歴史』名古屋大学出版会、二〇一四年。

店田廣文『世界と日本のムスリム人口二〇一九／二〇二〇年』多民族多世代社会研究所、二〇二一年。

Suleiman, Yasir. 2002. *The Arabic Language and National Identity : A Study in Ideology*. Edinburgh University Press.

2 歴史叙述

小笠原弘幸

中東における歴史叙述

歴史叙述とは、それを著し読む人々が、自らの来し方を振り返り、アイデンティティを確認する試みである。またそれは、同じ過去を共有すると信ずる人々をまとめあげる力や、将来のための指針ともなる。古来、多くの文明において歴史書が著されてきており、中東ももちろんその例外ではない。中東は、古代メソポタミアやローマなど、さまざまな文明が興亡した地である。イスラームが勃興したのちは、ムスリムが中東文化の主たる担い手となるが、キリスト教徒やユダヤ教徒たちも中東に欠くことのできない人々であった。ただし本章では、紙幅と筆者の専門上の都合から、ムスリムによる歴史叙述を取り扱う。

アラビア語で歴史は、一般的に「ターリーフ」と呼ばれる。もともとは、「年紀」や「日付」を意味する言葉であり、転じて歴史を意味するようになった。また、「情報」を意味する「ハバル」の複数形である「アフバール」も、歴史の意味で用いられることがある。

イスラーム世界では、一〇世紀以降に各地で建設された高等教育機関であるイスラーム学院（マドラサ）で、さまざまな学問が教授されたことが知られている。しかし、イスラーム学院で教授されたカリキュラムは、クルアーン学やハディース学、あるいは法学など、イスラームという宗教と直接関わりがあるものに限られていた。歴史は、こうしたイスラーム由来の学問の枠組みに含まれていなかったため、わずかな例外を除くと、イスラーム学院では教授されなかった。イスラーム世界において歴史は、文人や官僚たちによって執筆され、人々の楽しみとして、支配者のための帝王学として、あるいは官僚のための実用書として発展したのである。その後、近代に入ると、国民統合の手段として歴史が用いられると同時に、近代的学問としての実証的歴史学が登場し、現在にいたる。

以下、本章では、中東におけるムスリム歴史叙述の変遷を、主要な歴史家や歴史書に焦点を当てて辿っていく。その際には、興味がある作品を実際に手に取って読むことができるように、邦訳がある作品を中心に取り上げる。

ムスリムによる歴史叙述のはじまり

七世紀、アラビア半島で預言者ムハンマド（五七〇頃～六三二年）がイスラームを起こした前後に、どのような歴史認識があったかは、同時代の史料がほとんど残っていないため定かではない。この時代に由来する叙述史料としては、イスラームの聖典クルアーンと、預言者ムハンマドの言行を記したハディースが挙げられるだろう。しかし、クルアーンは歴史的事件についての具体性のある言及に乏しく、ハディースについても、史料的価値をめぐって研究者の間で議論が続いている。そのなかには、ハディースはすべて後代に創られたとする、極端な意見すらある〔亀谷 二〇二二〕。ムハンマドの死後、正統カリフ時代（六三二～六六一年）やウマイヤ朝（六六一～七五〇年）においても、しばらくの間まとまった歴史叙述は著されなかった。ムスリムたちが、終末は近いという切迫感を抱いており、じっくりと自分たちの過去を確認する必要性を感じなかったためであろうか。

現在まで伝存する歴史書は、アッバース朝時代（七四九～一二五八年）、それも九世紀から一〇世紀に入ってからのものである。君主たるカリフ（本来は預言者ムハンマドの代理人の意味）のもと、支配が安定して長期政権となったこの王朝では、アラブ文化が花開いた。そのようななか、自分たちの過去を書き記し、読み伝えることが求められたのである。

この時代の歴史叙述としてまっさきに挙げられるのは、イブン・イスハーク（七〇四頃～六七年）が著し、イブン・ヒシャーム（?～八三三年）によって編集された『預言者ムハンマド伝』である〔イブン・イスハーク 二〇一〇～一二〕。ムハンマドは、もちろんイスラームにおいて最も重要な人物である。しかし、史実に基づいてムハンマドの実像を明らかにするのは、かなり難しいというのが実情である。前述したように、同時代史料であるクルアーンやハディースは、史料的価値に限界があるからである。そうした状況にあって、同書は、後代の人間の手が入っているとはいえ、ムハンマドの姿や初期イスラーム時代の雰囲気を濃厚に伝える、第一級の史料といえる。

タバリー（八三九～九二三年）による『諸使徒と諸王の歴史』は、天地創造から始まり、イスラーム史を綴る大部の作品であり、初期イスラーム時代を知る際、最も重要な歴史書である。イスラームは、ユダヤ教やキリスト教と同じセム系一神教であり、歴史観も共有している。そのため、旧約聖書に準じ、天地創造やアダムとイブからその叙述が始まる。その後、旧約聖書に登場する預言者たちについて語られたあと、預言者ムハンマドの登場とムスリム諸王朝の歴史へと続く。こうした、聖書の歴史観に基づいて、理念的には全人類の歴史を扱う形式は、その後の中東・イスラーム世界における歴史叙述の定番となった。現在の研究者は、こうしたタイプの歴史書を「普遍史（あるいは世界史、万国史）」と呼ぶ。また、バラーズリー（?〜八九二年）の『諸国征服史』は預言者ムハンマドの時代以降を扱う歴史書であり、タバリーに次いで、初期イスラーム史を知る際の貴重な史料といえる〔バラーズリー 二〇一二〜一四〕。

これら初期イスラーム時代の史書の多くは、断片的なエピソードの集積からなり、それぞれのエピソードには「イスナード」が付されている。イスナードとは、誰からこのエピソードを伝え聞いたかを記す記述であり、「AはBから、BはCから、CはDからこの話を聞いた」という形で、何世代にも遡ってその情報源を明示する。イスナードは、もともと預言者ムハンマドの言行を記したハディースに付されるものであり、初期の歴史叙述が持つこの形式は、ハディースと深い関係があることをうかがわせる。しかし、あらゆるエピソードの冒頭に、長々と情報源を記すというやり方は、あまりに煩瑣にすぎ、時代が下るにつれて実質的に不可能になるため、次第に用いられなくなっていった。以降は、イスナードを伴わない、年代記や王朝別の形式をとった、私たちが一般にイメージするタイプの歴史書が主流となる。

ペルシア語歴史叙述の発展

一三世紀、中東・イスラーム世界は、大きな変動を迎えた。モンゴル帝国を築いたチンギス・ハンの孫、フラグが西アジアに侵攻し、一二五八年、アッバース朝を滅ぼしたのである。カリフも殺害され、ここにカリフを頂点とする時代は終わりを迎えた。

モンゴルは、中東・イスラーム世界の破壊者であった。イランやイラク、アナトリアを席巻した彼らは、イランを中心としてイル・ハン朝（一二五六〜一三三六年以降）を建国する。しかし、圧倒的多数のムスリム臣民を支配するには、モンゴル人支配者もイスラームに改宗する必要があった。ムスリムとなり、イル・ハン朝にイスラームを定着させた第七代君主ガザン・ハン（一二七一〜一三〇四年）以降、モンゴルは、中東・イスラーム世界の欠かせない一員となる。

イル・ハン朝や、イル・ハン朝を継いだモンゴル系諸王朝のもとでは、ペルシア語による歴史叙述が大きく発展した。なかでも有名なのは、イル・ハン朝の宰相ラシードゥッディーン〔ラシード・アッディーン、一二四九／五〇〜一三一八年〕によって著された『集史』である。天地創造から始まり、イル・ハン朝史まで扱う同書は、ムスリム諸王朝のみならず、ヨーロッパや中国などの歴史も含んでおり、既存の普遍史に留まらない大きなスケールを持つ著作である〔ラシード＝アッディーン 二〇二二〕。そのため、同書を「人類初の世界史」とする評価もある。ただし、『集史』の世界史部分は、彼と同時代の歴史家カーシャーニー（?〜一三三三／四年以降）による『歴史精髄』を踏襲したものであることが、近年明らかになっている〔大塚 二〇一七〕。そのため、『集史』のこれまでの評価は割り引いて考える必要があろう。また、そのカーシャーニーが著した史書の一つ『オルジェイトゥ史』は、イル・ハン朝第八代君主オルジェイトゥ・ハン（一二八一／二〜一三一六年）に献呈された歴史書であり、同朝の歴史を知るうえで高い史料的価値を持っている〔カーシャーニー 二〇二二〕。

ペルシア語による歴史叙述は、イル・ハン朝が滅亡した後も、発展を続けた。現在のイランだけではなく、アナトリア、中央アジア、さらにはインドも含んだ、より幅広い地域が「ペルシア語文化圏」として一体性を持ち、広がりを見せた〔森本 二〇〇九〕。イラン高原を再統一したティムールによるティムール朝（一三七〇～一五〇七年）や、ティムール朝崩壊後に再び統一政権を打ち立てたサファヴィー朝（一五〇一～一七三六年）のもとでも、多くのペルシア語歴史叙述が著された。とくにサファヴィー朝は、短命であることが多いイランに成立した王朝としては、たぐいまれな安定した支配を実現させた。イランにシーア派が定着し、イランが現在のイラン・イスラーム共和国に相当する一体性を持った地域として成熟するのは、この時代である。

北インドに成立したムガル帝国（一五二六～一八五八年）は、ティムールの子孫が建てたモンゴル系の王朝である。文化的にはペルシア語文化の影響が大きく、ペルシア語による歴史が盛んに著された。特筆すべきは、建国者バーブル（一四八三～一五三〇年）が、ムガル皇族の日常語であるチャガタイ・トルコ語で著した自伝『バーブル・ナーマ』である〔バーブル 二〇一四～一五〕。同書は、バーブルの回想録であり、自らの人生を振り返るとともに、恋愛を含む私的な感情も綴ったものである。帝国の建国者が、日常語を用い、率直に心情を吐露した自伝を著すというのは、世界史上非常に珍しい例といえる。

アラビア語歴史叙述の成熟

モンゴルが中東を席巻した時代、イランとイラク、そしてアナトリアはその影響下に入った。しかしエジプトとシリアを支配するマムルーク朝（一二五〇～一五一七年）は、モンゴル軍の侵攻を食い止め、アラブ・ムスリム文化を継承・発展させていった。

マムルーク朝時代のアラブを代表する歴史家は、イブン・ハルドゥーン（一三三二～一四〇六年）であろう。イブン・ハルドゥーンは、大部の普遍史書である『教訓の書』を著した。この史書の本編は、先行する歴史書をまとめたものであり、さほど独自性はないとされる。しかし、文明の盛衰について論じた序論が高名を博したために、この序論のみが本編から分離し、読み継がれるようになった。一般に、『歴史序説』と呼ばれる作品がそれである〔イブン＝ハルドゥーン 二〇〇一〕。

『歴史序説』の扱う内容は、政治、経済、社会、学問など多岐に渡る。なかでも特筆すべきは、人間集団の結合の原理を「アサビーヤ」（連帯意識）に求め、それをもとに王朝の栄枯盛衰のサイクルを論じたことであろう。国家の興隆期において集団は強い連帯を持つが、国家が成立したのちはその紐帯は薄れ、三代で滅亡に至る。彼の提示した歴史理論は、中東・イスラーム世界のみならず、同時代のほかの地域を見渡しても、類例のない精緻なものである。イブン・ハルドゥーンと『歴史序説』は、のちにヨーロッパの東洋学者によって絶賛され、現代のムスリムにとっても、アイコンとしての地位を確立している。

アルジェリア・ベジャイアのカスバ（要塞）入り口にあるイブン・ハルドゥーンの胸像

狭義の歴史書とはいえないが、それに準ずる作品として、鑑文学と旅行記にも触れておきたい。鑑文学とは、君主をはじめとする為政者が正しく政治を行うための教訓を含んだ作品のジャンルを指す。しばしば歴史上の出来事から例をとっていることから、歴史叙述の隣接分野といってよいだろう。邦訳のある高名な作品としては、ズィヤール朝（九二七〜一〇九〇年頃）の君主カイ・カーウース（一〇二一〜八七年）が王子のために著した『カーブースの書』〔カイ・カーウース 一九六九〕、セルジューク朝（一〇三八〜一一九四年）の宰相ニザームルムルク（ニザーム・アルムルク、一〇一八・一九／二〇〜九二年）による『統治の書』〔ニザーム・アルムルク 二〇一五〕が挙げられる（ともにペルシア語）。また、モンゴル系の小王朝の君主に献呈された、イブン・アッティクタカー（一二六二〜?年）による『アルファフリー』は、鑑文学としての性格と歴史書の性格を併せ持ったアラビア語の作品である〔イブン・アッティクタカー 二〇〇四〕。

アッバース朝に仕えたイブン・ファドラーン（生没年不詳）は、一〇世紀、黒海北方に居住するブルガール族への使節を務め、当地についての記録を、アラビア語で残した。この『ヴォルガ・ブルガール旅行記』は、初期のロシアを知るための貴重な史料である〔イブン・ファドラーン 二〇〇九〕。また、モロッコに生まれたイブン・バットゥータ（一三〇四〜六八／六九年）は、中東のみならず、中央アジアや東南アジア、さらには中国をも周遊し、大部の『大旅行記』（『三大陸周遊記』とも）を著した〔イブン・バットゥータ 一九九六〜二〇〇二〕。当時の風俗、文化、社会について詳細に記された同書は、中東・イスラーム世界で著された旅行記のなかでも白眉といえよう。

オスマン帝国におけるトルコ語歴史叙述の発展と修史官制度

トルコ系遊牧民（ただし、早期に遊牧的な性格は喪失する）によって一二九九年頃に建国されたオスマン帝国は、一九二二年に滅亡するまで、アジア、アフリカ、ヨーロッパの三大陸にまたがる領土を支配し、スンナ派ムスリムの盟主となった。中東・イスラーム世界の近世は、オスマン帝国を中心に動いていたといっても過言ではない。

そのオスマン帝国では、建国後一〇〇年の間は目立った歴史叙述は著されなかった。国家体制が十分に整っておらず、文化的発展の余裕がなかったからであろう。まとまった歴史が書かれるようになるのは、一五世紀に入ってからのことである。

一四五三年、第七代君主メフメト二世（一四三二～八一年）は、ビザンツ帝国の首都コンスタンティノープルを征服し、ここを帝都とした。この時からオスマン帝国は、大きく発展を遂げることになる。メフメト二世の没後には、彼の一代記である『征服の父の歴史』がトゥルスン・ベイ（ベグ、?～一四九一年以降）によって著された（トゥルスン・ベグ 二〇二二）。トルコ語（オスマン・トルコ語）で、高度な技巧を凝らした作品である。また、メフメト二世を継いだバヤズィト二世（一四四八～一五一二年）の時代には、アルカイックなトルコ語で建国からの伝承をまとめたアーシュクパシャザーデ（?～一四八四年以降）著『オスマン王家の歴史』、ペルシア語の美文で帝国史を綴ったイドリス・ビトリスィー（?～一五二〇年）著『八天国』など、本格的な歴史書が編纂された。後者の作品がそうであるように、オスマン帝国では一六世紀まではペルシア語文化圏の影響も強く、しばしばペルシア語でも著述が行われている。

一六世紀、第一〇代君主スレイマン一世（一四九四～一五六六年）は、「壮麗王」や「立法王」のあだ名をとった。彼の時代が、オスマン帝国の「最盛期」と評されることも多い。たしかに彼は、ハンガリーを征服、ハプスブルク帝国の主要都市ウィーンを攻囲するなど、当時のヨーロッパ諸国に大きな衝撃を与えた帝王であった。その意味で、オスマン帝国を代表する君主であったのは間違いない。ただし、スレイマン一世時代以降も、国家機構はより整備され、文化的な深化も進んだ。歴史叙述についても、スレイマン一世治世を過ぎてから、本格的な作品が著されるようになる。とくに、第一二代君主ムラト三世(一五四六〜九五年)の時代には、大部の普遍史書がいくつも書かれた。

一八世紀になると、官僚機構の精緻な発展を受け、公的な形で帝国の歴史を記す修史官制度が成立した。修史官は、文書行政の各部局より一定の情報供給を受け、同時代の歴史を書き継いだ。こうした歴史叙述のシステム化は、ムスリム諸王朝の歴史上、初のことである。修史官による歴史書は、支配者を顕彰し後代へ教訓を伝えるという役割に加えて、政治家や官僚たちのために過去の事例を参照しやすい形で提供するという、ハンドブック的な役割を担った。

一八世紀から一九世紀にかけては、前述した『歴史序説』のトルコ語訳が試みられたことも特筆すべきである。アラブ地域ではイブン・ハルドゥーンの後継者は現れなかったが、オスマン帝国では彼の歴史理論の重要性が認識され、その影響を受けた史論や政策論が著された。

危機の時代の歴史叙述

オスマン帝国は、一八世紀に入ると、軍事技術を発展させた西洋諸国に後れをとるようになる。一九世紀には、ナショナリズムの隆盛の影響もあり、ギリシアをはじめとしたバルカン諸国がオスマン帝国からの独立や自治権獲得を果たし、帝国の広域支配は大きく揺らいだ。エジプトをはじめ北アフリカはオスマン帝国の手を離れ、次々に英仏の植民地となった。オスマン帝国以外でも、イランや中央アジア、インドも西洋列強の支配下に入る。近代は、中東・イスラーム世界にとって危機的な時代であり、ムスリムは、自分たちのアイデンティティの再確立を迫られた。歴史叙述も、新しい時代に対応すべく、変容することになる。それは、これまでのイスラーム的普遍史や王朝史の枠をある程度は残しつつも、ナショナル・ヒストリーを取り入れることであった。国民国家において、国民をまとめる原理として最も重視された手段の一つが、歴史であり、ムスリム国家においてもそれは例外ではなかったのである。

ただしムスリムは、伝統的に、民族よりも宗教をアイデンティティのよりどころとしていた。そのため、キリスト教徒の諸民族が率先して民族意識に目覚めていったのに比べ、ムスリム諸民族のナショナリズムの覚醒は遅れた。しかし一九世紀後半より徐々に、アラブ人やアルバニア人、そしてトルコ人のムスリム知識人が、文化的・政治的なナショナリズムを鼓舞するようになる。オスマン帝国において初めて、歴史叙述にトルコ・ナショナリズムが導入されたのは、軍事学校の校長スレイマン・ヒュスニュ（一八三八～九二年）が著した『世界の歴史』（一八七六年）であった。同書は、伝統的な普遍史の形式をとりつつ、ヨーロッパの東洋学者による古代トルコ民族史の叙述を取り入れたものである。イスラームに改宗する以前のトルコ民族の歴史は、これまでの中東・イスラーム世界の歴史叙述でほとんど言及されることがなかった。ゆえに同書は、ナショナリズムの時代におけるトルコ・ナショナリズム的歴史叙述の黎明を告げるものであった。

ただし、オスマン帝国の近代は、トルコ民族史が登場する一方で、イスラーム史が新しい形で著された時代でもあった。この新しいイスラーム史は、伝説的な

トルコ・ナショナリズム的歴史叙述を初めて著したスレイマン・ヒュスニュ
Wikimedia Commons

時代についての記述を切り詰め、歴史時代以降のムスリム諸王朝を近代的な装いで語るというものである。ムスリム・アイデンティティの再確立を意図したこの種の歴史叙述は、オスマン帝国政府によって一九世紀末に主張されたイスラーム主義（オスマン帝国君主のカリフとしての性格を強調し、ムスリム臣民に対する支配を強め、国外のムスリムにもアピールする政策）に対応するものだった。すなわち、近代に起こった危機に対抗するための歴史叙述として、ナショナリズムとイスラーム主義、二つの方向性が模索されたのである〔小笠原 二〇二〇〕。

現代——ナショナル・ヒストリーと実証的歴史学

オスマン帝国は、第一次世界大戦に敗北したのち、一九二二年に滅亡した。代わって一九二三年に建国されたトルコ共和国では、初代大統領ムスタファ・ケマル（アタテュルク、一八八一頃～一九三八年）の指導のもと、世俗的なトルコ・ナショナリズムに基づく国づくりが進められる。その際に唱道された歴史叙述は、「公定歴史学」と呼ばれる、過度に自民族中心的なものであった。その要旨は、「トルコ民族は、古代に中央アジアで偉大な文明を築いていた。その後、トルコ民族は世界中に広がり、各地の古代文明の礎を築いた。たとえば、古代アナトリアのヒッタイトやアッシリアなどは、トルコ民族である」というものである。現在の学問的見地からは受け入れられない歴史観であるが、建国まもない一九三〇年代のトルコでは、こうした歴史観によって、国民の民族的誇りを、イスラームに頼らない方法で鼓舞する必要があったのである。この公定歴史学は、あまりに極端であったためか、一九四〇年代以降は徐々に等閑視されるようになり、以降はトルコ民族史にイスラーム史の要素を加えた、相対的に穏当な歴史教育が行われるようになる〔小笠原 二〇二〇〕。

国民国家の枠組みで歴史が語られるようになるのは、トルコ共和国に限らない。エジプトやイランなど、現代の中東各国における歴史教科書においても、伝統的なイスラーム史の影響も受けつつ、それぞれ現行の国民国家を前提とした叙述となっている。

二〇世紀以降の歴史叙述には、以上のナショナル・ヒストリーの潮流に加えて、近代的な実証的歴史研究という潮流もある。そもそも、西洋において学問的な歴史叙述が登場したのは、一九世紀のドイツにおいて、レオポルト・フォン・ランケが提唱してからである。以降、史料の検証が方法論として確立し、学問分野として歴史学が成立した。日本でも、一八八七年にランケの弟子ルートヴィヒ・リースが招聘され、東京帝国大学において実証的歴史学を教授している。

オスマン帝国における学問的な歴史学の導入は、一九〇九年のオスマン歴史協会の設立以降である。この組織では、帝国最後の修史官アブデュッラフマン・シェレフ（一八五三～一九二五年）のもと、史料の収集や保存、学術雑誌の刊行が行われた。

トルコ共和国において、歴史学を牽引したのは、一九三一年に設立されたトルコ歴史学協会である。もともとこの組織は、前述した、非科学的な公定歴史学を推進した母体でもあった。しかしその一方で、実証的な歴史研究も生み出しており、とくに公定歴史学の縮小後、その学問的営為は拡大し、トルコにおける歴史学の発展を担った。現在、オスマン帝国史やトルコ史を研究する際には、トルコ共和国におけるトルコ語の研究を参照することは必須といえる。これは、現在の実証的なアラブ史研究が、英語を中心として進められていることと対照的である。

現在の国民国家の枠組みにおいて、ナショナル・ヒストリーが国民統合の役割を担うのは避けられない。こうした歴史叙述が、自民族を強調する方向での偏りを見せるのは、中東に限らず、一般的に見られるものである。それに一定の歯止めをかけ、客観的な歴史解釈を提供するのが学問的な歴史研究といえる。二つの潮流が、健全な相互影響のもと発展していくのが理想であるが、その実現は、困難な課題として残されている。

参照文献

イブン・アッティクタカー『アルファフリー——イスラームの君主論と諸王朝史』全二巻、池田修・岡本久美子訳、平凡社、二〇〇四年。

イブン・イスハーク著、イブン・ヒシャーム編註『預言者ムハンマド伝』全四巻、後藤明・医王秀行・高田康一・高野太輔訳、岩波書店、二〇一〇～一二年。

イブン・バットゥータ著、イブン・ジュザイイ編『大旅行記』全八巻、家島彦一訳注、平凡社、一九九六～二〇〇二年。

イブン=ハルドゥーン『歴史序説』全四巻、森本公誠訳、岩波文庫、二〇〇一年。

イブン・ファドラーン『ヴォルガ・ブルガール旅行記』家島彦一訳註、平凡社、二〇〇九年。

大塚修『普遍史の変貌——ペルシア語文化圏における形成と展開』名古屋大学出版会、二〇一七年。

小笠原弘幸「オスマン帝国／トルコ共和国——「われわれの世界史」の希求：万国史・イスラム史・トルコ史のはざまで」近藤孝弘編『歴史教育の比較史』名古屋大学出版会、二〇二〇年。

カイ・カーウース、ニザーミー『ペルシア逸話集——カーブースの書、四つの講話』黒柳恒男訳、平凡社、一九六九年。

カーシャーニー『オルジェイトゥ史——イランのモンゴル政権イル・ハン国の宮廷年代記』大塚修・赤坂恒明・高木小苗・水上遼・渡部良子訳註、名古屋大学出版会、二〇二二年。

亀谷学「初期イスラーム時代の史料論と西アジア社会」大黒俊二・林佳世子責任編集『岩波講座　世界歴史　第八巻　西アジアとヨーロッパの形成　八～一〇世紀』岩波書店、二〇二二年。

トゥルスン・ベグ『征服の父　メフメト二世記』濱田正美訳、法政大学出版局、二〇二二年。

ニザーム・アルムルク『統治の書』井谷鋼造・稲葉穣訳、岩波書店、二〇一五年。

バーブル『バーブル・ナーマ』全三巻、間野英二訳注、平凡社、二〇一四～一五年。

バラーズリー『諸国征服史』全三巻、花田宇秋訳、岩波書店、二〇一二～一四年。

森本一夫「ものを書くことから見たペルシア語文化圏――その面的把握をこえて」森本一夫編『ペルシア語が結んだ世界――もうひとつのユーラシア史』北海道大学出版会、二〇〇九年。

ラシード＝アッディーン『集史――「モンゴル史」部族篇 訳注』赤坂恒明監訳、金山あゆみ訳注、風間書房、二〇二二年。

3 アラブ小説

柳谷あゆみ

アラブ小説の誕生と展開

アラブ世界で千年以上の長い歴史と蓄積を誇る詩と比して、小説は明らかに新しい文芸ではある。また詩が持つ愛誦性や高揚感は欠くかもしれないが、アラブの小説は政治性・社会的な問題意識の高さも含めて、独特の表現世界を築いている。本章ではアラブ小説の歴史的展開と、いくつか作品を紹介したい。

アラブ世界における小説の登場は、一九世紀後半から二〇世紀初頭にかけて文芸復興《ナフダ》を経験したエジプトと大シリア（シリア・レバノン）が最も早く、ジュルジー・ザイダーン（大シリア）「ガッサーンの乙女」（一八九八年）やムハンマド・フサイン・ハイカル（エジプト）「ザイナブ」（一九一三年）といった長篇や、ムハンマド・タイムール（エジプト）の短篇「列車にて」（一九一七年）などが発表された。ほかの地域ではやや遅れて大戦間から戦後にかけて長篇・短篇が登場している。初期の小説は渡欧経験を通して小説になじんだ知識人層によって執筆されており、彼らの欧州経験の影響がうかがえる作品が多い。一九五〇年代から、エジプト、シリアで長期の渡欧経験を持たない作家が活躍するようになり、欧州経験を下敷きとした小説から脱却していく。エジプトではナギーブ・マフフーズ、ユースフ・イドリースが台頭し、マフフーズは一九八八年にアラブの作家として初めてノーベル文学賞を受賞した。シリアでは、学歴に拠らず独学で教養を獲得したハンナー・ミーナとザカリーヤー・ターミルがそれぞれ短篇作家としてデビューし、ターミルは「十日目の虎たち」（一九七八年）によって非アラビア語圏にも知られる存在となった。彼らの影響も受けながら一九六〇年代にほかのアラブ地域でも小説は一分野として確立し、一九七〇年代から本格的に各地の地域性を反映した作品が生み出されていく。

近代以降、アラブ諸国の多くは内戦や占領、委任統治領化・植民地化を経験している。地域情勢や社会問題を色濃く反映する小説は、読者に現況を直視させ、作者の政治的・社会的意識を表明する場として機能してきた。

「大災厄《ナクバ》」（一九四八年のイスラエル建国とそれに伴うパレスチナ人の亡郷・離散。4-3「パレスチナ問題」参照）を起点とするパレスチナ問題が内容に決定的な影響を及ぼしたパレスチナ文学はその一例と言えるだろう。周縁化された国や人への着目は、地域性を超えアラブの小説の特色の一つでもある。シリアでは、対イスラエル戦争や政情不安を理由として一九六三年に非常事態法が成立し、言論・表現活動に厳しい制限が課された。そのため国外に拠点を移す作家も後を絶たなかったが、検閲に対抗し、抽象化やメタファーを多用しながら社会の負の側面を表すしたたかな手法を用いた小説が発達した。

女性作家の小説

近代以降の社会変化は、家父長制への疑問などアラブの性差に関わる環境に大きな影響を与えた。社会のひずみを表す存在として女性を取り上げた作品は少なくないが、女性からの発信の拡大は、主体的に存在する女性の世界を外に拓いた。

「わたしは生きている！」（一九五八年）を執筆したレバノンのライラー・バアルバッキー（ライラ・バアルバキイ、一九三六～二〇二三年）をはじめアラブの女性作家の多くは高等教育を受けており、性差による抑圧・被害を明確に認識し、言語化できた人たちである。エジプトのナワール・サアダーウィー（ナワル・エル・サーダウィ、一九三一～二〇二一年）は医学を修め、女子割礼や児童婚の非を訴えた。彼女は性と宗教と政治の問題を公然と論じたが、圧力や脅迫を受け拠点をアメリカに移した。サーダート政権での投獄経験（一九八一年）をもとにサアダーウィーは手記「女子刑務所の思い出」、戯曲「カナーティルの12人の女囚たち」を著している。これらで彼女が表現したのは、女性の多様性と個性であり、娘・妻・母であっても、男のいないところにも個として女が存在するという当然の事実と、社会層や主義・信仰の差異にかかわらず、女たちは尊厳を守るために連帯できるという可能性であった。シリアのガーダ・サンマーン（ガーダ・アル＝サンマーン、一九四二年～）の短篇「猫の首を刎ねる」（一九九四年）は、奇譚の形をとり、パリに住むレバノン男性の主人公に、二人の女が女性に関するレバノンの伝統的価値観と西欧の価値観の間で動揺する彼自身を認識させる物語である。本作で女性は、男性が変化を認識し自らを省みる鏡という役割を担うが、これは社会変化の影響をよりドラスティックに受けたのが女性であったということでもある。シリアのサマル・ヤズベク（一九七〇年～）は長篇「無の国の門」で、内戦とイスラーム主義者の台頭というシリアの社会変化の最大の犠牲者は女性であったと断ずる。そのうえで彼女は、死が席巻するなか、家庭で生活を整える女性たちの生に向けた努力に希望を見出している。

◆非アラビア語によるアラブ小説

非アラビア語によるアラブ小説は一九五〇年代頃から登場する。フランス語で書かれたアルジェリアのムハンマド・ディーブ「大きな家」（一九五二年）はその嚆矢と位置づけられるだろう。

アラブがアラビア語以外で小説を書く状況は三つに大別できる。まず、占領や植民地化など他国の支配を経験した国で、支配者（もしくはかつての支配者）の言語で教育を受けた作者がその言語で執筆する場合である。北アフリカのマグリブ文学は多くがフランス語で執筆されており、主に仏文学者によって研究が進められている。イスラエルに居住するアラブがヘブライ語で書いた小説もこの範疇に入るだろう。第二は、シリア出身でドイツに居住するラフィーク・シャーミー（ラフィク・シャミ）など、国外に移住・亡命した作家が移住先の言語を用いて執筆する場合である。第三は、アラビア語で執筆すると検閲によって発売禁止や処罰が予想される時、作者があえて英語などの非アラビア語での執筆を選択する場合で、自国での流通上の不利を被っても自由な執筆を望む姿勢と言える。検閲は程度の差はあれ多くの国で存在し、政体・宗教・社会倫理などの観点から出版・流通の可否が判断される。サウディアラビアの作家ラジャー・アーリムは自国での発売禁止を受け、抑制から離れるためには英語を選択すると語っている。第二・第三の場合、非アラビア語での執筆が自国の言論統制から離れることにつながり、小説のテーマ・表現手法そのものにも影響する。同じシリア出身で、政権による暴力をドイツ語で明確に書いたシャーミーの「怖がらせ屋が怖がるとき」と、アラビア語で不条理小説のように書いたターミルの「黙る人びと」とを比較した時、この点は明瞭に理解されるだろう。

非アラビア語による小説の執筆は、国や作者個人の周縁化による事象と見ることもできる。だが非アラビア語圏での作品の受容・理解という点から言えば、話者・学習者の数がアラビア語よりも圧倒的に多い欧州の言語で書かれた小説のほうが、研究・翻訳が多くなるという皮肉な現状がある。

日本におけるアラブ小説の受容

アラビア語で書かれたアラブ小説の日本語への翻訳は、一九七〇年代より活発に進められてきた。野間宏責任編集『現代アラブ文学選』（一九七四年）の序からは、植民地支配・委任統治を経験した第三世界の文学、さらにはパレスチナ問題への強い関心が読み取れる。アジア・アフリカの人々の連帯を築く一環として、アラブ世界と人々の理解という意欲と文芸としての価値を伝えようとする熱意のもとに翻訳が進められている。雑誌や選集に掲載される形でも発表が可能な短篇に対し、長篇の翻訳は書籍刊行が前提となるため発表のハードルは高くなるが、一九七〇～八〇年代に河出書房新社から刊行された「現代アラブ小説全集」（全一〇巻）は長篇紹介の貴重な媒体となり、エジプト、アルジェリア、スーダン、パレスチナの作家の作品を幅広く紹介した。世界的に、アラブ小説の翻訳刊行は文学としての評価に加えて、地域事情への関心の高さを反映する傾向にある。日本では、アラブ初のノーベル賞作家ナギーブ・マフフーズやパレスチナ問題を扱った小説の翻訳が早くから進められ、またフェミニズムの観点からも高く評価されるエジプトのナワール・サアダーウィーの小説は、仏・英訳からの重訳で多く翻訳されてきた。

一九九〇年代に停滞した長篇の翻訳刊行は、二〇〇〇年代に入ってパレスチナのエミール・ハビービー『悲楽観屋サイードの失踪にまつわる奇妙な出来事』（二〇〇六年）や、マフフーズの「カイロ三部作」全訳の刊行（二〇一一〜一二年）があり、ハサン・ブラーシム『死体展覧会』（二〇一七年）、アフマド・サアダーウィー『バグダードのフランケンシュタイン』（二〇二〇年）などイラクの作家の翻訳刊行も続いた。二〇一一年以降、事実上の内戦状態に陥り、世界の注目を集めたシリアからはサマル・ヤズベク『無の国の門――引き裂かれた祖国シリアへの旅』（二〇二〇年）の翻訳が刊行されている。またマグリブ文学の翻訳シリーズである水声社の「エル・アトラス」など、非アラビア語によるアラブ小説の翻訳刊行も進められている。

エジプト、パレスチナ、シリアの小説から――描き出される社会と家族

ここではエジプト、パレスチナ、シリアの小説からいくつか取り上げて、その内容をごく簡単に紹介していきたい。

【エジプト】アラブの作家として初めてノーベル文学賞を受賞したエジプトのナギーブ・マフフーズ（一九一一〜二〇〇六年）は、生涯のほとんどを首都カイロで過ごした作家である。彼が一九九四年に襲撃を受け重傷を負った事件は、衝撃をもって受け止められた。この襲撃はマフフーズの一部著作を問題視したイスラーム過激派の指導者の影響下で行われ、襲撃犯は当該作を未読であったという。文学の力と虚しさの両面を表す事件であった。

マフフーズの代表作の一つ、「カイロ三部作」（一九五六〜五七年）は、一九一七年から一九四四年にかけて、カイロの下町に暮らすアフマド・アブドゥルガワードの一家の趨勢を描いた群像劇である。この

時期、エジプトはイギリスの保護領とされ、苦難の末に立憲君主国家として独立を果たし、二度の世界大戦を経験した。カイロの実在の地名を各部に冠したカイロ三部作は、下町の状況を活写しつつ、象徴的な人物の死によって終わるという共通の構造によって、各部の冒頭と結末で社会と人間の変化を明瞭に表した。

一家の父親アフマドは、外では遊興に長じた快男児であるが、家内では峻厳たる家父長として保守的な聖域のごとき家庭を志向し、従順な妻アミーナが家族の世話にあたり彼の秩序を内から支えてきた。時代が下るにつれこの秩序は揺らいでいく。その主因はアフマドの老衰と社会からの疎外の進行であり、街区でも家でも自在にふるまえた彼が、英国軍など外力によって家族や行動の自由を奪われた結果、気力を失ったせいであった。アフマドの老衰の過程に見えるのは、「家庭」＝「家と家族」が彼の拠るべき地盤であったことである。最終的にアフマドは空襲を避けるべく「家外に連れ出された」負担がもとで死に至った。その後もアブドゥルガワード家の生活は続き、各々の挫折が描かれた後、アミーナの死で三部作は終焉を迎える。

本作では登場人物の物心両面での拠りどころとして家庭の役割が強く印象づけられる。長男ヤーシーンは女に見境なく性欲を傾ける男だが、その背景には離婚した実母（アフマドの前妻）の男出入りの激しさがあった。ヤーシーンの性癖に幼少期の「家庭の不在」が影響したことは、父に引き取られアミーナが維持する家庭に入った後、彼が異母妹二人を性欲の対象としなかったことからも推察できる。その彼は第三部で賢妻ザンヌーバと家庭を築き、安寧を得た。ザンヌーバがほかと異なったのは夫の浮気に際しても離婚を選ばず、夫を引き戻し家庭を堅持した点である。ここにはザンヌーバが家庭という地盤にかける強い意志が読み取れる。

対照的な例と言えるのが次女アーイシャである。彼女は与えられた結婚に満足したが、夫と子どもを喪った後、見る影もなく衰えていく。結婚や死別を経てもアーイシャには自律的に居場所を確立する意欲がなく、万事に対する受動性がその悲惨に結びついている。国や社会が内外の力によって変動していくなか、登場人物は自らの地盤を意志的に獲得・維持しなければならなかった。登場人物に降りかかる運命の過酷さは、激動の厳しさとともに、女性には家父長が管理する家庭以外、経済的・精神的な地盤の選択肢が極めて少ない社会的状況をも浮かび上がらせた。また男性でも、社会や思想、主義、知識など家外に地盤を確立するのは困難であった。独身を通した三男カマールの長い懊悩と迷いはその表れである。群像劇であるカイロ三部作は多様な視点を含むが、周縁化されたエジプトと人々の混乱のなかに家族への意識の高さが見出されることは留意に値する。身近な紐帯である家族は地域性にかかわらずアラブ小説に頻出するテーマであり、一見意外な文脈でも登場する。

【パレスチナ】ナクバによる祖国喪失をいかに受け止め、表現していくかはパレスチナ文学の主題の一つであろう。小説は喪失を深く掘り下げ、丁寧に表現することで読者の心に刻みつけるように精神的な追体験を促し、共鳴をもたらす役割を果たしている。

ガッサーン・カナファーニー（一九三六～七二年）は、ナクバによってシリアへの移住を余儀なくされたパレスチナの作家である。彼はパレスチナ解放人民戦線（ＰＦＬＰ）のスポークスマンとしても活躍し、一九七二年にレバノンの首都ベイルートでイスラエルの諜報機関によって仕掛けられた自動車爆弾により爆殺された。

カナファーニーが蟄居していた時期に執筆した「太陽の男たち」（一九六三年）はナクバから一〇年後のイラク・クウェート国境を舞台とした中篇である。灼熱の八月、三人のパレスチナ人が出稼ぎのためにクウェートへの密入国を図る。パレスチナ人の運転手が運転する車のタンク内に潜んで数分で国境を通過できる予定だったが、運転手は炎天下に長く引き留められ、国境通過後、タンクを開けるとなかで三人は死んでいた。運転手は呆然としながら、なぜタンクを叩いて助けを求めなかったのか、と疑問を繰り返す。

本作は一九七一年に「欺かれた者たち」の題で映画化されている。映画では実は三人はタンクを叩いていた、という描写が加えられ、パレスチナ問題に対し、声を上げるパレスチナ人を黙殺するアラブという構図が暗示された。だが小説に描かれたのは、より卑近な、共食いのように同胞からも搾取する酷薄な状況である。「太陽の男たち」の四人のパレスチナ人は家父長として家族を養う役割を果たす「男」になれずにいる。三人は故郷と家産を失い困窮しており、運転手は対イスラエル戦争の負傷で男性機能を失っている。この運転手の造型が、本作がナクバによる「男の失権」の物語であることを象徴している。三人は出稼ぎによって「男」になろうとし、運転手は他人の期待に応えることに自らの存在意義を見出すが、三人の無残な死と沈黙は全員の不信と深い絶望を浮き彫りにした。結論を提示しないオープンエンドをとる本作は、読者を絶望と疑問に巻き込み、ナクバを背景とする喪失の残酷な側面を畳みかけるように見せていく。

【シリア】言論・思想統制が続くシリアでは、表現全般に全体主義に対する抵抗という意義が見出されてきた。監獄文学も少なくなく、読者に現況への疑問を鋭く問いかける作品が多い。

ザカリーヤー・ターミル（一九三一年～）は代表作「十日目の虎たち」で、虎の調教を通して自由と尊厳が剥ぎとられる過程を鮮烈に描き出した。彼は一九八一年以降、イギリスに居を移したが、アラビア語での執筆を続けており、彼の小説はシリア国内に流通している。

ターミルの短篇「灰色の日」（二〇〇〇年）は、主人公シュクリーが、獄中でのトレーニングや髭剃りのせいで重傷を負い、死亡したところから始まる。運転手はシュクリーの遺体を彼の自宅に搬送するが、家はもぬけの殻で、隣人たちも彼との関わりを否定する。そこでシュクリーはいたたまれなくなり、空き家の自宅に逃げ隠れ、出獄を祝い埋葬してくれる家族の帰りを待った、という話である。

これは政権の暴力を描いた作品で、シュクリーの不自然な事故死は実は拷問死である。隣人は後難を恐れ、獄死した彼との関わりを否定したのだ。拷問死が日常の事故として処理され、人々が何事もなかったかのようにふるまう抑圧的な社会状況が示されている。曖昧表現を適所に用い、検閲をすり抜ける工夫が見られるが、その工夫が短篇全体に違和感を漂わせる効果を上げている。

「灰色の日」は冒頭の「獄中」という設定を読み込めば理解できる。本作の面白さはその後の遺体のシュクリーが逃げ出すくだりにあると筆者は思う。彼の社会生活は死んだくらいでは終わらないのだ。おかしみと、死ですら終止符を打てないという絶望がある。シュクリーが家族の帰還を待つ結末からは家族の存在の大きさと信頼が実感される。

思想犯として投獄経験を持つイブラーヒーム・サムーイール（一九五一年〜）は、随所にメタファーを用いつつ、政治犯や女性、障碍者など社会的に疎外された者を描く。彼の「低い入口を持つ家」（二〇〇四年）は、一見では低い入口の鴨居に頭をぶつけ続けた男の葛藤の話であるが、強迫観念の漂う書きぶりからこの話が（おそらく投獄という）理不尽な暴力を受けた者のトラウマを表していることに気づく。サムーイールはオープンエンドを多用する作家で、読者を巻き込み、思考を促す。短篇「面会」は、獄中の主人公が家族との面会で幼い息子に「違うのがいい」と否定され、妻が何かを告げようとした時に面会時間が終わるという話である。家族に生じた不穏な疑問が解決されずに読者に手渡される。

二〇一一年以降、反体制運動「シリア革命」の武装闘争化とバッシャール・アサド政権の弾圧により、シリアは実質上の内戦状態に陥った。サムーイールを含む作家たちも国外に脱出し、政権との決別を覚悟して現況と過去の事件の具体的な証言を始めた。サマル・ヤズベクはシリア革命に関わる証言と体験を綴ったノンフィクション長篇「交戦」「無の国の門」等を著した。サムーイールは映画「カーキ色の記憶」(二〇一六年)に出演し、初めて自らの獄中体験を公に語ったが、現在は休筆状態にある。シリア情勢の絶望的な展開は、彼らの創作意欲に深刻な打撃を与えている。現在スウェーデン在住のオダイ・ズウビー(一九八一年〜)は、出国から一〇年を経てシリア人作家の執筆ペースは落ちていると指摘する。彼自身は短篇「蝶の影」など、故郷シリアを出て移住先の生活にも安住できない現況を書き続けている。作中で俳句や詩を引用する彼は、時代や地域の異なる文人と通じ合うことで実感を深め、孤独を回避しているようだ。

なお、出国したシリア人には政権支持に回帰した者もおり、国内に残る者も政権支持とは限らない。ハーリド・ハリーファ(一九六四〜二〇二三年)は、反体制的な内容ゆえにシリア国内で作品が発売禁止となったが、生涯を通してシリアで執筆を続けた。

二一世紀のアラブ小説

二一世紀に入ってからインターネットの普及によって、小説をめぐる環境は変化した。媒体として出版社が刊行する(紙の)書籍・雑誌に加え、インターネット上の雑誌が登場し、さらには作家が作品を公開するショーケース的なサイトも開かれた。筆者も翻訳対象を選ぶ際に作家から自身のサイトを紹介されたことがある。版元や編集者の意向に左右されず、作家が自分のペースで発表できるという点でこれは画期的な出来事であるが、ジャッジを経ていない作品群が乱立する事態でもある。

　他方で顕彰によって質を評価し、作家と小説を後押しする動きも活発化している。アラブ諸国で設置された文学賞のほか、世界進出を念頭に置き、英訳刊行が副賞となるアラブ国際小説賞も二〇〇八年に創設された。アラブ国際小説賞の歴代受賞者は、サウディアラビアの作家が三名で最も多く、ほかの受賞者もリビア、ヨルダン、クウェートなどバラエティに富んでいる。アラブ世界全体に高い評価を受ける小説が出てきた状況が見て取れる。二〇〇九年にイギリスのアラブ文芸誌『バニパル』とベイルートのユネスコ世界書籍都市記念祭、ヘイ文芸芸術フェスティバル、ブリティッシュカウンシルが共同で企画した「ベイルート39」は、当時三九歳以下の有望な作家三九名を選出するもので、欧州在住の作家も含め選出者の多様さが示された。

　また個人的にはアラビア語の多様性がさらに前面に出てきている印象を受ける。アラビア語は、主に学校教育で習得し、公式の場や文章語として用いられる正則アラビア語（フスハー）と、日常生活など私的な場で用いられる多様な口語アラビア語（アーンミーヤ）に大別される（1-1「言語と宗教」参照）。ハイカルの「ザイナブ」以来、会話部分はアーンミーヤで書かれることが珍しくなくなったものの、小説はもっぱらフスハーで書かれてきた。近年はフスハーで書かれた地の文にも、語彙レベルではしばしばアーンミーヤが用いられる。アーンミーヤは地域差が大きいので、読み取れなさに愕然とすることがあるが（アーンミーヤの多用は、読者を限定する恐れがある）、リアルを追求する姿勢の表れと見ることができる。

人工国家イラクの行方――アフマド・サアダーウィー「バグダードのフランケンシュタイン」

「ベイルート39」に選出されたイラクのアフマド・サアダーウィー（一九七三年〜）による長篇第三作「バグダードのフランケンシュタイン」（二〇一三年）はアラブ国際小説賞を受賞し、その後二十カ国語以上に翻訳される話題作となった。メアリー・シェリーの古典ＳＦ「フランケンシュタイン」を下敷きとした本作は、サッダーム・フサイン（フセイン）政権崩壊後、自爆テロが相次ぐ二〇〇五年のバグダードを舞台としている。

ある古物屋が、自爆テロ犠牲者の人間としての尊厳を取り戻すべく、彼らの肉塊を寄せ集めて一人分の遺体を作り上げた。ところが翌日、この遺体は消え失せ、怪物「名無しさん」として連続殺人を実行するようになる。

本来寄せ集めで、腐る肉体を絶えず付け替える「名無しさん」は個人としての本質を持たない。しかしバグダードの住民は彼に対して野心や願望、恐怖を投影し、彼を通して各々の物語が展開していくのである。

個としての本質を持たない寄せ集めの「名無しさん」は、多様な人々が絶えず出入りするバグダード、さらにはイギリスが委任統治受任国となるため人工的に地域を寄せ集めて建国したイラクのメタファーでもある。本作に登場するバグダードの住民には、キリスト教徒もいれば、エジプト人、イラク人化したアルジェリア人、南部の県からの移住者もいる。多彩な要素を包含するバグダードという都市の特徴は本作の随所で繰り返される。サアダーウィーは二〇〇五年のバグダードにあった事物を車種やメーカーまで緻密に描写し、そのうえに雑多で流動的な人々の堆積を活写した。本作からは、イラクという国において統一されたアイデンティティを志向すること自体に無理があると考え、動揺しながら存在することを肯定する彼の社会観が看取される。

翻訳という仕事を介して筆者はアラブ小説と接しているが、その始点は地域への関心ではなく、シリアのザカリーヤー・ターミルの奇想への興味であった。小説は資料として書かれているのではないのだから、何かしら心に残ればいいのだ。でも、心に残ったそこから、作者の意図や背景となる地域事情を汲み取ることができると、小説はもっと面白い。バランスを欠いた概説と紹介にはなったが、本章がアラブ小説を読み始めるきっかけになったら嬉しく思う。

参照文献

鵜戸聡「フランス語マグリブ文学――複雑な歴史を持つ多言語社会ゆえに生まれた」私市正年・佐藤健太郎編『モロッコを知るための65章』明石書店、二〇〇七年。

――「文学の旅――「アルジェリア文学」の形成史」私市正年編『アルジェリアを知るための62章』明石書店、二〇〇九年。

岡真理『ガザに地下鉄が走る日』みすず書房、二〇一八年。

奥彩子・鵜戸聡・中村隆之・福嶋伸洋編『世界の文学、文学の世界』松籟社、二〇二〇年。

オマーン文化協会『現代オマーン文学選集』オマーン文化協会運営委員会、二〇二二年。

「現代アラブ小説全集」シリーズ、全一〇巻、河出書房新社、一九七八～八九年。

関根謙司『アラブ文学史――西欧との相関』六興出版、一九七九年。

中東現代文学研究会編・岡真理責任編集『中東現代文学選二〇一六』中東現代文学研究会、二〇一七年。

――『中東現代文学選二〇二一』中東現代文学研究会、二〇二二年。

十倉桐子「在外レバノン人コミュニティと文学――ディアスポラを逆手に取る活力」黒木英充編『シリア・レバノンを知るための64章』明石書店、二〇一三年。

長沢栄治『近代エジプト家族の社会史』東京大学出版会、二〇一九年。

中田考監修・伊藤真恵訳『砂丘を越えて――現代サウディ文学選集』日本サウディアラビア協会、二〇〇九年。

野間宏責任編集『現代アラブ文学選』創樹社、一九七四年。

福田義昭「物語に描かれた近現代の社会・宗教・政治――エジプト小説点描」鈴木恵美編『現代エジプトを知るための60章』明石書店、二〇一二年。

――「小説の時代？――現代アラブ世界の文学事情瞥見」松本弘編『現代アラブを知るための56章』明石書店、二〇一三年。

細田和江「言葉の「ナクバ」――ヘブライ語で書くパレスチナ作家」臼杵陽・鈴木啓之編『パレスチナを知るための60章』明石書店、二〇一六年。

八木久美子『マフフーズ・文学・イスラム――エジプト知性の閃き』第三書館、二〇〇六年。

山本薫「詩の国の作家たち――現代の文学」酒井啓子・吉岡明子・山尾大編『現代イラクを知るための60章』明石書店、二〇一三年。

――「パレスチナ文学――ナクバから生まれた言葉の力」臼杵陽・鈴木啓之編『パレスチナを知るための60章』明石書店、二〇一六年。

――「現代レバノンの作家たち――アラブ世界の知的拠点ベイルートの繁栄と内戦の傷」黒木英充編『シリア・レバノンを知るための64章』明石書店、二〇一三年。

――「現代シリアの作家たち――監視下の創造力」黒木英充編『シリア・レバノンを知るための64章』明石書店、二〇一三年。

アル＝サンマーン、ガーダ「猫の首を刎ねる」岡真理訳、池澤夏樹個人編集『世界文学全集第三集：短篇コレクションI』河出書房新社、二〇一〇年。

エル・サーダウィ、ナワル『女子刑務所――エジプト政治犯の獄中記』鳥居千代香訳、三一書房、一九九〇年。

――『カナーティルの12人の女囚たち』村上真弓訳、未來社、一九九二年。

カナファーニー、ガッサーン『ハイファに戻って／太陽の男たち』黒田寿郎・奴田原睦明訳、河出文庫、二〇一七年。

サアダーウィー、アフマド『バグダードのフランケンシュタイン』柳谷あゆみ訳、集英社、二〇二〇年。

シャミ、ラフィク『蝿の乳しぼり』酒寄進一訳、西村書店、一九九五年。

ズウビー、オダイ「蝶の影」柳谷あゆみ訳、*Specimen, Babel Review of Translations*, 二〇二二年。

ターミル、ザカリーヤー『酸っぱいブドウ／はりねずみ』柳谷あゆみ訳、白水社、二〇一八年。

バアルバキイ、ライラ『わたしは生きている！』菊池淑子訳、M・I・C出版、一九七四年。

ハビービー、エミール『悲楽観屋サイードの失踪にまつわる奇妙な出来事』山本薫訳、作品社、二〇〇六年。

ブラーシム、ハサン『死体展覧会』藤井光訳、白水社、二〇一七年。

マフフーズ、ナギーブ『張り出し窓の街』塙治夫訳、国書刊行会、二〇一一年。

――『欲望の裏通り』塙治夫訳、国書刊行会、二〇一二年。

――『夜明け』塙治夫訳、国書刊行会、二〇一二年。

ヤズベク、サマル『無の国の門――引き裂かれた祖国シリアへの旅』柳谷あゆみ訳、白水社、二〇二〇年。

Ibrāhīm Ṣamū'īl, al-Bayt dhu al-madkhal al-waṭī', 2004. *al-Manzil dhu al-madkhal al-waṭī'*. al-Mu'assasa al-'Arabīya lil-Dirāsāt wa al-Nashr.

4 中東の近現代思想

岡崎弘樹

中東という概念

アラブの、イランの、トルコの、あるいはイスラームの近現代思想については多くの研究がある。だが、はたして中東の近現代思想というものはそもそも存在するのだろうか。この問いに明確に答えることは難しいが、長らくアラブの言論界で顕著な役割を果たしてきたシリアの哲学者サーディク・ジャラール・アズム（一九三四〜二〇一六年）の論考に興味深い一節がある。

アズムは九・一一事件の数カ月後にインドで開かれた会合に参加した際、植民地主義によって作り出され、ヨーロッパ中心的な意味合いを持つ「中東」という呼び名に代わって、「西アジア」を使用するべきだと会議主催者から提案された。これに対しアズムは当惑しながらも、「自己の描写や説明のために、西アジアか中東を選ばなければならないとすれば、躊躇なく中東を選ぶ」と答えたという。

日本や朝鮮半島の人々は自らを「極東人」と呼ばない。同じく、エジプトから湾岸に至る地域の人々もまた自らを「中東人」とは呼ばないものの、地理的、歴史的実態に基づく区分としての「中東」を相対的に受け入れてきた。一九七八年に発刊され今日まで続く代表的な汎アラブ高級紙『シャルク・アウサト』はアラビア語で「中東」という意味である。アズムによれば、「西アジア」と呼ばれると、アラブ人としてのアイデンティティの基本要素であるエジプトが切り離されるし、地中海を中心とする紀元前以来の長い歴史性をも無視してしまう。アレクサンドロス帝国やヘレニズム文化、ギリシア・ローマの影響、アンダルシアにまで及ぶユダヤ教・キリスト教・イスラームの一神教的伝統、近代欧州との対立・対話に至るまでの「文化的、言語的、大陸横断的な歴史の弁証法は、西アジアのような貧弱な概念にはなじまない」〔Azm 2014〕というのである。

アズムは中東という概念を積極的に用いるべきだと主張しているわけではない。だが現在「中東」や「中近東」と呼ばれる地域一帯が歴史性を共有しつつも、近代以降には西洋諸国という外側からの影響にさらされると同時に、アラブやイスラームなどの民族性や宗教性などの内側の要素を常に再確認しながら自己形成を遂げてきたことを強調したいのだろう。トルコやイランを含めて、二〇世紀半ば以降にはパレスチナ・イスラエルを含めた地域全体として歴史的経験を共有しているのも確かである。

こうした近代的経験から生まれた中東の思想は、とくにアラブ地域においては「ナフダ思想」と言われる。「ナフダ」とはアラビア語で「目覚め」や「復興」を意味し、そこには中世イスラームにおける文明や科学の発展、さらには自民族に対する自信回復を促す主体的な観念が付与されている。こうしたナフダ思想を担った第一世代は一八三〇年代から七〇年代前半、第二世代は一八七〇年代後半から一九〇〇年代、第三世代は一九〇〇年代から三〇年代に活躍した。ただし、とくに第二世代以降のナフダ思想は決してアラブ地域のみで広がったわけでなく、むしろ中東全域、一部はイスラーム諸地域との相互作用を通して育まれた。こうした幅広いネットワークのなかで育まれた近代思想は、さまざまなイデオロギー的な立場を超えて、宗教・民族的背景や信条の尊重、言論の自由の保障、そして共通課題への取り組みに特徴づけられた。本章ではこの三世代にわたるナフダ思想が、外側と内側の双方から衝突や対立、和解、相克といった「歴史の弁証法」を経て、現在の中近東における多様な背景や立場を持つ人々の「共存」という課題に多くの示唆をいかに与えているのかについて考えてみたい。

ナフダ第一世代におけるローカルな個々の取り組み

西洋の植民地主義への衝撃という意味では、エジプトの歴史家ジャバルティー（一七五三～一八二五年）が『エジプトのフランス統治時代』（一七九八年）のなかでナポレオンのエジプト侵攻について詳述したことで知られている。だが、実際に西洋社会に滞在したうえでアラブ社会との比較論を初めて展開したのは、エジプト出身で、アラブ近代思想の祖とされるリファーア・タフターウィー（一八〇一～七三年）の『パリ要約のための黄金の精錬』（一八三四年初出、以下『黄金の精錬』と略す）である。タフターウィーは同著で、一八二六年から一八三〇年にかけて第一回遣仏使節団の一員としてパリに滞在した経験について語る。アレクサンドリアからマルセイユへの船旅から始まり、フランス語の研修、パリでの衣食住や生活習慣、男女の関係、人々の宗教観や性向、フランスの行政や司法のしくみ、教育、文学、娯楽に至るまで、同著は豊かな描写に溢れている。日本の場合、福沢諭吉が一八六〇年代に遣欧使節団員として見聞した記録を『西洋事情』（一八六六年）として発表したが、同類の書物に関してエジプトは少なくとも三〇年先駆けていたと言えるだろう。

明治の知識人と同じく、タフターウィーも一九世紀の西洋思想を特徴づけた文明発展史観に影響を受けた。『黄金の精錬』の序章において、時代を遡れば遡るほど人間社会の未熟さが露わになるとして、人類史は①野生の時代、②未開の時代、そして③政治や科学、産業、法律、技術に支えられた文明の時代へと発展し、エジプトやシリア、ペルシアなどはフランスと同じく③の段階にあると主張する。タフターウィーは、数学や自然科学、形而上学などの理論的基礎や応用科学においてフランスの先進性を認めつつ、ムスリムの国々に、居眠りから目を覚まし、これまでの怠慢を改めるよう呼びかける。ただし、著書全体としては、のちに「社会学の父」とも呼ばれる中世イスラームの歴史家イブン・ハルドゥーン（一三三二～一四〇六年）をフランスの啓蒙思想家モンテスキューに、あるいはアラブ部族の高貴な精神をフランスの騎士道に例えながら、アラブ人とフランス人の類似性を強調する。「フランス人の倫理観や政治状況を検討した結果、フランス人はトルコ人やほかの民族よりもアラブ人に近いと思われる」と結論で述べて、両民族は「名誉や自由、誇り」といった価値観を共有しているというのである。

このようにタフターウィーはアラブ世界の読者に対して、フランスをはじめとするヨーロッパを決して異質な他者としてではなく、自分たちと共通点を持つ社会として、しかしあくまで自らの伝統や文化に即して説明を試みる。それは、フランスの政治制度やパリ滞在中に実際に目撃した一八三〇年七月革命、とくに自由の概念に関する記述にも明確に示される。タフターウィーはフランスの国家制度や国民の権利をめぐり、一八一四年憲章（一八三〇年に一部修正）の内容を詳述する。君主の恣意的な権力を制限するための大臣や議会や司法のあり方、財産や土地の保護、言論や出版の自由について言及したうえで、次のように断言する。「フランス人が自由《フッリーヤ》と呼び、切に望んでいるものは、われわれが正義《アドル》と公平《インサーフ》と呼ぶものに等しい。自由の支配とは、支配者が人間を抑圧できないように司法と法律における平等性を確立することだ」〔Tahtawi 2011〕。

一九世紀前半のアラブ・イスラーム社会では、自由の観念は「奴隷ではない」という意味で長らく用いられ、「人間は生まれながらにして自由である」という近代西洋社会に定着した自然権的な発想はいまだに浸透していなかった。タフターウィーは、七月革命を絶対主義の擁護者と自由の擁護者の対立と捉えつつ、シャルル一〇世が「不正《ズルム》」を行ったために、「正義」や「公平」の価値によって打倒されたと説明する。『黄金の精錬』がまもなくオスマン・トルコ語に訳され、イスタンブールでも広く読まれるようになったのは、西洋由来とされる近代的な政治概念がアラブ・イスラーム社会の伝統的な観念に組み込まれていると示唆したからであろう。それは、こうした社会の読者、すなわち受け手の主体的な意識や自信を喚起する著作であった。

タフターウィーは一八六〇年代にはいくつかの重要な別の著作も出版しているが、この時代にはチュニジアではハイルッディーン・パシャ（一八二二〜九〇年）が『ムスリムの国々に必要な改革』（一八六七年）で立憲君主制の政治改革論を、またベイルートではブトルス・ブスターニー（一八一九〜八三年）が『シリアの喇叭《らっぱ》』（一八六〇年）でシャーム地方（歴史的シリア。現在のシリア、レバノン、ヨルダン、パレスチナの一部の地域を含む地域）における「祖国愛」を基盤とした多数の宗教・宗派コミュニティー間の連帯を訴えた。しかし、ナフダ第一世代は近代思想の草分けとして活躍したにせよ、それぞれは主としてローカルの場での活動に限定され、のちに「中東」と呼ばれる地域での幅広いネットワークを築くことはできなかった。

ナフダ第二世代における「時代の精神」と「広域性」

ところが一八七〇年代後半から活躍し始めたナフダ第二世代は、経験の共有という意味で明らかに異なっていた。その契機となったのは、外側からの植民地主義の拡大である。一八三〇年にはフランスによってアルジェリアが占領され、一八六〇年代にはチュニジア、一八七〇年代後半にはエジプトが財政破綻に追い込まれ、欧州列強による直接的な政治支配への道が開かれた。だが、オスマン帝国領土の切り崩しに対峙するために、内側からの近代的な改革も推し進められた。一八六〇年代のイスタンブールにおける「新オスマン人」やチュニジアのハイルッディーンによる立憲主義に基づく改革は、やがてオスマン帝国君主アブデュルハミト二世（一八四二～一九〇九年）治世下でのミドハト憲法による一時的な憲政（一八七六～七八年）やエジプトでのウラービー革命（一八八一～八二年）、反動の時代を経た後でのトルコやイランでの立憲革命（一九〇八年）といった動きに発展していった。改革気運に伴ってエリート層の政治組織化やジャーナリズムの発展と「世論」の形成、さらには新たな教育層だけでなく農民層も含めた国民教育、女性の社会参加、近代文学の確立といった課題も提起されるようになった。外と内が互いに響き合うダイナミズムが生まれるなか、思想家たちはカイロやアレクサンドリア、チュニス、ベイルートに加え、イスタンブール、テヘラン、さらにパリやロンドンなどの欧州内部にまで幅広くネットワークを広げていった。

この時代を特徴づけていたのは、ナフダ思想家らが宗教的出自やイデオロギー的立場を後の時代ほど意識せず、帝国主義への抵抗だけでなく、専制主義や東洋社会の後進性の克服、あるいはシャリーア（イスラーム法）の真意の実践を「共通課題」として、意見の自由や寛容性、多元性を重んじる態度を維持していたことである。その精神を表す発端となったのは、イラン出身で中東全域やパリなどからイスラーム諸地域の連帯を説いて回ったジャマールッディーン・アフガーニー（一八三八／三九～九七年）であろう。後に「汎イスラーム主義者」として知られる彼の下に集ったなかには、エジプトの司法や教育界の改革にやがて邁進することになるムハンマド・アブドゥ（一八四九～一九〇五年）などの若きムスリム思想家だけでなく、アディーブ・イスハーク（一八五六～八四年）などのシリアのキリスト教コミュニティー出身の作家も多数存在した。またエジプトのユダヤ教コミュニティー出身の劇作家ヤアクーブ・サンヌーア（一八三九～一九一二年）などもアフガーニーの知識人サークルに加わっていた。

彼らが取り組んだ多岐にわたる課題のなかでも専制批判は重要であった。イスハークはモンテスキューやルソーの原書と格闘して、「正義」と「不正」という伝統的な政治用語に代わって「自由」と「専制《イスティブダード》」という近代的な対概念を提示する。そのうえで、「忠誠の中にだまし討ちが、健全な精神の中に悪徳が、公正の中に抑圧が（中略）議会主義の中に専制主義が、自由の中に奴隷精神がみえる」〔岡崎 二〇二一〕と名目と実質の両面で行使される権力の問題を鋭く指摘した。一方、ムスリムの宗教指導者・教育者であった盟友アブドゥは、「個人と社会の究極的発展を経れば支配者と被支配者の対立は最終的に解決される」という理想主義的な信念のもとで、「国政の指導力」という意味での啓蒙専制主義（公正な専制者）の必要性を認めながらも、絶対権力はシャリーアと相容れないという立場を示す。そして晩年には、専制権力が最高権力者から中間層、貧困にあえぐ農民層に至るまでヒエラルキー的に広がり、社会の側で再生産して政治に反映されるという問題について、アブドゥは次のように分析する。

「政府の職員や行政の役人は、略奪と収奪の連なりを具現化した存在であった。この連なりは、強大なグループから弱小なグループに至るまで段階的に抑圧を広め、最終的に惨めな農民にまで達する。農民は首根っこをつかまれ、泥につかり、血と涙と額の汗をにじませながら、役人が求める大地の金塊〔国富〕をせっせと採掘する。この金塊は弱小なグループから強大なグループへと徐々に運ばれ、最終的に連なりの末端に至るまで掌握している支配者の手に渡される」〔岡崎 二〇二一〕。

当時の専制批判を理論的に支えた近代進化論の影響も、「時代の精神」を体現していた。アラブ世界における近代進化論の受容に大きく貢献した者のなかでも、シリアのキリスト教徒コミュニティー出身のシブリー・シュマイイル（一八五〇～一九一七年）はよく知られている。彼はダーウィンやスペンサー、ヘッケルなどに影響を受けながら「社会有機体説」を武器に、「暴力と武力に訴える専制主義者は、社会の生物的特質を知らず、社会を人工的なメカニズムと考え、社会の仕組みを生命のない物質的なものとみなしている」と批判する。その一方で、アブドゥをはじめとするイスラーム改革主義者も、「もしアッラーが人間をお互いに牽制し合うように仕向けなかったら、この地上は腐敗しきっていただろう」（二章二五一句）というクルアーンの章句に「生存競争」や「自然選択」といった近代進化論と同じ考え方が示されていると主張した〔岡崎 二〇二二〕。

出版と資本主義の結びつきのなかで、経験や認識の共有は、中東全域や欧州諸都市、広くはイスラーム諸地域に広がっていった。アフガーニーとアブドゥが帝国主義の拡大に抵抗するうえでムスリムの人々の連帯を訴えパリで発行した『固き絆』誌（一八八四年）や、その教えを引き継いだラシード・リダー（一八六五～一九三五年）発行の『マナール』誌（一八九八～一九三五年）は、遠くインドやインドネシアのムスリム読者層にも読まれた。またイスラーム社会におけるフェミニズム論の先駆けとなったカースィム・アミーン（一八六三～一九〇八年）の『女性の解放』（一八九九年）は、ペルシア語（一九〇〇年）、ウルドゥー語（一九〇三年）、オスマン・トルコ語（一九〇八年）、タタール語（一九〇八年）、ロシア語（一九一二年）などに翻訳され、北アフリカから西アジア、さらには中央アジアで一定の読者を獲得した。ナフダ第二世代から第三世代の初めにかけて顕著であったのは、このような思想の「広域性」であった。

ナフダ第三世代におけるイデオロギー的分裂

イスラーム改革主義者が啓示と理性の調和を説きつつ宗教と慣習の区別を促したことは、世界のムスリム読者にとって大きな意義があった。もともとタフターウィーは『黄金の精錬』のなかで、フランス人女性がヴェールをかぶらず、またダンスに興じるのは女性の貞節や倫理観の腐敗とは無関係で、単に社会的な慣習として理解すべきだと主張していた。ナフダ第二世代の批判対象となった専制支配もイスラームの教義に由来せず、むしろそこから逸脱するものであり、イスラーム以前から、そして中世の政治体制から引き継がれた「悪しき因習」にほかならないと認識されていた。

こうした論調のなかアミーンは、『女性の解放』で宗教と慣習は異なるとしつつ、「現在のヴェールはわれわれ独自のものではなく、イスラーム教徒が使用し始めたものでもなく、むしろ多数の国に存在したおなじみの習慣であり、社会の要請に応じて、またその発展の流れの中で自然に消えていった」と主張する。アミーンは、ヒジャーブ（ヴェール）着用の放棄を求めたわけではなく、むしろ社会や政治の固有の論理を社会学的に理解することによって、すべてを神学的な解釈に還元するような思考を戒めていた。『女性の解放』ではヒジャーブだけでなく、一夫多妻婚や離婚、家父長的支配をめぐり歴史上のイスラーム法学者による教義の解釈を詳細に神学的に検討する。だが同時に、J・S・ミルの『自由論』やH・スペンサーの社会進化論にも依拠し、さらには離婚率や乳児死亡率といった国勢調査による統計をも駆使して社会学的に議論を進める。次作『新しい女性』（一九〇〇年）では、欧米社会における女性の権利獲得の歴史から学ぶ必要性を説きつつも、自らのオリエント社会においては実態に基づいた実践が求められるとの見方を示す。「女性の権利について本質的な見解を示そうと望むならば、まず目の前の現実に目を向け、現実に基づいて理論を構築しなければならない。村や町や地方に適用されるものとして頭のなかに描き、さらにあらゆる年齢や環境、階級の女性に適した形を探らなければならない」〔アミーン 二〇二四〕。

宗教と社会にはそれぞれ固有の論理があり、それらを区別することで、現実と理論を橋渡しする思考が可能になるという認識は、その後の思想家によっても引き継がれた。アリー・アブドゥッラーズィク（一八八八～一九六六年）の『イスラームと統治の基礎』（一九二五年）は、その「社会学的分析」ゆえに大論争を引き起こすことになる。アブドゥッラーズィクは預言者の時代における政治や司法のしくみについてクルアーンやハディースには明記されていないとしつつ、預言者は宗教的なメッセージを伝える布教的な役割を担っただけで、政府の設立や指導は求められていなかったと述べる。「預言者が人々に対して行使するのは精神的な力であり、人々の心のなかの信仰を生み出す。この力への服従は完全に誠実なものであり、その後に身体をも従わせる。一方、権力者が行使するのは物理的な力であり、心とは無関係に身体を服従させる。前者は、人々を正しい道や真理に導くことを求め、後者は人々の生活を維持し、この世の繁栄を導くことを目指す」。こうした立場からアブドゥッラーズィクは、カリフ制についても、とりわけウマイヤ朝以後には政治・軍事権力による「征服」による支配へと変わったのであり宗教的な「寛容」とは言えないことから、専制政治と腐敗の源となりうるとの見方を示した〔Razek 2013〕。

アミーンやアブドゥッラーズィクの師にあたるアブドゥは、近代文明と宗教の実践主義的な両立を信じながら、イスラームの遺産に近代的なアイデアを吹き込もうと試みた。だが、一九二〇年代に入り、トルコの政治家ムスタファ・ケマル（アタテュルク、一八八一頃～一九三八年）が、カリフ制を政治利用してきたオスマン帝国時代と決別すべく、その放棄を宣言した。その余波は、民族主義の高揚のなかで新生国家のイデオロギー的な基礎を模索するアラブ地域にも押し寄せていた。こうした文脈において、アブドゥッラーズィクは、ナフダ第一世代以来の社会学的な見地を発展させ、宗教と国家を完全に区別するというところまで議論を推し進めた。

しかし、イスラーム諸地域において歴史的にみても宗教的領域と政治的領域が互いに複雑な形で重なり合ってきたことは周知である。加えて一九世紀末以来、植民地主義権力との対決はいっそう深刻な課題となってきたという事実を踏まえると、アブドゥッラーズィクの『イスラームと統治の基礎』と相対立する立場を示したイスラーム改革主義者のリダーの主張も一理ある。リダーは『カリフ、あるいは偉大なイマーム』(一九二三年)や『マナール』誌の諸論考で、宗教と政治の完全分離を求める議論に警鐘を鳴らす。リダーのみるところ、こうした立場は欧米列強による侵略や占領を受けるなか、イスラーム諸地域の一体性を弱めてしまうような口実を与え、さらなる介入を招いてしまう可能性があるのだから、「必要に迫られたカリフ」が存在すべきだというのである。

多様な信条を寛容する社会に向けて

二〇世紀半ばまでに中東地域では多くの国が民族主義思想を支柱として脱植民地化を果たしたが、一九七〇年代以降には独裁政権の長期化と、それに呼応する形でのイスラーム復興という経験を共有した。二〇一〇年末には「アラブの春」と呼ばれる民主化運動が活発化し、チュニジアやエジプトなど独裁政権の打倒に成功した国もあれば、シリアのように域内外の勢力を巻き込んだ戦乱と荒廃にさらされる国もあった。植民地主義的な権力に関しても、一九四八年に建国されたイスラエルは安全保障面で欧米諸国の全面的な後ろ盾を得つつ、パレスチナで占領地を拡大し続け、地域全体の深刻な不安定要因となっている。九・一一事件以降にはアメリカによるイラク侵攻も経験し、それに対抗して「聖戦《ジハード》」を掲げて暴力に訴えるイスラーム原理主義運動もグローバルな形で盛んとなった。こうした文脈に鑑みれば、外側からの巨大かつ執拗な圧力に抗するためにイスラーム諸地域における「中心性の再構築」を切に求めたリダーの主張は、二一世紀においても強い説得力を持ち続けている。

とはいえ、自らのアイデンティティを確認すればするほど、そのカテゴリーの枠内に閉じ込められていくのも中東全域の共通経験であった。千年以上の歴史を持つ「ユダヤ教徒＝アラブ人（アラビア語話者）」というアイデンティティはイスラエルの建国によって完全に否定され、地域大国同士の政治的確執によってスンナ派とシーア派の対立軸が自明とされ、レバノンやイラク、シリアの戦乱のなかで、宗教・宗派・民族、それに伴う多数派と少数派という枠組みがいっそう動員されていった。それは、世俗と宗教のいずれを重んじるか、生活のなかで宗教的実践をどこまで重視するか否かといった個々人の信条に基づく亀裂にまで影を落としている。まさにレバノン出身の作家アミン・マアルーフ（一九四九年〜）が述べる通り、中東全域で「アイデンティティが人を殺す」状況にいっそう拍車がかかっているのである〔マアルーフ　二〇一九〕。

それでは中東の人々はいっそうリベラルな方向を目指すべきなのだろうか。西洋のリベラル思想においては、人々の世界観や信条が多様で相容れないことがあったとしても、少なくとも「政治的な共同体」のあり方に関しては、公共的な理性や諸価値を共有しつつ「重なり合う合意」を創り出すことは可能だとされる。ただし「リベラルな社会」という場合、とりわけ中東社会の文脈においてはリベラル・

世俗・進歩・西洋志向の側から、宗教熱心な不寛容で後れた、ローカル志向の側を見下すというまなざしが否応なしに含まれてしまう。実際、ナフダ思想研究においても、リベラリズムは西洋思想と対話したキリスト教徒思想家によって担われ、アブドゥのようなイスラーム改革主義者には大幅に共有されていたものの、リダー以降の二〇世紀のイスラーム主義思想（ムスリム同胞団の中心人物となったハサン・バンナーやサイイド・クトゥブなど）とはまったく相容れなかったと分析される。

しかし、最近では、諸宗教・宗派の複雑なコミュニティーを背景に持ち世俗的あるいは宗教的な世界観によってさまざまに分断されながらもその境界線を同等の立場で乗り越えようとする「宗教・宗派を超える」（エキュメニカルな）社会を目指すという方向性も模索されている〔Makdisi 2019〕。祖国愛への呼びかけ、専制の克服に向けた内部からの漸進的な改革、教育や文学を通した伝統的に「アダブ」と呼ばれる倫理意識の発展、神学と社会学の併存、そして正義や公正の感覚に基づいた協働の展望など、ナフダ思想から学ぶべき示唆は豊かにある。こうした意味では、ナフダ思想は中東全域において今日のさまざまな亀裂を乗り越え多様な立場や信条を寛容し、共存する社会を模索するための「知の保管庫」として顧みられ続けている。

参照文献

アミーン、カースィム『アラブの女性解放論』岡崎弘樹・後藤絵美訳、法政大学出版局、二〇二四年。

岡崎弘樹『アラブ近代思想家の専制批判――オリエンタリズムと〈裏返しのオリエンタリズム〉の間』東京大学出版会、二〇二一年。

マアルーフ、アミン『アイデンティティが人を殺す』小野正嗣訳、ちくま学芸文庫、二〇一九年。

Azm, Sadik, Al-, 2014. *Is Islam Secularizable?: Challenging political and Religious Taboo*. Gerlach Press.

Makdisi, Ussama, 2019. *Age of Coexistence: The Ecumenical Frame and the Making of the Modern Arab World*. University of California Press.

Razek, Ali Abdel, 2013. *Islam and the Foundations of Political Power*. Translated by Maryam Loutfi, Edited by Abdou Filali-Ansary. Edinburgh University Press.

Tahtawi, Rifaʻa, Al-, 2011. *An Imam in Paris: Account of a Stay in France by an Egyptian Cleric (1826–1831)*. Saqi Books.

コラム　中東の音楽映画

二〇一〇年のイラン映画『ペルシャ猫を誰も知らない』は、ロック音楽の演奏を禁じられた若者が自由を求めて国外脱出を目指す姿を描いている。一九九〇年代のアルジェリアを舞台にした映画『パピチャ――彼女たちのランウェイ』(二〇一九年)では、イスラーム勢力が女子学生たちに対し、音楽を含む娯楽を禁じるシーンがある。中東以外でも、マリを舞台にした『禁じられた歌声』(二〇一四年)もイスラーム勢力による音楽の弾圧を扱う。映画の中で「音楽を抑圧するイスラーム」という表象は枚挙にいとまがない。

このような構図は、「宗教的な中東」対「世俗的な西洋」という安易な二項対立と合致するだけに、その先入観をますます強めてしまいかねない。もちろん、イスラーム主義を掲げるさまざまな集団や政権がこれまで、イスラームの名の下に音楽活動の規制や音楽家に対する弾圧を行ってきたのは事実である。しかし中東における音楽の状況は、実際にはより複雑で奥が深い。

冒頭で触れた『ペルシャ猫』は、主人公たちがバンド仲間を集めるためにさまざまなアーティストと出会う様が、そのまま現代イランの音楽民族誌となっている。見どころは数多いが、多くの若者が国外脱出を望むなかで、あるラッパーがイラン国内に留まることを表明するシーンがひときわ異彩を放つ。ヒップホップというアメリカ発祥の文化を取り込み反体制的なメッセージを繰り出しながら、内向きな活動を志す彼の姿は、イランの複層的なナショナリズムを表しているようだ。

『クロッシング・ザ・ブリッジ――サウンド・オブ・イスタンブール』(二〇〇五年)は、トルコ系ドイツ人であるファーティヒ・アクン監督による音楽ドキュメンタリーである。語り手となるドイツ人音楽家のアレクサンダー・ハッケが、トルコで多くのアーティストに取材する。ロックやテクノ、ラップといった西洋的なジャンルも紹介されるが、それ以上に、クルド民族音楽やスーフィー音楽のようなローカルな音楽ジャンルが、ハッケの、あるいはアクン監督の目を通して描かれることで、一種グローバルな価値を付加されていく。

アラビア語圏では、まずはレバノン映画『愛しきベイルート――アラブの歌姫』（二〇〇三年）がある。人気歌手フェイルーズの楽曲を愛する人々へのインタビューからなるドキュメンタリーである。年齢、性別、宗派や政治的信条を異にする多様なレバノン人が、フェイルーズ愛で結びつく様は、彼らの複雑なアイデンティティのあり方を浮き彫りにしている。その一方で、「彼女の歌に愛着はない」と言い切るパレスチナ人移民の発言が妙に浮き上がって見えるのが皮肉である。

映画大国エジプトでも、アフマド・アブドゥッラー監督の『マイクロフォン』（二〇一〇年）がある。アレクサンドリアを舞台にした若者たちの日常と、実際のアーティストを紹介する音楽民族誌を組み合わせた構成は、先述の『ペルシャ猫』とも共通する。しかし本作で出色なのはなんと言っても、反政府の音楽デモをカメラに収めている点にあろう。エジプト革命のきっかけとなったハーリド・サイードの顔写真を掲げてシュプレヒコールを挙げる若者たちの姿は、翌年の「アラブの春」の到来を正しく予見していたことになる。

パレスチナに関する音楽映画では、『自由と壁とヒップホップ』（二〇〇八年）は外せない。ヒップホップ・アーティストたちに関するドキュメンタリーである本作では、DAMというラップユニットによる「リリックのインティファーダ」が主に扱われるが、同時にイスラエル国内に住む彼らと占領地のパレスチナ人たちとの間の微妙な距離感までもが描き出される。また、ガザ出身のアイドル歌手ムハンマド・アッサーフの半生をドラマ化した『歌声にのった少年』（二〇一五年）もある。本作は、彼が少年時代を送った占領下ガザの暮らしぶりや、青年となった彼が通過するラファの検問所、そして彼の音楽に熱狂するアラブの観衆たちの姿を、大げさでないリアリティを持って描き出す優れたドキュメントであると言えるだろう。

以上、中東の音楽映画を概観した。今やYouTubeやソーシャルメディアで直接中東の音楽に触れることができるが、音楽映画は編纂された音楽アーカイブとして、私たちが中東を知るための有益な指針を与えてくれる。（中町信孝）

第2部
変容する社会

Society

シリア難民家庭への訪問調査（ヨルダン）

第2部　イントロダクション

末近浩太

あなたは今、中東のどこかの国を旅している。ホテルの窓から見えるのは、世界遺産のモスク、あるいは、きらびやかな高層ビル群、砂漠の摩天楼だ。部屋のテレビでは、イスラエルによる攻撃で家族を失ったパレスチナの男性の慟哭を伝えるニュースが流れている。そういえば、レセプションのスタッフは、流暢な英語を話していたが、街で見かける人たちとどこか違う雰囲気だった気がする。街行く人々のなかでも、やはり多くの女性はヴェールで髪を隠している。

そう、あなたは中東の社会の片隅にいる。そして、その社会を構成するさまざまな事物を目にしている。しかし、社会には目に見えない部分がたくさんある。中東研究者たちは、誰もが目にする中東の社会の姿を見据えながらも、その深く豊かな実態に迫り、また、それを分析するための学知を紡いできた。

その一つが、ジェンダーだ。2-1「ジェンダー」では、中東の社会を「学ぶ」うえでジェンダーがほかの社会規範の根幹を規定する、文化的に最も重要な規範であるという現実が論じられる。中東に広く根ざしたイスラームが、男女の空間隔離や性別役割分業を是とし、性別によって異なる社会規範を再生産してきたからである。そんな中東の社会を「後れている」「女性差別的である」と断じる前に、まずはジェンダーとは何なのか、そして私たちが考える「平等」とは何なのかを問い直すことから始める必要がある。

中東もグローバル化に伴う人の移動から無縁ではない。湾岸アラブ諸国を旅すれば、行く先々で出会う人のほとんどが南アジアや東南アジアからの移民労働者——そして英語が流暢な人々——だったりする。遊牧や交易によって栄えてきた中東ほど、人の移動によって支えられてきた社会もないのかもしれない。2-2「移民・難民」では、中東での人の移動がどのような実態を有するのか、そして、それによって各国の社会がどのように変容してきたのかについて論じられる。移民・難民とどのように向き合うのか。それは、中東だけでなく今日の世界にとっての課題である。

旅行ではなかなか訪れることのない農村も、ある意味では中東の社会の目に見えない部分の一つだろう。農村は、今あなたが泊まっているホテルがある都市から離れた「田舎」という意味だけではなく、その都市のかつての姿だったかもしれない。だとすれば、都市と農村の関係を掘り下げることなしに、なぜ中東の社会が今のような姿になったのかを理解するのは難しい。2-3「都市と農村」は、とくに都市化とそれに伴う農村から都市への労働移動の観点から、中東社会がどのように変容していったのかを教えてくれる。重要なのは、そうした変容が一つの国のなかで自己完結的に起こったのではなく、産油国への海外出稼ぎ労働移動と海外送金の流入によって促されてきたという現実だ。

中東のことは中東の「現地メディア」による報道が最も信用できる、と思うかもしれない。しかし、ホテルの部屋のテレビで流れているニュースは、本当に「真実」を伝えているのだろうか。中東諸国のほとんどが権威主義体制による情報統制下にあることを忘れてはならない。2-4「メディア」は、そんな中東諸国のメディアの特質に迫る。しかし、それは中東のメディアは「後れている」「体制のプロパガンダである」と断じるだけの営みではない。むしろ、情報統制を逃れようとする試みや一度発信された情報がほかの中東諸国と共鳴する実態などを注意深く見ていくことで、中東という地域の特徴を理解することにつながるだろう。

このように、中東研究の学知を通して中東の社会を理解しようとする営みは、観察者である私たちが暮らす社会の「常識」や「当たり前」、あるいは思い込み、偏見、認知の癖を問い直すためのきっかけとなる。中東を「学ぶ」ことは、私たち自身を「学ぶ」ことにほかならない。

1 ジェンダー

嶺崎寛子

ジェンダーとは何か

中東を学ぶうえで必要となるジェンダーに関する知識や先行研究を整理し、見取り図を描くことが、本章の目的である。入門書なので本章では、基本的に日本語で読める文献のみを扱う（この分野は欧米圏で研究が盛んなので〔cf.嶺崎　二〇二三〕、興味のある方は欧語文献も参照されたい）。

本章では、中東地域やその文化、そこに住む人々の心性、宗教としてのイスラーム、中東におけるジェンダー、すべてを、動態的に移り変わるものとして捉える。グローバル化の進む現在、それらは異文化の影響や政治経済の状況、技術革新、地球温暖化などの環境の変化などによって、影響を受け変容する。それは一枚岩的・静態的な、本質主義的なものとしてあるのではなく、多様な要因のなかに、それらの相互作用というダイナミクスのなかにある。だから本章でムスリム女性（ムスリマ）や中東女性という大きな主語で語らざるをえない時も、その語のなかには言語・民族・階層・居住地域と環境などが異なる、実に多様な人々が含まれており、その見解は固定的なものではない。

さて、ジェンダーとは何か。三つ定義を紹介したい。ジェンダーを歴史学者のスコットは「身体的差異に意味を付与する知」〔スコット 二〇二二〕と、ジェンダー研究を牽引する哲学者のバトラーは「性別化された身体が身にまとう文化的意味」〔バトラー 二〇一八〕と、社会学者の加藤秀一は「たんなる生殖機能の差異というレベルを超えて、社会的に編成された知識や規範としての性別」〔加藤 一九九八〕と定義した。ジェンダーはつまり、性別に個々の文化が付与する意味の束のことだ。

バトラーは「セックスは、つねにすでにジェンダーなのだ」との言葉で、生物学的な性差を定義し論じる時も、論者はその社会のジェンダーの影響から逃れられないことを示した〔バトラー 二〇一八〕。ジェンダー研究においてはバトラーの『ジェンダー・トラブル』以降、生物学的な性差＝セックス、社会的な性差＝ジェンダーという単純な二項対立でジェンダーが理解されることはもはやない。「ジェンダーは、それによってセックスそのものが確立されていく生産装置のこと」と、バトラーは言う〔バトラー 二〇一八〕。

中東を学ぶ人が、ジェンダーを避けて通れない二つの理由

中東を学ぶ人は、二つの理由からジェンダーを避けて通れない。一つには中東地域がイスラームを主要な基幹文化の一つとしており、そのイスラームは時代・地域によって程度や浸透度、理解は異なるが、総じて男女の空間隔離や性別役割分業を是とし、性別によって異なる（＝ジェンダー化された）行動規範や服装規範を持つからである。中東地域においては、ジェンダーはほかの社会規範の根幹を規定する、文化的に最も重要な規範として機能する。中東を専門とする人類学者、大塚和夫はかつて筆者に「中東研究者はジェンダーを避けて通れない」と語った。これはこの文脈においてである。

二つには、ジェンダー化されたオリエンタリズム（Gendered Orientalism：以下、ジェンダー・オリエンタリズム）が、欧米では多大で広範な、日本でも一定の、影響力を持つからである。ジェンダー・オリエンタリズムとは、欧米、つまり西洋《オキシデント》が東洋《オリエント》に向けた、歴史的に系譜を辿ることができるまなざしである。歴史的にはこのまなざしは日本や中国、インドなどにも向けられた。プッチーニのオペラ「蝶々夫人」は、日本女性が帰らぬ夫を健気に待ち、最後は自刃という東洋的な方法で自殺する女として描かれたという意味で、この典型例と言える。中国では纏足《てんそく》（幼女の足指を折り曲げて布で縛り発育を抑制する風習）が、インドでは寡婦殉死《サティー》（夫の火葬の火に妻が身を投じて殉死する風習）が論じられた。しかしそのまなざしが主に注がれたのは中東の女性たちに対してであった。

ジェンダー・オリエンタリズムは西洋と東洋を二項対立的に捉え、西洋が東洋を他者化し、その文化、宗教、慣習などに、自分たち西洋にはない独特で特殊な女性差別や女性蔑視、ジェンダー差別を見出し、それを東洋が「後れている」「女性差別的である」ことの証左とするまなざし、と定義できる〔嶺崎 二〇一九〕。同時にそれは東洋の女性たちをエロス化し、客体として扱ってもきた〔ノックリン 二〇二一〕。ヨーロッパで盛んに描かれたオリエンタル絵画は、奴隷市場やハーレムなどのエキゾチックでエロティックなモチーフに満ちている。当時のヨーロッパ絵画には、現実の女性の裸体はタブーだが、神話の神々の裸体は描けるという「お約束」があった。そして神々の裸体同様に、オリエントの女性という「他者」の裸体を描くことが許されていたからこそ、オリエント絵画は隆盛した。それらの絵画は事実ではなく、西洋の思い描く「幻想の東洋」を反映している。

ムスリム女性やイスラームへのステレオタイプな言説やイメージの多くが、このジェンダー・オリエンタリズムに基づく。曰く、中東のムスリム女性は服装の自由がなく、無理やりヴェールを被らされている、一夫多妻のもとで虐げられている、相続権が女性には男性の半分しかない……等々。そしてそれは日本でも広く共有されていると言えよう。

歴史的には、ジェンダー・オリエンタリズムは植民地支配の正当化や侵略の正当化にも使われてきた。たとえばエジプト総領事、クローマー卿（一八四一～一九一七年、在任一八八三～一九〇七年）はエジプト女性の「後れ」や「退廃」をエジプト社会の停滞の原因と見なし、その改善を使命と謳った。しかし彼は同時に、本国イギリスで盛り上がった女性参政権運動〔第一波フェミニズム、別名サフラジェット運動〕は批判し、それに反対した。彼にとって女性の権利は、植民地支配を正当化する便宜以上のものではなかったのだろう。同時期に宣教師の妻や女性宣教師、女性教師らも「野蛮で迷信深いムハンマドの国々」の「堕落した女性」と自らを対比し、キリスト教国は「女性に社会のなかで適切な地位を与えている」と信じ、姉妹たる彼女たちを「救う」ことを使命として中東に渡った〔Midgley 2006〕。同時多発テロ事件（九・一一事件）以降のアメリカでは、アフガニスタンへの米軍の軍事侵攻を正当化するために、「ムスリム女性の権利の擁護」が叫ばれた。アメリカの人類学者でパレスチナにもルーツを持つアブー＝ルゴドは、アフガニスタン侵攻の際にアメリカのフェミニズム活動家らの多くが、現地の女性たちを「救われる側」、自らを「救う側」と見なし、現地の女性団体の実績や貢献を軽視し、彼女らの主体性を認めて「連帯」しようとはしなかった、と批判した〔アブー＝ルゴド 二〇一八〕。インド出身のアメリカの理論家、スピヴァクの有名な言葉を借りれば「茶色い男性から（哀れな）茶色い女性を救う」ことを、欧米（の白い男女たち）は長い間、自らの使命としてきたのである〔スピヴァク 一九九八〕。そこには救い手としての自己陶酔や、さまざまな力関係の不均衡をロマン化して不可視化する、ジェンダー化されたまなざしがある。

近年ではイスラエルが「女性抑圧的で同性愛嫌悪文化のある野蛮なアラブ諸国」と自国を対比し「中東で唯一のゲイ・フレンドリーな国」として自らを表象する国家戦略をとる〔保井 二〇一八；Puar 2013〕。背景には、九・一一事件以降に出現した新たなナショナリズム――LGBTQへの「受容」や「寛容」が、国家主権の権利や能力の評価基準となる、プアが理論化した「ホモナショナリズム」――がある〔Puar 2007〕。イスラエルが入植者植民地主義《セトラー・コロニアリズム》の一環として、国際法に違反しつつ進める入植政策への批判をかわす手段として、LGBTQの人権が参照されるのが、ジェンダー・オリエンタリズムの現在なのだ。二〇二三年一〇月七日のハマース（ハマス）による攻撃を奇貨として、イスラエルはガザに大規模な軍事攻勢をかけ、虐殺を行っている。その最中の一一月一三日、イスラエル政府の公式X（旧Twitter）は「ガザに初めてプライドフラッグが掲げられた日」と称し、国家に紐づけられた二つのプライドフラッグを廃墟に掲げる兵士の写真を公表した〔Israel 2023〕。グロテスクなまでに先鋭化するジェンダー・オリエンタリズムが、ここにある。長い系譜を持つこの言説の歴史と作用とはもっと注目されてよい。

そしてもう一つ、ジェンダー・オリエンタリズムに基づく問いには応答してはならない。ジェンダー・オリエンタリズムに基づく問いは偏見をも含み込んでいるが、多くの場合、問う側はそれに無自覚である。だからこそ問いに答えるのではなく、問いをずらしたり質問の意図を問うたりしてその文脈を炙り出し、言説自体を分析の俎上に載せる必要がある。

女性学とジェンダー学、フェミニズムと宗教

本節では、女性学やジェンダー学の発展経緯を整理し、近接分野にも触れつつ必読文献を示す。なお、

直接には関連の薄い日本のフェミニズムについては、紙幅の関係で触れない。

前節で取り上げた、自らを救い手と見なし、中東をはじめとする第三世界の女性を救われる人と見なす欧米の視線は、もちろん批判されてきた。しかしその批判のためには、一九八〇年代初頭まで待たなければならなかった。第二波フェミニズムは一九六〇年代にアメリカで白人女性たちを担い手として起こった。フリーダン『女らしさの神話』（一九六三年、邦訳『新しい女性の創造』〔二〇〇四〕）は、第一波フェミニズムの成果として法的権利の男女平等が叶った先に、まだ残る女性の生きづらさを「名前のない問題」と名づけ、広く共感を呼んだ。

ただしフリーダンが典型的なように、第二波フェミニズムは白人中産階級の女性の問題を「普遍的な、世界の女性共通の問題」と捉え、人種や階級といった女性内部の差異を顧みず、女性は女性であるがゆえに連帯できると考えた。女性たちは地域を超えて等しく家父長制に苦しめられているというラディカル・フェミニズムの理解はその歴史性や地域性を捨象し、家父長制という概念のブラック・ボックス化を招いた。この素朴な感覚は当時の「シスターフッド・イズ・グローバル」というスローガンに集約できる。アメリカの黒人女性フックスは『私は女ではないのか』（一九八一年、邦訳『アメリカ黒人女性とフェミニズム――ベル・フックスの「私は女ではないの？」』〔二〇一〇〕）で鋭く、アメリカ人女性を人種や階級を度外視して性別によって括り、女性内部の差異を顧みることなく、白人中産階級女性の閉塞感を女性全体に敷衍してしまう、第二波フェミニズムの視野の狭さを告発した。

同様に第三世界の女性の視座から第二波フェミニズムを批判した金字塔として、インド生まれでアメリカで教鞭を執るモーハンティーの「西洋の目」（一九八八年、邦訳一九九三年など、『境界なきフェミニズム』〔二〇一二〕所収）がある。これと双璧をなすスピヴァクの『サバルタンは語ることができるか』（一九八八年、邦訳〔一九九八〕）も極めて重要である。スピヴァクは、従属的地位にあり虐げられてきたサバルタンは語れないのではなく、語っても聞かれないのだ、と、語りを聞くという場の権力性と磁場を論じた。そのほか、欧米の覇権的フェミニズムの問題を扱ったナーラーヤン〔二〇一〇〕、中東地域に関してはアハメド〔二〇〇〇〕、岡〔二〇一九、二〇二二〕、ミール＝ホセイニー〔二〇〇四〕、アブー＝ルゴド〔二〇一八〕、などが問題枠組みの把握に役立つ。

一方でフェミニズムには、宗教を家父長制の砦と見なし、女性の権利拡大を阻害するものとして敵視してきた歴史がある。しかし宗教は女性たちのエンパワーメントの源泉や、解放するための参照軸ともなりうる〔川橋 二〇一九〕。宗教は女性を抑圧もするが、女性解放のための起爆剤となる可能性も持つ、両義的なものとしてあるのである。宗教とジェンダーの関係を学ぶうえでは、黒木・川橋〔二〇〇四〕が今でも古びず、必読である。

しかし日本のジェンダー研究やフェミニズムが、第三世界や宗教に継続的に高い関心を払ってきたとは到底言いがたい。たとえば『現代思想二〇二〇年三月臨時増刊号　総特集＝フェミニズムの現在』〔二〇二〇〕には、宗教関連、第三世界関連の論文はともに一本も収録されていない。収録された論文から、①新自由主義の文脈における女性の労働市場への動員や、やりがい搾取に対する関心が高い、②関連してケアの領域、感情労働、セクシュアル・マイノリティは扱われている、③第三世界や宗教にはまったく関心がない、という三つの傾向がわかる。

それは日本社会における第三世界や宗教に関する関心の薄さや、日本には信仰を持つ人が中東などに比して相対的に少ないという事実を反映しているのだろう。しかしそれは同時に、中東のような、宗教が重要な役割を果たす地域における女性のリアルを取りこぼす危険を、日本のジェンダー研究が孕んでいることの証左でもある。さらに言えば「主体的に女性であり、かつ宗教的でありたい」と願う女性たちの理論化は、中東女性の理解のためには必須である。この視座を逃してはならない。

欧米の中東とジェンダー研究について言えば、アメリカのマフムード『敬虔の政治』〔Mahmood 2005〕がもたらした英語圏学術界へのインパクトは相当なものがあった。その後「敬虔ブーム」と名づけられるほど、女性たちの主体的な信仰や敬虔さに関し、後追いの研究が多くなされた。それに対し、ブームは敬虔でない中東女性たちを取りこぼしているというもっともな批判がなされ、敬虔でない女性たちに注目した研究が蓄積され、現在に至る〔Sehlikoglu 2017〕。日本の研究動向は欧米と必ずしも連動していないが、なぞらえるとすれば前者の系譜の研究として嶺崎〔二〇一五〕、後者の系譜の研究として鳥山〔二〇二二〕がある。

なお中東のジェンダーを学ぶには、中東だけで完結する学問分野ではないため、中東に留まらず広く学際的に文献を読む必要がある。理論書としては、ジェンダーに関しては何と言ってもバトラーとフーコーの一連の著作が必須だ〔バトラー 二〇一八、二〇二一；フーコー 一九七七、一九八六〜二〇二〇；バトラー&スピヴァク 二〇〇八〕。性的マイノリティについて考えたいならクィア研究の嚆矢ともされる、人類学者のルービンの仕事〔一九九七、二〇〇〇〕が素晴らしい。中東つながりでは、アルジェリア独立運動に尽力した革命家・思想家・精神科医のファノン〔二〇一五、二〇二〇〕を、まずはジェンダー視点で読んでほしい。前述のクィア理論家、プア〔Puar 2007, 2013, 2017〕も一読に値する。

これらを踏まえて、中東のジェンダーに関する各論にあたる日本語文献——前述した嶺崎〔二〇一五〕や鳥山〔二〇二二〕、現地女性の声を豊かに収録しつつ女性と開発を論じた鷹木〔二〇〇七〕、ネイティヴ人類学者による、多様性を意識した中東地域のジェンダーに関する論集〔サルヒー 二〇一二〕、エジプトのヴェールについて論じた後藤〔二〇一四〕、中東地域の不妊治療を扱う類書のない論集〔村上 二〇一八〕、イスラーム法の子ども観を法学書から丁寧に跡づけた小野〔二〇一九〕、イスラエルのＬＧＢＴＱをめぐる政治〔保井 二〇一八、二〇二二〕、ジェンダー暴力を扱った論集〔田中・嶺崎 二〇二一〕、明石書店から出ている「イスラーム・ジェンダー・スタディーズ」シリーズ〔長沢 二〇一九〜〕など——を興味関心に応じて読むといい。日本語で読める文献はかなりある。ただし、中東のキリスト教徒などのマイノリティや、政情不安なイエメンやシリアなどに関しては、日本語も欧語も文献が少ないという限界がある。エジプトの研究者が多いなど、研究地域に偏りが見られるのもやむをえないとはいえ、問題である。平和が研究の何よりの礎であることを、中東研究者として歯噛みしながら実感する日々だ。

中東女性は第三世界の、宗教を基盤とする文化のなかに生きていて、そのうえ、ジェンダー・オリエンタリズムにその声がかき消されがちな場所にいる。日本社会で彼女たちの声を聞くことはかなり難しいが、それでも研究の蓄積はなされてきている。

何の平等か？

本節では、ジェンダー・オリエンタリズムの脱構築は可能かを考えたい。

ジェンダー・オリエンタリズムの影響下にある非ムスリムの目に、イスラームによる女性抑圧の証と見なされるのは、男女で異なる服装規定（とくにヴェール）があること、シャリーア（イスラーム法）の規定では、女性の遺産相続権が男性の二分の一とされること、女性の証人は二人で男性一人と同等と見なされることであろう。この感覚、とくに法規定に関するそれには文化的な背景がある。

第一波フェミニズムは女性参政権や女性の相続権など、男女の法的権利の平等を求める運動だった。第一波フェミニズムにとって法的権利の平等は要求の中心で、女性の普通選挙権獲得は運動の成果だった。だからこそ、法的権利の平等が男女平等にとって重要という考えが欧米や日本では強い。この視点からは、シャリーアの規定は不平等かつ不当に映る。だからこそ、シャリーアが影響を保つ社会はいまだに法的権利の平等を達成していない「後れた」社会と見なされがちである（ただしシャリーアが成立したのは九〜一〇世紀で、この段階で二分の一にせよ女性の相続権を認めていたことは特筆すべきではある）。

一方で筆者の知るムスリム女性（二〇〇〇年代エジプト、当時一〇〜六〇代の人々）の多くは、この法的不平等をまったく問題にしていなかった。それどころか彼女たちは、この規定があるにもかかわらず、イスラームは男女平等だと心底信じていた。

なぜか。結論を先に言えばそれは、男女平等において「何の平等が最も重要か」という基準そのものが文化によって異なるからである。平等にはロールズが論じたように、法的権利の平等、結果の平等、機会の平等など、さまざまな基準がある〔ロールズ 二〇一〇〕。

トイレを例に取ろう。日本では男性より女性のほうがトイレでの待ち時間が長い。実は、トイレの待ち時間を男女平等にするためには、女性トイレの面積を男性トイレの二〜三倍にする必要がある。たとえばイギリスの公立公衆衛生協会は二〇一九年に、公衆トイレの便器数の男女比は一対二が適切という報告書を発表した〔BBC News Japan 2019〕。しかし日本の公共施設のトイレは、男女同じ広さであることが多い。これは「面積の平等」である。なおこの「面積の平等」は、平等思想の賜物というよりむしろ、設計を含む建設分野への女性進出が進んでいないために、ジェンダー視点を組み込んだトイレ設計がまだできていないことの反映であろう。しかし面積の平等は実際には、男性より長い女性の待ち時間を生む。したがって「男女のトイレの平等」を担保するためには、面積ではなく待ち時間を基準にし、女性側の面積を広くして便器の設置を二倍程度にするのが妥当だろう。

ここからわかるように、男女平等を考える際に大事なのは実は、何の平等を重視するかという「基準」である。少なくともエジプトのムスリムにとって肝《きも》なのは、男女の法的権利の平等ではない。彼我の違いを自覚することこそが重要なのだ。

二〇〇四年、あるエジプトの二〇代女性はクルアーンを引用しながら、筆者にこう説明した。「最後の審判の際は性別は問われず「真理によって裁かれ、彼らは不正を被らない」（三九章六九節）のだから、イスラームは男女平等」。これに類する語りを、筆者はその後も男女問わず、多くのムスリムから聞いた。別の、敬虔な二〇代女性はこう語った。

「それにあなたが昔言っていた遺産相続の問題だけど、あれは神が下された啓示。神が私たちのために啓示によって定めたシステムよりも優れたシステムなんてあるわけがないのよ。〔現世の法律なんて〕所詮は人間が作るシステムでしょ？　神のシステムのほうが優れているに決まっているじゃない」

彼女らが最も重視するのは、最後の審判における「アッラーの裁きの平等」である。ハディースの表現を借りれば、最後の審判の際にアッラーは性別に関係なく、人を「羽根一枚分の誤差もなく」公平に裁く。この裁きが公正かつ男女平等であることこそが、ムスリムにとって最も重要なのである。そして二人目の語りから、現世の法的権利の平等は重視されていないことと、人間の作る社会制度は所詮不完全だ、という認識がわかる。ムスリムとは、現世だけで平等や正義を完結させようという発想がなく、来世をも視野に入れた平等と正義を信じる人の謂《いい》なのである。そんな彼女ら／彼らが男女平等にあたって何を基準にしているのかを、まずは知る必要がある。では、翻って現在日本で「男女平等」と言うとき、重視されているのは何の平等なのだろう。

比較は必然的に、平等概念には文化差があるという事実を導く。来世を信じる人にとっての平等は、現世の法的権利を重視する人にとっての平等と同じではありえない。ならば次の問いは「彼らにとっての理想の男女平等が、私たちのそれと同じである必要はあるか」だろう。法的権利の平等を絶対視することは妥当か。それは私たちの文化や歴史を他者のそれより重視することを当然視する、自文化中心主義ではないのか。

そして彼らの重視する基準で平等を考えた時、新しく見えてくるものは何なのか。彼らの平等を包摂した先に新しい平等概念を作り上げるとしたら、それはどんな姿をしているのだろうか。

そう。大切なのは、私たちの「平等」概念の中身を絶対視せず、それを他者＝ムスリムの、異なるレベルの「平等」概念によって問い直すことである。

日本という場所――その両義性

最後に、再びジェンダー・オリエンタリズムに戻る。ジェンダー・オリエンタリズムからは、日本は見られる側でも見る側でもあるという、両義的な位置にいる。前述の蝶々夫人だけではない。文化人類学者の加藤恵津子は北米の学会で、日本のポルノマンガが「研究対象」として笑われながら消費されるさまを活写する〔加藤 二〇一六〕。そこには、日本が一応先進国で、かつ欧米に植民地化された歴史がなく、日本人は一般に英語もさしてできないから、元植民地国家をネタにする場合より抗議される可能性が低い、という計算があると加藤は言う。自国の女性に比べて受け身でおとなしく、従順で女らしいという理由で、日本人女性と結婚するアメリカ人男性もいる〔宮西 二〇一二〕。日本は確実に「まなざされる側」でもある。しかし日本人にその自覚はないか、不可解なほどに薄い。日本のジェンダー研究者にもその自覚はあまりないようなのは、いっそ奇妙ですらある。

一方日本には、ムスリム女性を「虐げられている可哀そうな女性」と見る向きもある。しかしそのように中東女性をまなざす日本人は、日本人も同じようにジェンダー・オリエンタリズムの枠組みのなかでは「まなざされる側」であることには無自覚である。構造自体が見えていないゆえだろうか。あるいは楽観的に、欧米では抜き差しならないほどに深く根づくジェンダー・オリエンタリズムは、日本ではまだ身体化するほどには浸透していない、と理解すればいいのだろうか。

もしそうならばそこに、ジェンダー・オリエンタリズムから一定の距離をとりつつ、中東女性のリアルを描き出せる場所が残されているとも言えないか。日本のジェンダー研究が中東地域に高い関心を持てたなら、この複雑にもつれた状況をほどき、中東女性や中東地域のジェンダーを探究するための場を、日本で作りうるのかもしれない。

参照文献

アハメド、ライラ『イスラームにおける女性とジェンダー――近代論争の歴史的根源』林正雄ほか訳、法政大学出版局、二〇〇〇年。

アブー=ルゴド、ライラ『ムスリム女性に救援は必要か』鳥山純子・嶺崎寛子訳、書肆心水、二〇一八年。

岡真理『彼女の「正しい」名前とは何か　新装版――第三世界フェミニズムの思想』青土社、二〇一九年。

――『棗椰子の木陰で　新装版――第三世界フェミニズムと文学の力』青土社、二〇二二年。

小野仁美『イスラーム法の子ども観――ジェンダーの視点でみる子育てと家族』慶應義塾大学出版会、二〇一九年。

加藤恵津子「語られる「日本人女性」――英語圏フェミニスト人類学者が描く「女性的なる日本」」桑山敬己編『日本はどのように語られたか――海外の文化人類学的・民俗学的日本研究』昭和堂、二〇一六年。

加藤秀一『性現象論――差異とセクシュアリティの社会学』勁草書房、一九九八年。

川橋範子「ジェンダー論的転回が明らかにする日本宗教学の諸問題――ウルスラ・キングとモーニィ・ジョイを中心に」『宗教研究』九三巻二号、二〇一九年。

黒木雅子・川橋範子『混在するめぐみ――ポストコロニアル時代の宗教とフェミニズム』人文書院、二〇〇四年。

後藤絵美『神のためにまとうヴェール――現代エジプトの女性とイスラーム』中央公論新社、二〇一四年。

サルヒー、ザヒア・スマイール編『中東・北アフリカにおけるジェンダー――イスラーム社会のダイナミズムと多様性』鷹木恵子・大川真由子・細井由香ほか訳、明石書店、二〇一二年。

スコット、ジョーン・W『30周年版　ジェンダーと歴史学』荻野美穂訳、平凡社ライブラリー、二〇二二年。

スピヴァク、G・C『サバルタンは語ることができるか』上村忠男訳、みすずライブラリー、一九九八年。

鷹木恵子『マイクロクレジットの文化人類学――中東・北アフリカにおける金融の民主化にむけて』世界思想社、二〇〇七年。

田中雅一・嶺崎寛子編『ジェンダー暴力の文化人類学――家族・国家・ディアスポラ社会』昭和堂、二〇二一年。

鳥山純子『「私らしさ」の民族誌――現代エジプトの女性、格差、欲望』春風社、二〇二二年。

長沢栄治監修「イスラーム・ジェンダー・スタディーズ」シリーズ、明石書店、二〇一九年〜。

ナーラーヤン、ウマ『文化を転位させる――アイデンティティ・伝統・第三世界フェミニズム』塩原良和監訳、川端浩平ほか訳、法政大学出版局、二〇一〇年。

ノックリン、リンダ『絵画の政治学』坂上桂子訳、ちくま学芸文庫、二〇二一年。

バトラー、ジュディス『ジェンダー・トラブル　新装版――フェミニズムとアイデンティティの攪乱』竹村和子訳、青土社、二〇一八年。

――『問題＝物質となる身体――「セックス」の言説的境界について』佐藤嘉幸監訳、竹村和子・越智博美ほか訳、以文社、二〇二一年。

バトラー、ジュディス&ガヤトリ・スピヴァク『国家を歌うのは誰か?――グローバル・ステイトにおける言語・政治・帰属』岩波書店、二〇〇八年。

ファノン、フランツ『地に呪われたる者　新装版』鈴木道彦・浦野衣子訳、みすず書店、二〇一五年。

――『黒い皮膚・白い仮面　新装版』海老坂武・加藤晴久訳、みすず書房、二〇二〇年。

フーコー、ミシェル『監獄の誕生――監視と処罰』田村俶訳、新潮社、一九七七年。

――『性の歴史』全四巻、渡辺守章ほか訳、新潮社、一九八六〜二〇二〇年。

フックス、ベル『アメリカ黒人女性とフェミニズム――ベル・フックスの「私は女ではないの?」』大類久恵監訳、柳沢圭子訳、明石書店、二〇一〇年。

フリーダン、ベティ『新しい女性の創造　改訂版』三浦冨美子訳、大和書房、二〇〇四年。

ミール＝ホセイニー、ズィーバー『イスラームとジェンダー――現代イランの宗教論争』山岸智子監訳、中西久枝ほか訳、明石書店、二〇〇四年。

嶺崎寛子『イスラーム復興とジェンダー――現代エジプト社会を生きる女性たち』昭和堂、二〇一五年。

――「イスラームとジェンダーをめぐるアポリアの先へ」『宗教研究』九三巻二号、二〇一九年。

――「ジェンダー・オリエンタリズムと中東人類学――民族誌の消費と需要をめぐって」『社会人類学年報』四九巻、二〇二三年。

宮西香穂里『沖縄軍人妻の研究』京都大学学術出版会、二〇一二年。

村上薫編『不妊治療の時代の中東――家族を作る、家族を生きる』アジア経済研究所、二〇一八年。

モーハンティー、チャンドラー・T『境界なきフェミニズム』堀田碧監訳、菊地恵子ほか訳、法政大学出版局、二〇一二年。

保井啓志「「中東で最もゲイ・フレンドリーな街」――イスラエルの性的少数者に関する広報宣伝の言説分析」『日本中東学会年報』三四巻二号、二〇一八年。

――「あなたには居場所がある――イスラエルのLGBT運動における国家言説とシオニズムとの関係」『女性学』二八巻、二〇二一年。

ルービン、ゲイル「性を考える――セクシュアリティの政治に関するラディカルな理論のための覚書」『現代思

想』二五巻六号、河口和也訳、一九九七年。

――「女たちによる交通――性の「政治経済学」についてのノート」『現代思想』二八巻二号、長原豊訳、二〇〇〇年。

ロールズ、ジョン『正義論 改訂版』川本隆史・福間聡・神島裕子訳、紀伊國屋書店、二〇一〇年。

『現代思想二〇二〇年三月臨時増刊号 総特集＝フェミニズムの現在』青土社、二〇二〇年。

BBC News Japan. 2019.「公衆トイレ、「男女比は１：２が適切」 設備不足に警告＝英団体」(https://www.bbc.com/japanese/48392849# 二〇二三年一〇月二一日閲覧)

Israel. 2023. (https://x.com/Israel/status/1723971340825186754?s=20 二〇二四年三月一七日閲覧)

Mahmood, Saba. 2005. *Politics of Piety : The Islamic Revival and the Feminist Subject*. Princeton University Press.

Midgley, Clare. 2006. "Can Women Be Missionaries? Envisioning Female Agency in the Early Nineteenth-Century British Empire." *Journal of British Studies*, 45(2).

Puar, Jasbir K. 2007. *Terrorist Assemblages : Homonationalism in Queer Times*. Duke University Press.

――. 2013. "Rethinking Homonationalism," *International Journal of Middle East Studies*, 45(2).

――. 2017. *The Right to Maim : Debility, Capacity, Disability*. Duke University Press.

Sehlikoglu, Sertaç. 2017. "Revisited : Muslim Women's agency and feminist anthropology of the Middle East." *Contemporary Islam*, 12.

2 移民・難民

中東をめぐる人の移動

錦田愛子

照りつける灼熱の太陽の下、耐えがたい渇きを癒すため夢中で水を汲み上げて飲むロレンス。すると見渡す限り広がる砂漠と蜃気楼の向こうから、現れた黒い人影が次第に近づいてくる。隣に立っていたアラブ人は慌てふためき逃げようとするが、間に合わず銃を取り出し、逆に撃ち殺されてしまう。映画『アラビアのロレンス』で名優オマー・シャリフが登場する有名な一シーンである。水は生死を分ける希少資源なので、ベドウィン（遊牧民）は井戸の縄張りを持っており、水を盗む者を厳しく罰する。この場面では、縄張りを知りながら水を飲んだアラブ人が、掟を破ったために殺されてしまった。だが、英軍将校であるロレンスは、砂漠の秩序に属さない者として水を飲むことを許されるという筋書きだ。砂漠を住居として厳しい掟のもとに暮らす遊牧民、というのは中東を移動する民と言えば思い浮かべられる代表的なイメージの一つだろう。

このようなベドウィンと呼ばれる人々は、現代の中東にも存在する。とはいえその生活は当然ながら昔通りのものではない。彼らの暮らす領域も主権国家の国境線で区切られており、完全な移動の自由と独自の秩序のもとで暮らせるわけではない。ヨルダンの世界遺産ペトラの周辺には今も多くのベドウィンが住み、観光客をラクダやロバに乗せたり土産物を売るなどしている。だが政府による定住化政策が進み、彼らの多くも提供された家を住所として持つ。彼らは今では移民ではなく、むしろヨルダン国民として、政権を支える重要な票田の一部を成している〔吉川 二〇二〇〕。新しい情報技術が大好きなほかのアラブ人と同様に、ベドウィンの多くも携帯電話を持ち、ラクダはもはや移動手段ではなく、もっぱら観光用に使われるようになってきている。

本章では中東をめぐる人の移動について、このように一般に抱かれやすいイメージを手がかりにその実態を学んでいきたい。中東の移民や難民にはどのような人々がいるのか、移動の状況はどう変化してきたのか、そのなかで国や社会はどう変容してきたのか。具体例を通して描き出していきたい。

なお初めに確認しておくと、留学や巡礼、また冒頭に挙げた遊牧など、特定の目的のために短期間滞在してから元の居場所に帰る移動は、厳密な意味では移民とは言えない。移民とは学術研究のうえでは一般的に、三カ月もしくは六カ月以上の期間、居住地を移した人々を指すと考えている。また時代によって国境概念は異なり、越境のために必要な手続きも変わる。たとえば後で述べるように、イスラームが世界各地に伝播したのは、領域主権や国境線という概念が成立するより前であった。パスポートが発明されたのは近代以降のことであり、それまでは越境移動も今日の移民や難民ほど複雑な手続きが法で定められているわけではなかった〔トーピー 二〇〇八〕。

しかし法や制度的に厳密な意味ではなく、大きな流れの一部として人の移動を捉えることも重要である。ディアスポラ（離散）研究の泰斗と言えるロビン・コーエンは、著書でアフリカ大陸からの人類最初の大移動や、イスラームの布教など多様な人の動きを「移民の世界史」の一部として取り上げている

〔コーエン 二〇二〇〕。国際移住機構（IOM）は移民を「一国内か国境を越えるか、一時的か恒久的かにかかわらず、またさまざまな理由により、本来の住居地を離れて移動する人」という広い理解で総称している。さらに移民と難民の区別も、実際にはそれほど明らかなものではない。戦争や災害などで移動を強制された人々が難民であるという捉え方は一般的だが、そうした状況でも移動を選択するか否かは当事者の意思に委ねられ主体的に決められる〔錦田 二〇二〇〕。本章でもこうした理解に基づき、広い枠組みで中東における人の移動を捉えていきたい。

移動により広まる宗教

中東はユダヤ教、キリスト教、イスラームの発祥の地である。イスラエルとパレスチナの係争地でもあるエルサレムには、これらの宗教の聖地が集まることで知られる。それはつまり、この地で生まれた宗教が、その後世界各地に布教され、人の移動を通して拡散していったことを意味する。宗教は中東をめぐる人の移動を促す大きな源泉として機能してきた。

キリスト教の布教は、十二使徒の一人パウロがキリスト教団を組織したところから始まる。ローマ帝国時代は一時弾圧されたが、抑え切れないと判断したテオドシウス帝により四世紀には国教とされた。その後はヨーロッパに広まり多数派を占める宗教となり、現在もクリスマス・ミサをはじめ聖墳墓教会などエルサレムやベツレヘムを訪れる人の流れは後を絶たない。聖地巡礼は観光と結びつき、現代の産業の大きな一角を担っている。

イスラームの発祥地は今のサウディアラビアである。預言者ムハンマドはマッカ（メッカ）の商人の家に生まれたが、神の啓示を受け布教を開始した。しかしマッカでは迫害され、マディーナ（メディナ）に拠点を移した（これを聖遷《ヒジュラ》と呼ぶ）ところから本格的な布教が始まった。布教は軍事的な領土拡大と結びつき、アッバース朝では八世紀に北アフリカから中央アジアに及ぶ広大な領土を治めるまでになった。つまりイスラームはその草創期から、移動ととても関係が深い宗教であった。六信五行（ムスリムが信じるべき六つの信条と実行すべき五つの義務）で定められた巡礼は、一生に一度のマッカ訪問と礼拝を指し、現代では専門の旅行業者により手配される。巡礼者はしばしば故郷の人々に大量のお土産物を持ち帰るので、こちらもツーリズムに深く結びついている〔安田 二〇一六〕。

これに対してユダヤ教は選民思想を持つため、異教徒に対する布教を積極的には進めなかった。しかしエルサレムに建てられた神殿が一度目はバビロニアに、二度目はローマ帝国によって破壊されたことで、彼らは信仰の中心地を失い、全世界への離散を余儀なくされた。先に挙げたコーエンはユダヤ教徒とアルメニア教徒をこうしたディアスポラの典型と呼んでいる〔コーエン 二〇一二〕。神の許しに先立ちエルサレムに建国を果たしたイスラエルは、世界各地からユダヤ教徒の帰還（これをヘブライ語でアリヤーと呼ぶ）を促し受け入れることになった。彼らは移民としてイスラエルのユダヤ教徒人口を増やす重要な役割を果たす。

このように宗教の発祥と布教の拡大、信仰コミュニティーの確立は、大規模な人の一時的移動や、より長期的な移民を促してきた。それは今も中東に中核を置く各宗教の求心力のなせる業と言えるだろう。そのほかに、ムスリムにとってのアズハルやキリスト教徒にとってのバチカンなど、宗教的権威のある中心地の大学などへの留学で一定期間を過ごす人々もいる。

これとは別に、人を惹きつける力としては経済の働きも大きい。欧米諸国のような経済の中心地でこそないが、中東には天然資源に基づく産業が発展し、多くの移民労働者を世界各地から集めている。次節ではその独自の態様について検討する。

湾岸諸国の出稼ぎ移民労働者

中東と言えば連想されるのは、豊かな産油国というイメージだろう。実際、ペルシア湾（アラビア海）沿いの湾岸アラブ諸国では、石油収入に自国の経済の収入源を依存した国が多い。石油開発に関わる産業や、そこから得られた富で暮らす人々の家庭での家内労働の担い手として、世界各国から出稼ぎ労働者が集まってくる。彼らは数年単位の長期にわたり移民労働者として滞在するが、ほとんどの場合、滞在国の国籍を取得することはできない〔Parolin 2009〕。一九九一年に湾岸戦争が起きた時は、クウェートにすでに数十年居住していたパレスチナ難民が、政府に敵対的な政治姿勢をとったとの理由で、長期滞在の外国人労働者として国外追放されることとなった〔錦田 二〇一〇〕。帰化を前提にしない移民の存在は、欧米諸国などと比べてこの地域独特と言えるだろう。国によってはこうした移民労働者が人口の過半数を占める「国民マイノリティ国家」を形成しているところもある〔堀拔 二〇一六〕。

湾岸アラブ諸国で移民労働者を受け入れる制度としては、社会的慣習としてカファーラ制度があり、こちらも地域特有の枠組みとして注目を集めた。これはアラビア語でカフィールと呼ばれる身元引受人が、移民労働者の渡航費用や住居の手配などをすべて負担してビザを申請するしくみだ。しかし、到着後に労働者からパスポートを取り上げてしまい自分の意思で帰国できなくなったり、労働契約を延長する際にはビザの更新のため、カフィールから多大な手数料を要求されたり、といったトラブルが多発してきた。雇用環境について国際的にも批判が集まったため、カファーラ制度は、バハレーンでは二〇〇六年に廃止され、クウェートやアラブ首長国連邦（ＵＡＥ）、カタルでも廃止が検討されることとなった〔松尾 二〇一五〕。

移民労働者は湾岸アラブ諸国において、低賃金労働者として厳しい労働環境に置かれている。また、受け入れ国の国民に比べて下層労働者として差別される傾向にある。フィリピンなど多くの労働者を送り出す国からは、政府が主導となり彼らの人権を保護する試みも見られるが、その取り組みによる待遇改善は多くの場合、限定的である〔石井 二〇一四〕。不満を持ち仕事を辞めたとしても、その穴を埋めて代わりとなる移民労働者はいくらでもいるからだ。

他方でこうした下層の移民労働者の存在は、湾岸アラブ諸国で権威主義体制の維持を助ける機能も果たしている。移民に石油収入を配分しない権威主義体制の方が、国民はより多くの配分を期待できる。また特権的配分を得た国民は、移民より従順に体制を支持すると考えられるため、非包摂型移民制度をとる権威主義体制の方が安定すると考えられる〔松尾 二〇二〇〕。これらの移民労働者は、中東ではイエメンやエジプトなど低所得国から、また南アジアではパキスタン、バングラデシュ、東南アジアではフィリピン、マレーシアなどから集まってくる。

このように移民労働者による労働力確保が可能という事情もあり、湾岸アラブ諸国では欧米諸国のように難民の受け入れに肯定的な姿勢は見られない。中東で起きる紛争の難民を、同じ中東の豊かな産油国で受け入れては、との声がしばしば聞かれるが、あまり現実的ではない。難民受け入れに経済的利益を見出せず、道義的意識も薄い湾岸アラブ諸国に受け入れの意図はないからだ。また湾岸アラブ諸国では長期滞在しても国籍が得られないことや、アラブ諸国間での大きな格差意識に基づく差別も存在するため、帰る場所を失った難民自身が長期的な移住先として望まないことも多い。次節ではこうした中東で生まれる難民の動きについて見ていきたい。

紛争による難民と欧州難民危機

中東が連想させるもう一つのイメージは、戦争が頻発する難民の多い地域というものだろう。実際この地域において、紛争や政治対立が生んだ難民の歴史は長い。近代以降で言えば二〇世紀初頭にトルコでアルメニア難民が生まれ、隣国のシリアやレバノンに逃れた。エルサレムの旧市街には、この時に逃れてきたアルメニア難民が形成する一角がある。次いで二〇世紀の半ばにはイスラエル建国により、家を追われた人々がパレスチナ難民となり周辺アラブ諸国など各地に離散した。当時約七五万人とされた難民は、その後世代を重ね、二〇二三年時点で約五九〇万人がＵＮＲＷＡ（国連パレスチナ難民救済事業機関）に難民登録されるまでに増加している。難民支援では一般的に、ＵＮＨＣＲ（国連難民高等弁務官事務所）が支援機関となるが、パレスチナではその設立以前にすでに大規模な難民が生まれていた。そのため、パレスチナ難民のみを対象とするＵＮＲＷＡによる支援が現在まで続いている。ＵＮＲＷＡのもう一つの特徴は、ＵＮＨＣＲと異なり難民の帰還や再定住など将来的な居住地をめぐって問題解決を図る権能を持たないという点だ。パレスチナ難民の問題は、イスラエルとの政治的合意によってのみ解決が可能と位置づけられているからである。だが一九九三年のオスロ合意（イスラエルとパレスチナで結ばれた和平交渉の合意）の際も難民問題は先送りされ、紛争解決の糸口はまだ摑めない。

二一世紀に入り、アメリカで同時多発テロ事件（九・一一事件）が起きると、国際的に大きな注目を集めた。当時のジョージ・W・ブッシュ大統領はその報復に「テロとの戦い」を掲げ、即座に攻撃を開始した。戦場とされたアフガニスタンとイラクでは多くの人々が家を失い難民となった。また戦後の混乱のなかで宗派対立が顕在化したことでイラクでは内戦が始まり、さらに多くの人々が難民となった。イラク難民の多くは隣国のヨルダンやシリアに逃れ、国境近くの難民キャンプに留め置かれたほか、市街地に逃れた人々は都市難民となった〔錦田 二〇〇九〕。

とはいえこれら中東域内での難民の存在は、支援関係者や研究者以外の人々の注目を集めたとは言いがたい。それが国際的に広く関心の的となったのは、シリア難民がヨーロッパ諸国へ一気に流れ込んだ二〇一五年の欧州難民危機を受けてのことであった。シリアでは「アラブの春」を受けて始まった民主化運動が途中から武装化し、国際介入により戦闘が激化した。隣国のトルコなどに逃れたシリア人は、小さなゴムボートにすし詰め状態で乗り込み、地中海を渡ってヨーロッパへの移住を目指した。彼らの多くはトルコやイタリアの沿岸警備隊、NGOなどに救助されるなどして渡航に成功したが、一部には海難事故で命を落とす人々もいた〔キングズレー 二〇一六〕。先にギリシアへ渡った父を追って乗ったボートが転覆し、溺死した三歳のクルディー少年の写真は、世界各国の新聞の一面記事となり、シリア難民問題に対する国際的な関心を高めた。それ以後、ヨーロッパは半年余りの間、難民を積極的に受け入れようとするボランティア・ブームに沸いた。

しかしブームは長くは続かなかった。同時期にまだ猛威を振るっていた「イスラーム国（IS）」に共鳴した組織が、ヨーロッパ諸国で立て続けにテロ事件を起こしたことで、難民の受け入れは治安悪化を導きうると考えられるようになったためである。これを難民問題の安全保障化（セキュリタイゼーション）と呼ぶ。その一例として、二〇一五年一一月に起きたパリ同時多発テロ事件の実行犯に、ギリシア経由で入国したと見られる難民が含まれていたことは、ヨーロッパにおけるシリア難民に対する見方を一変させる契機となった。実際には、実行犯の大半はむしろ社会統合に困難を抱えるアルジェリアやモロッコ出身の移民であったが、「人道的な保護対象」から「危険なテロリスト」への難民のイメージの変化は、各国の受け入れにおける態度を大きく転じさせることになった。最も積極的な受け入れ国であったドイツのメルケル首相は二〇一六年三月、EUを代表してトルコとの間で協定を結び、今後はトルコから海路でギリシアへ渡る難民をトルコが不法移民として強制送還することで合意を取りつけた。これによりトルコを通過しEU諸国に渡る難民の数は急減し、大規模な人の移動の波は終わりを告げた。

イラク難民とシリア難民

こうした流れのなかで、中東での大規模な難民の送り出し国として二〇〇〇年代以降、国際的な関心を集めたのはイラクとシリアである。どちらも全土での戦闘の開始により多くの人々が住む場所を失い、UNHCRは数百万人規模の難民と国内避難民への支援にあたることになった。だが両国の間では歴史的経緯による違いもある。

イラクでは二〇〇三年に始まったイラク戦争による難民が注目を集めたが、その前後にも数次にわたり難民を生んできた。一九七〇年代から大統領を務めたサッダーム・フサイン（フセイン、一九三七〜二〇〇六年）政権下では政治的弾圧が行われ、それを逃れて難民となる人々がいた。イラク戦争の際も、米軍の侵攻自体よりも、その後に生じた内戦を受けて、二〇〇六年以降に難民となった人のほうが多い。さらにイラクから米軍が撤収した後の二〇一四年、モースル（モスル）でISが一方的に建国を宣言すると、彼らによる非スンナ派への弾圧から逃れて多くの人々が難民となった〔錦田 二〇一七〕。それぞれ避難の理由がなくなった後にはイラクへ一定数の人々が帰還したものの、逃れた先での生活が長期化し生活拠点が移ったことで、帰還が困難になってしまった人たちもいた。こうした異なる原因による重層的な難民化の動きは、シリアでは見られなかったものである。

大規模な難民の存在は彼らを受け入れる周辺国にも大きな影響を与える。とりわけ宗派間抗争やイスラーム過激派によるテロが活発になると、難民の受け入れは政治問題と化した。イラクからの難民の受け入れは、自国の宗派構成を崩し内政を不安定にするとの危惧が抱かれ、隣国のシリアやヨルダンは入国要件を厳しくし、滞在ビザの発行数を大幅に削減するなどの措置をとった〔酒井 二〇〇八〕。実際にヨルダンでは二〇〇五年から二〇〇六年にかけてアル＝カーイダ（アルカイダ）勢力によるテロ事件が続発しており、紛争地の隣接国における難民受け入れが安全保障上のリスクを伴うことを再認識させた。

戦争が生む人の移動としては、難民のほかに国境を越えない国内避難民（ＩＤＰｓ）の存在も重要である。イラクでは二〇〇六年二月のアスカリーヤ・モスク爆破事件を契機に始まった内戦で、多くのＩＤＰｓが生まれた。一年余りで戦闘が落ち着くと、自発的な帰還が始まったが、スンナ派のＩＤＰｓは、シーア派優遇政策をとるイラク政府からの支援を受けづらく、避難生活が長期化する傾向が見られた〔円城 二〇一四〕。ＩＤＰｓの避難長期化はシリアでも起きたが、その帰還に政権の政策が影響したという点は、戦後の統治体制の再構築のなかで宗派対立が顕在化したイラクに特徴的と言える。

重層的な移動が起きたイラクに対して、シリアからの難民は二〇一一年の「アラブの春」以降という特定の時期に集中している。彼らの多くはトルコからバルカン半島を通り、東欧を抜ける東地中海ルートを通って移動した。通過国のトルコは、シリア難民の流入によって世界最大規模の難民を抱える国となった。二〇二三年七月の時点でトルコ国内に滞在するシリア難民の数は、庇護申請者と合わせて三四〇万人に上る。フサイン政権が倒れたイラクと異なり、シリアの場合は紛争の起点となったバッシャール・アサド政権が反政府勢力の攻勢にもちこたえて存続した。そのため、帰還後の弾圧を恐れた難民の多くはシリアへ戻らず、逃れた先の国での滞在が長期化することが予想された。これに対処するため、トルコ政府は二〇一六年に彼らに対して労働許可を出す方針に転じた〔湯浅 二〇一九〕。

一度に押し寄せた大規模なシリア難民への対応は、通過国となったバルカン諸国や東欧諸国などでも大きな国内問題となった。各国は彼らの移動の管理や一時的な受け入れに向けて法整備を進めた〔Stoyanova and Karageorgiou 2019〕。ムスリムが大半を占める中東からの難民の到着は、ヨーロッパのキリスト教社会でイスラモフォビア（ムスリムへの恐怖や偏見に基づく差別）を呼び起こした。それは排外主義とも結びつき、ハンガリーのオルバーン・ヴィクトル政権などは、シリア難民の入国を防ぐために国境線沿いに物理的障壁としてフェンスを設置するなどした。突然起きた人の移動の波は、潜在的に各国に存在していた排他性や異教徒に対する違和感、失業問題への不満など、多くの社会不安を増幅させて呼び覚ますことになった。

難民の受け入れ政策と生き残り戦略

二〇一五年にシリア難民の多くが目的地として目指したのは、それまで多くの移民や難民の受け入れ国として知られたイギリスやフランスではなく、ドイツやスウェーデンであった。これらの国々では当時、難民の受け入れに対して寛容な政策がとられていたからである。窮迫した状況のなかでも、難民の多くは移動先を主体的に選択し、移住が容易そうな国に目的地をあらかじめ定めて移動を始めていたことが統計的に明らかにされている〔錦田 二〇一九〕。これを受けて各国では移民・難民の受け入れ政策と、共生のあり方が、欧州難民危機以降に問い直されることになった。

シリア難民の受け入れが多かった国々では、行政とNGOにより一定の対応がなされると同時に、難民再定住に向けた対応が議論された〔錦田 二〇二一：望月 二〇二三〕。とはいえこれは必ずしも受け入れ促進の方向だけではなく、受け入れ人数や待遇に制限を設け、過剰な受け入れが国内で反発を招かないようにとの考慮にも基づいていた点に注意が必要である。紛争地の隣接国として多くの難民を引き受けたヨルダンでは、難民支援のための国際レジームの強化と受け入れ国への支援を訴えるという方法がとられた〔今井 二〇一四〕。難民保護という共通の規範の実現のために、受け入れ国が単独で支援にあたるのではなく、ほかの国々やNGOなど多様なアクターを巻き込み負担を分担する、国際的な支援枠組みの構築が図られたのである。

他方でこれら人の移動を負担ではなく、むしろ人材や労働力獲得の機会として生かそうという動きも一部では見られた。難民研究を代表するベッツとコリアー〔二〇二三〕は、難民の九割が留まる周辺国で、彼らに就労機会と教育を提供することで経済的に活用することを提案し、注目を集めた。また、人口比ではトルコ以上のシリア難民を抱えるレバノンのアメリカン大学では大規模な国際会議が開かれ、難民を巻き込んだ投資や開発の提言がなされた。このように移民・難民の受け入れを単に負担と捉えず、チャンスと見る発想の転換が今後は必要なのかもしれない。多くのシリア難民を受け入れたドイツでも、一定レベルのドイツ語教育を終えた難民を対象に、ドイツ国内で不足する介護や医療補助などの人材募集のための就職活動フォーラムが、二〇一九年のベルリンの市役所庁舎などで開催されていた。

ともすれば援助に依存した存在と捉えられがちな難民だが、実際にはこうした機会の利用を含めて、自活を求める人が大半を占める。自分で稼ぎ、安定した収入を得て家を構え、新たな生活を立て直したいという気持ちが移民も難民も強いからだ。法的地位や家族構成などそれぞれの事情に応じて受け入れ国が設置する語学のコースに通い、求人募集を探したり、知り合いの伝手を辿るなどして働き口を探すのが一般的だ。滞在地域でそうした機会が得られない場合には、若い世代を中心に、ほかの地域や国へさらに移動して自ら可能性を切り拓こうとする者もいる。その一つの手段は、所得水準のより高い国への移住だ。レバノンに住むパレスチナ難民も欧米諸国へ移動を試みる者が多い〔錦田 二〇一六〕。彼らのように、滞在国でパスポートを取得できないなど公式な手続きを踏むのが困難な場合、移動は密航の形をとることもある。

こうした難民の移民化、または再難民化は、経済的社会的に脆弱な立場に置かれた人々の生き残り戦略とも言える。滞在国での労働許可の取得が困難であったり、そこでの労働では生活に必要な収入を得るのが困難な場合、出稼ぎをしている親族からの送金は命綱になるからだ。やや古いデータだが、二〇〇七年のノルウェーの調査機関Ｆａｆｏの報告書によると、レバノン北部の大規模なパレスチナ難民キャンプであるナハル・アル＝バーレドと、隣接するバッダーウィーでは、全世帯の七二％がなんらかの形で国際送金を受けていたという記録もある〔Tiltnes 2007〕。

移民・難民は支援の客体ばかりではなく、私たちと同様に自立と尊厳、生きがいを求める主体でもある。彼らの選択は常に主体的であり、よりよく生きることのできる場所を求めるさまは活動的でしたたかで、たくましい。そうした主体としての移民・難民とともに共生できる社会を目指すことが、これからの私たちには求められるのではないか。

参照文献

石井正子「フィリピン人家事労働者に対する保護への取り組み」細田尚美編『湾岸アラブ諸国の移民労働者』明石書店、二〇一四年。

今井静「ヨルダンにおけるシリア難民受入の展開――外交戦略としての国際レジームへの接近をめぐって」『国際政治』一七八号、二〇一四年。

円城由美子「フセイン政権後のイラクと国内避難民――増加する長期的避難民と疲弊する受け入れ先コミュニティー」『大阪女学院大学紀要』一一号、二〇一四年。

吉川卓郎『ヨルダンの政治・軍事・社会運動――倒れない王国の模索』晃洋書房、二〇二〇年。

キングズレー、パトリック『シリア難民――人類に突きつけられた21世紀最悪の難問』藤原朝子訳、ダイヤモンド社、二〇一六年。

コーエン、ロビン『新版グローバル・ディアスポラ』駒井洋訳、明石書店、二〇一二年。

――『移民の世界史』小巻靖子訳、東京書籍、二〇二〇年。

酒井紫帆「イラク難民・国内避難民問題」『現代の中東』四四巻、二〇〇八年。

トーピー、ジョン・C『パスポートの発明――監視・シティズンシップ・国家』藤川隆男監訳、法政大学出版局、二〇〇八年。

錦田愛子「ヨルダン政府とイラク難民――イラク戦争後の難民の動態」『文教大学国際学部紀要』一九巻二号、二〇〇九年。

――『ディアスポラのパレスチナ人――「故郷《ワタン》」とナショナル・アイデンティティ』有信堂高文社、二〇一〇年。

――「「再難民」化するパレスチナ人――繰り返される移動とシティズンシップ」錦田愛子編『移民／難民のシティズンシップ』有信堂高文社、二〇一六年。

――「なぜ中東から移民／難民が生まれるのか――シリア・イラク・パレスチナ難民をめぐる移動の変容と意識」『移民・ディアスポラ研究』六号、二〇一七年。

――「紛争・政治対立と移動のダイナミクス――移民／難民の主体的な移動先選択」小泉康一編『「難民」をどう捉えるか――難民・強制移動研究の理論と方法』慶應義塾大学出版会、二〇一九年。

――「シリア難民をめぐる危機のグローバルな波及――交錯する時間軸と関係性」松永泰行編『グローバル

関係学第二巻　「境界」に現れる危機』岩波書店、二〇二一年。

―――編『政治主体としての移民／難民――人の移動が織り成す社会とシティズンシップ』明石書店、二〇二〇年。

ベッツ、アレクサンダー&ポール・コリアー『難民――行き詰まる国際難民制度を超えて』滝澤三郎監修、岡部みどりほか監訳、金井健司ほか訳、明石書店、二〇二三年。

堀拔功二「「国民マイノリティ国家」の成立と展開――アラブ首長国連邦における国民／外国人の包摂と排除の論理」錦田愛子編『移民／難民のシティズンシップ』有信堂高文社、二〇一六年。

松尾昌樹「湾岸アラブ諸国における移民・労働市場改革――バハレーンの事例」『アジア・アフリカ研究』五五巻三号、二〇一五年。

―――「湾岸アラブ諸国の移民社会――非包摂型移民制度の機能」松尾昌樹・森千香子編『移民現象の新展開』岩波書店、二〇二〇年。

望月葵『グローバル課題としての難民再定住――異国にわたったシリア難民の帰属と生存基盤から考える』ナカニシヤ出版、二〇二三年。

安田慎『イスラミック・ツーリズムの勃興――宗教の観光資源化』ナカニシヤ出版、二〇一六年。

湯浅典人「トルコにおけるシリア難民と労働をめぐる課題」『文京学院大学人間学部研究紀要』二〇号、二〇一九年。

Parolin, Gianluca P. 2009. *Citizenship in the Arab World: Kin, Religion and Nation-State*. Amsterdam University Press.

Stoyanova, Vladislava and Eleni Karageorgiou eds. 2019. *The New Asylum and Transit Countries in Europe during and in the Aftermath of the 2015/2016 Crisis*. Brill.

Tiltnes, Åge A. 2007. A Socio-economic Profile of the Nahr El-Bared and Beddawi Refugee Camps of Lebanon, *Fafo-paper*, 2007 : 16.

3 都市と農村

柏木健一

中東における都市と農村の視点

中東における都市と農村は、現代の中東を理解するうえで興味深い切り口である。乾燥・半乾燥地帯に位置する中東地域は、水資源が希少であるために、都市と農村を含め人間の居住可能空間は限られている。それゆえに中東の人口は、水資源が豊富なアジアの人口過密地域に比べると相対的に少ないが、その農村は古来より人々の生活を支え、農業とそれを基盤としたさまざまな生業を生み出してきた。

たとえば、中東の主食はパンであり、その原料である小麦の栽培はメソポタミア地方で始まり、中東に古代文明の繁栄をもたらす食料供給の基盤となった。また、チュニジアやエジプトは、古代ローマ帝国の小麦供給を支える二大産地であった。現在でもナイル川流域に広がる上エジプトや下エジプトのナイルデルタには肥沃で広大な農地が広がっており、小麦のみならず稲作や綿花の栽培も盛んである。また、かつて古代ローマと並んで栄えた北アフリカの都市カルタゴにおいて、その発展を支えた広大な農地には整備されたオリーブ畑が広がっており、現在その場所に位置するチュニジアは世界有数のオリーブオイル輸出国である。マグリブ地域のアトラス山脈以北には、地中海岸に面した肥沃な穀倉地帯が広がっており、モロッコの安定した農業基盤を感じさせる。

農村の豊かな農業基盤に支えられた中東の都市は、古来より交易や物流の中心地として発展した。気候条件によって生活圏が限られることから、中東の都市のほとんどは地中海沿岸、または内陸部であれば大河流域に位置している。前者では、物流や交易を中心とした産業が歴史的に形成され、人口は農村よりも都市に集中する傾向にあった。後者では、大河に依存した農業とそれを基盤とする産業が栄えており、現在でも多くの人口が農村に居住している。すなわち、中東の都市と農村を見れば、その国の人々の生業や産業構造がうかがえる。また、近年の急激な都市化や農村・都市間の労働移動からは、グローバル化による地域格差拡大などの課題が見えてきそうである。このような特徴に鑑み、本章では、都市化と労働移動の観点から、中東の都市と農村の関係を再考することにする。

中東の都市化と高い失業率

開発途上国における急激な都市化は、失業者の増加や都市インフォーマル部門（行商や露天商など、都市の経済活動で法的な手続きをとっていない部門）の拡大、地域格差拡大などのさまざまな社会的問題を引き起こすが、中東地域もその例外ではない。とくに、慢性的労働過剰状態にある中東の非産油国では、エジプトを除けば、ほかの開発途上地域に比べて都市人口比率が総じて高い。たとえば、世界銀行による世界開発指標の二〇二二年のデータによれば、中東非産油国の都市人口比率は平均して六三％であるのに対し、サブサハラ・アフリカで四二％、東アジア・太平洋地域で五九％、南アジアで三六％である〔World Bank〕。このような都市人口比率の相違は、農業や製造業の雇用吸収力に大きく依存している。

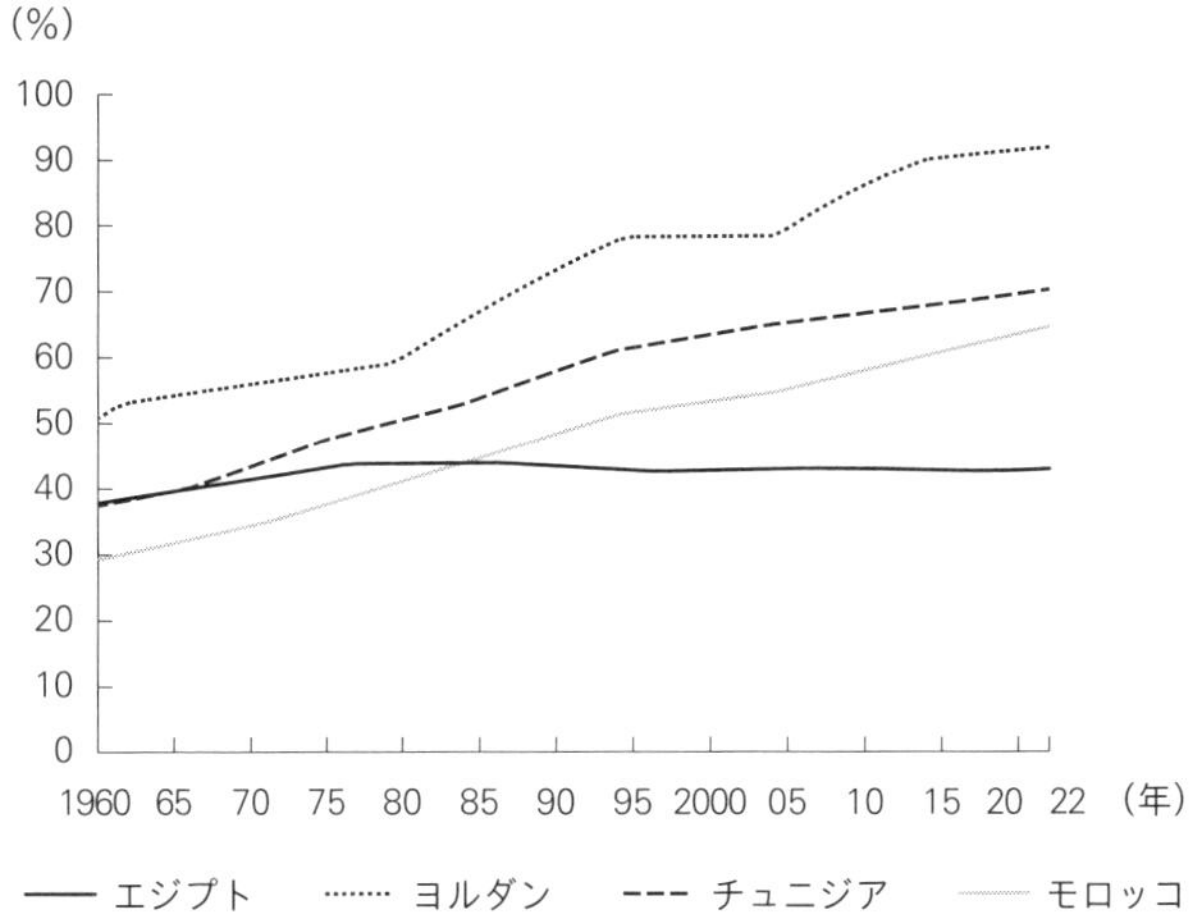

図1　中東の主要非産油国における都市人口比率の推移（1960-2022年）
〔World Bank〕より筆者作成。

また、中東の特徴として、産油国や欧州への出稼ぎ労働移動とその外貨送金の流入が、国内労働者の流動性や産業の雇用吸収力に大きな影響を与えている。

そもそも都市化は、農村から都市に労働力を含む人口が移動することで起こるが、経済発展過程で農業から工業やサービス業に産業構造が転換することがその背景にある。図1に、中東の主要非産油国における都市人口比率の推移を示している。都市化の速度は国によって異なるが、農業から非農業への労働移動に伴い、農村からの人口流出が継続的に観察される。このような労働移動は、農村・都市間や産業部門間の所得格差の解消を伴うものである。ところが、急激な工業化によって都市への労働力流入が急増すると、所得格差の解消はもたらさず、かえって都市の失業者や不完全就業者が増加することがしばしばである。このような労働市場の不均衡は、中東非産油国に限って見られる現象ではない。しかし、ＩＬＯ〔2023〕によれば、二〇二二年における中東非産油国の完全失業率は、一二・八％であり、世界で最も高い水準にある。また、若年層（一五〜二四歳）の完全失業率は二七・六%と、これまた世界一の高さであり、労働市場の不均衡は著しい。

中東非産油国の高失業率にはさまざまな要因が影響を与えていると考えられるが、労働力を多く雇用する農業や製造業の基盤が脆弱なことが第一に挙げられる。基幹産業たる農業や製造業の高付加価値化が進まないことは、中東の経済発展の大きな制約となっている。また、若年層を中心とする失業率の高止まりは、社会不安や治安悪化をもたらす。たとえば、二〇一一年一月にチュニジアでアラブ革命（自由と尊厳の民衆革命）が起こったが、チュニジア中西部のシディブジッド県で失業中の物売りの青年が焼身自殺をしたことが革命の引き金となった。シディブジッド県はオリーブ畑が広がっているのどかな農村である。ただし、農業以外に目立った産業がなく、観光業も盛んではない。チュニスやスースなどの都市部や沿岸部に比べれば、所得水準は低く、失業率は高い。いわば急速な経済開発からは取り残された地域である。国内物価の上昇や失業率の高止まりに加え、都市部や沿岸部との地域格差が革命の遠因になったのかもしれない。中東非産油国の産業基盤が脆弱なのはなぜか。とくに、過剰労働者を雇用吸収する力を持ちえないのはなぜか。以下では、海外出稼ぎ労働移動と、外貨送金流入によるオランダ病の発生から、この問題を分析することにする。

海外出稼ぎ労働移動

中東における都市化や労働移動を考えるうえでの重要な要素は、国境を越える労働力の移動である。中東非産油国の国内における労働移動や失業率の変化に大きな影響を及ぼしたのは、短期の海外出稼ぎ

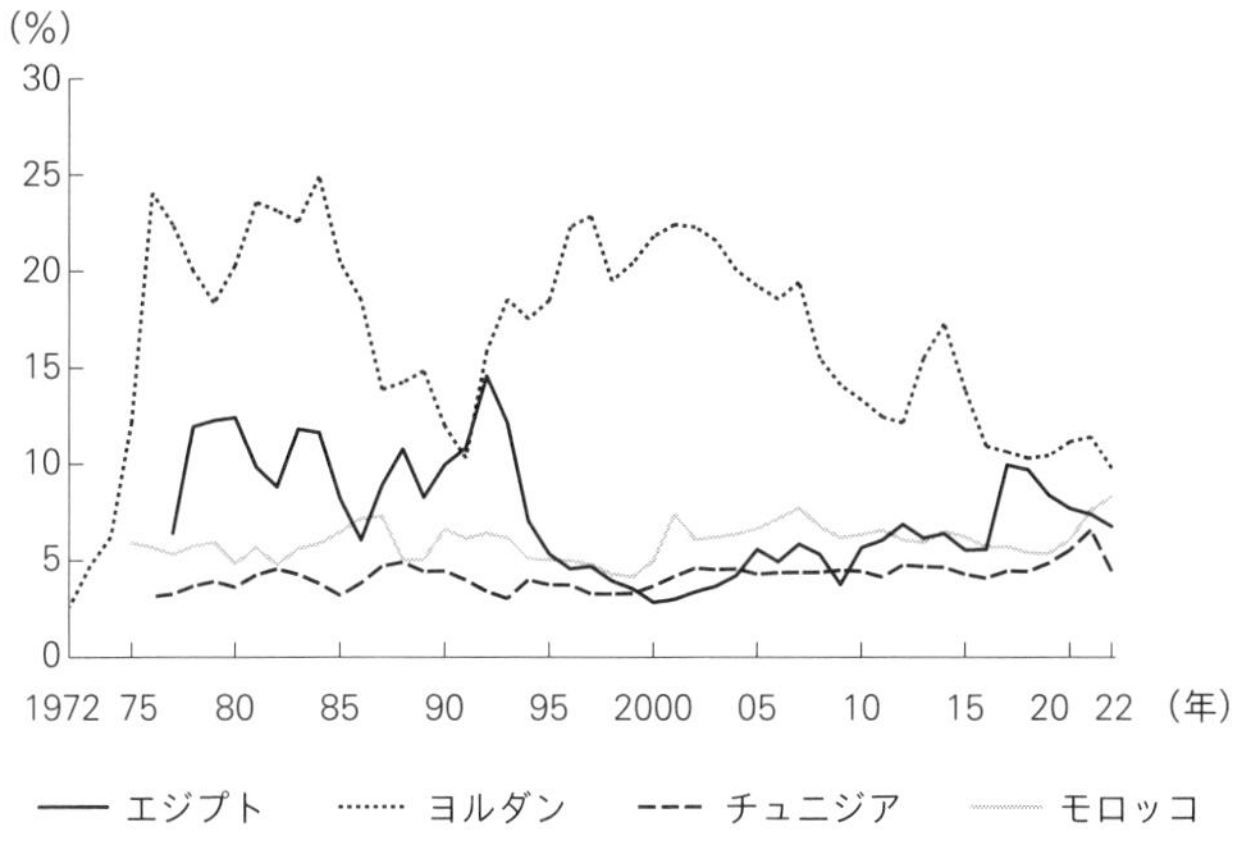

図2　中東の主要非産油国における外貨送金額（対GDP比率）の推移（1972-2022年）〔World Bank〕より筆者作成。

であった。中東の出稼ぎ労働移動はダイナミックである。第二次世界大戦後、欧州において復興のために外国からの労働力が必要とされたが、当時欧州に労働者を送り出したのは、中東の非産油国であった。しかし、一九七〇年代の二度の石油危機によって欧州が不況に陥ると、労働者の帰国が促進された。これに対して新たな受け入れ先となったのが、ペルシア湾岸や北アフリカの産油国である。一九七三年に起こった第一次石油危機と、七九年のイラン革命によって引き起こされた第二次石油危機によって原油価格が高騰し、産油国に膨大な石油収入が生じて、インフラ建設や整備等の大規模な経済開発が実施された。これにより労働需要が増大したが、産油国には十分な労働力が存在しなかったため、外国人労働者の受け入れが加速化した。

産油国の労働需要増に最も敏感に反応したのが、エジプト、ヨルダン、シリア、レバノン、イエメンなどの中東の労働過剰国であった。図2に、中東の主要非産油国における外貨送金額（対GDP比率）の推移を示している。チュニジアやモロッコは欧州に継続的に出稼ぎ労働者を送り出しているが、エジプトやヨルダンからの出稼ぎは第一次石油危機の発生によって急増した。ヨルダンの外貨送金額は平均してGDPの一六・四%を、エジプトのそれは七・三%を占めており、海外出稼ぎに高度に依存していることがわかるだろう。中東の非産油国のなかでもエジプトは最大の労働送り出し国であり、一九六〇年代半ば以前は一〇万人前後にすぎなかった出稼ぎ労働者数は、第一次石油危機後の一九七五年に三九・七五万人に急増した。また、第二次石油危機後の一九八〇年の出稼ぎ労働者数は八〇・三万人であり、ピーク時の八三年には一八八・二万人に上った〔Birks et al. 1983〕。一九八〇年代半ば以降はオイルグラット期と呼ばれ、九〇年代に引き続く石油価格低迷期に出稼ぎブームは去っていったが、九〇年代後半からの原油価格の上昇に伴い、出稼ぎは再び活発化していった。二〇〇〇年においてもエジプトを含む中東の非産油国から二〇〇万人以上の労働者が産油国に流入しており、海外出稼ぎ依存体質は現在も続いている〔Musette et al. 2006〕。

このように中東の非産油国では海外出稼ぎが推進され、失業率の軽減は、国内の製造業や農業よりも産油国の労働市場に求められた。また、海外出稼ぎは、非産油国の失業を軽減させ、農業労働者や未熟練労働者の賃金上昇をもたらすとともに、貧困削減にも貢献し、さまざまな経済的利益をもたらした〔Cammett et al. 2015〕。ところが、海外出稼ぎの影響で、労働コストが上昇して国内産業の資本集約化が進み、雇用吸収力が低下する一方で、農村からの労働流出が進んだ〔柏木 二〇〇三〕。その結果、都市への労働移動は加速化したが、都市の雇用は期待されたほど増加しなかったため、完全失業と不完全就業は増加し続けることになった。

海外出稼ぎ急増の直接的影響に加え、中東非産油国における農業や製造業などの貿易財部門の生産と雇用に大きな影響を及ぼしたのが、外貨送金の流入であった。具体的には、天然資源の輸出や援助による外貨収入の急増が、潜在的成長力を持つ輸出部門の発展を阻害する「オランダ病」と呼ばれる現象である。オランダ病は、一九六〇年代のオランダにおいて、北海で産出された天然ガスの輸出によって外貨収入が急増したことによって発生した。急激な外貨収入増は、国際収支を大幅に改善させたが、自国通貨高を引き起こし、国内製造業が衰退して失業者数が増加する結果をもたらした〔速水 一九九五〕。

オランダ病の発生

このオランダ病の発生は、中東では、原油輸出によって膨大な外貨収入を得ている産油国で議論されることが多いが（3-1「経済開発」参照）、非産油国でも同じような病理が発生した可能性がある。それは、産油国への出稼ぎ労働者が非産油国に多額の外貨送金収入をもたらしたからである〔Corden 1984；Wahba 1998〕。オランダ病の発生は、農業や製造業などの貿易財部門からサービス部門などの非貿易財部門への資源移転を促し、前者の成長にとっては好ましくない経済環境を創り出す。具体的には、非産油国における外貨送金収入の増加は、所得増に伴う国内物価上昇を引き起こすことにより、実質為替レート（自国と貿易相手国の物価の変化まで考慮に入れた為替レート）の増価を招き、農業や製造業の輸出と雇用の成長を阻害した〔Richards and Waterbury 2007〕。それに加えて、出稼ぎ増加は賃金上昇による生産コスト増をもたらし、製造業を中心とする輸出産業の競争力を低下させることにつながった。

中東の非産油国では、一九七〇年代から八〇年代半ばにかけて実質為替レートが増価し、オランダ病

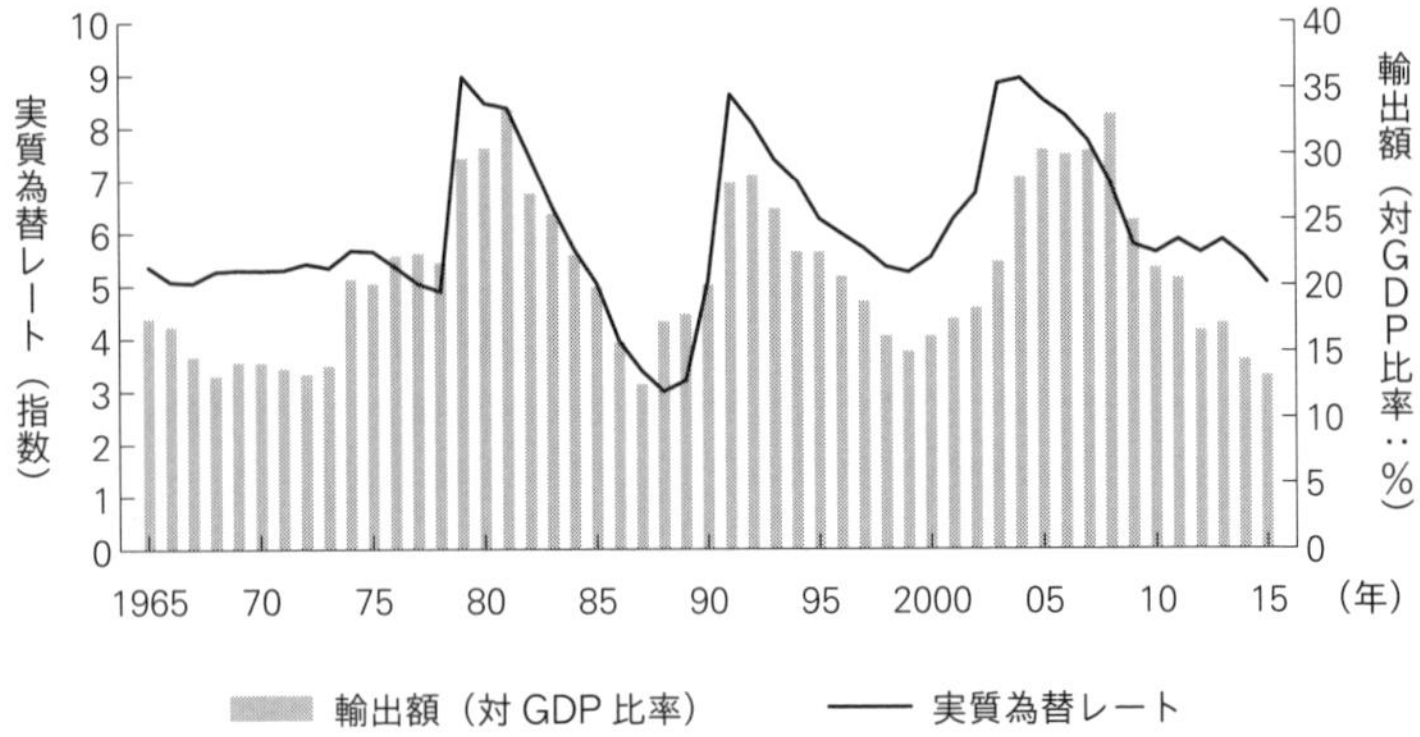

図 3　エジプトにおける実質為替レートと輸出額（対 GDP 比率）の推移（1965-2015年）〔World Bank〕より筆者作成。

が発生したことが、いくつかの研究で指摘されている〔Domaç and Shabsigh 2001 ; Said, Chang and Sakr 1997〕。図3には、エジプトにおける実質為替レートと輸出額（対GDP比率）の推移を示している。同図では、実質為替レートの値が小さくなると、実質為替レートの増価が起こっていることを示している。エジプトの例では、出稼ぎが盛んであった一九七九〜八八年、九一〜九九年、二〇〇〇年代後半に実質為替レートが増価しているが、同時期に輸出額も減少していることが読み取れる。似たような現象は、ヨルダンでも発生している。つまり、出稼ぎ外貨送金の流入によってオランダ病が発生しており、輸出産業の生産活動が阻害された可能性が指摘できる。石油危機期の出稼ぎブームが収束した後も、非産油国の出稼ぎ依存構造が続いたため、オランダ病が再発していることがわかるだろう。中東の非産油国では、名目為替レートの下落や切り下げが進んでおり、長期的に自国通貨は下落する傾向にあるが、出稼ぎによる所得増によって国内物価が上昇する際には、実質為替レートが増価してしまい、オランダ病が頻発している。

このように海外出稼ぎは、労働力流出による賃金上昇によって生産コスト増をもたらすとともに、外貨送金流入によって実質為替レートの増価をもたらし、輸出に不利な状況を創り出す。その結果、貿易財部門である製造業の生産と雇用は停滞し、同じく貿易財部門である農業から非貿易財部門であるサービス業への労働移動が引き起こされる〔Cammett et al. 2015〕。つまり、中東非産油国の出稼ぎ依存構造はオランダ病を慢性的に発生させ、農業や製造業の雇用吸収力の低下をもたらすものであった。

地場産業の育成

これまで分析してきたように、海外出稼ぎと外貨送金は、農業の雇用吸収力を停滞させることにつながったが、製造業における雇用創出も十分でなかったため、都市への労働移動とともに失業者や不完全就業者は増加していった。それでは、このような労働市場の不均衡を解消するためには、何が重要な要素となるのか。その鍵は、非農業を含む地場産業の育成によって、農村の雇用吸収力を強化することにあると考えられる。

農村の雇用吸収力という観点では、エジプトの事例は興味深い。表1には、中東の主要非産油国における農村人口比率と農業就業人口比率の推移を示している。ヨルダン、チュニジアおよびモロッコでは、農業就業人口比率とともに農村人口比率は低下している。これに対してエジプトでは、農業就業人口比率は低下しているが、農村人口比率の低下はあまり見られず、むしろ増加した時期もあった。これは、出稼ぎ外貨送金による投資が農村内に非農業の雇用を創出したからである〔Richards 1994〕。エジプトはナイル川に依存した農業が労働集約的に展開するとともに、農村でのサービス業や流通業が雇用創出に

表1　中東の主要非産油国における農村人口比率と農業就業人口比率の推移（1991-2021年）

（%）

	エジプト		ヨルダン		チュニジア		モロッコ	
	農村	農業就業	農村	農業就業	農村	農業就業	農村	農業就業
1991	56.7	37.7	25.5	4.8	41.2	24.5	50.9	43.2
1996	57.3	31.3	21.8	4.5	38.1	22.9	48.0	42.8
2001	57.2	28.5	21.7	4.1	36.2	20.3	46.3	44.1
2006	56.9	31.2	19.0	3.8	34.5	19.4	44.3	43.4
2011	57.0	29.2	12.8	3.5	33.1	16.4	41.4	39.8
2016	57.3	25.6	9.5	3.4	31.7	14.8	38.6	36.0
2021	57.1	19.8	8.4	3.2	30.1	13.9	35.9	34.6

〔World Bank〕より筆者作成。

貢献し、雇用吸収力は高く維持されている〔柏木 二〇〇四、二〇〇五〕。また、海外出稼ぎが盛んであるためにオランダ病は頻発しているが、急激な都市化は起こっていない。これに対して、同じく出稼ぎが盛んに行われているヨルダンでは、農村の非農業はあまり発展せず、農業就業者の減少とともに都市への人口移動も加速化していった。また、チュニジアやモロッコでも、農村の非農業部門にあまり成長が見られず、農村人口比率の減少は著しい。

エジプトでは農村の非農業部門の成長が見られたが、農村の雇用吸収力が低いチュニジアやモロッコ、ヨルダンでは何が重要な要素となりうるであろうか。園部・藤田〔二〇一〇〕は、アジアの多くの事例から、貧困削減のためには、伝統的な農業とは異なる生産活動、すなわち、非農業部門の発展が重要であることを指摘している。中東非産油国においても、農業を基盤とした地場産業の育成は、農村の雇用吸収力を高めるうえで重要であろう。以下では、農村において農業から派生した食品加工業の成長が見られる事例として、チュニジアのオリーブオイルとモロッコのアルガンオイルの精油業を取り上げ、地場産業育成における課題について議論することにする。

◆チュニジアとモロッコの精油業の事例

チュニジアは世界有数のオリーブ生産国であり、オリーブオイルの精油業は基幹産業となっている。チュニジア固有のさまざまなオリーブ品種が存在するなかで、農家のほとんどはオリーブ栽培に従事しており、非農家でもその栽培を行い、農園経営を副業とする例も多く見られる。チュニジアにはオリーブオイル精油会社が多数操業しており、オリーブ産地やオイル精油の地場産業が形成されている。一方、モロッコでは、南西部にはアルガンという固有種が自生しており、その実からオイルを精油する伝統的生業がある。アルガンオイルの精油は、家内産業として農村の女性によって行われ、搾られたオイルは食用、薬用、化粧用に伝統的に使用されてきた。近年では、モロッコ農業省やＧＴＺ（ドイツ政府の国際協力機構）による支援によって、精油作業を行う女性協同組合やグループを作る動きが活発化している。

いずれも農産物を利用した食品加工業が発達し、農村生活を支える重要な地場産業が形成されている例である。しかしながら、ほかの途上国にも共通する特徴として、原材料や中間投入財の供給が農家や食品加工業者、協同組合における生産活動の中心となっており、最終製品の生産と輸出は後れをとっていることがしばしばである。川上（商品の生産・流通過程における上流段階）の生産者が、付加価値の低い素材や原材料を安く大量に生産できるものの、川下（商品の生産・流通過程における下流段階）における高付加価値製品の生産と輸出は、外国の生産者が担うというパターンである。たとえばチュニジアは、世界有数のオリーブオイル輸出国であるが、輸出向けオリーブオイルの約九〇%が原料としてイタリアやスペインに輸出されている。国内でチュニジア産として最終製品に仕上げられるオイルも販売・輸出されているが、原料輸出がそれなりの収入をもたらすため、最終製品による輸出は少量である。また、モロッコでは、農家や女性協同組合が精油したアルガンオイルが、原料として流通業者や外国企業に安く買いたたかれることが多い。その結果、外国産の最終製品となって輸出市場が占められていることが多く、協同組合産アルガンオイルの市場シェアは限られている。

このように途上国の生産者が先進国への原料供給に特化することは、中東だけでなくアフリカの一次産品生産の現場でもよく聞かれる話である。つまり、素材は良質であるものの、原料供給に留まっていることが多く、植民地型経済に似た産業構造が残存する。その背景には、質が多少悪くても原料であれば購入してくれる国内業者や外国企業が存在する一方で、製品の質を保証する制度が整っていないことがある。品質が厳しく問われないため、現地生産者は品質管理システムの導入やトレーサビリティ（商品の生産から消費までの過程が追跡可能であること）の確保による品質改善のインセンティブをあまり持たない。また、サプライチェーン（製品の原材料・部品の調達から販売に至るまでの一連の流れ）が国境をまたぐことから、消費者の目が行き届かず、産地偽装、原料のミックスによる品質低下が起こりうる。高品質製品は逆に、高価格のために市場に出しても売れず、価格競争力を保てないため、市場から淘汰される傾向にある。このような市場環境では、品質が保証された最終製品ではなく、安く大量に原料を生産する構造に生産者が陥ってしまうと考えられる。

このような構造から脱却し、革新的な地場産業を形成するには、何が鍵となってくるであろうか。それは、トレーサビリティを含む品質保証の制度やシステムを整えることであると考えられる。たとえば、チュニジアの精油業でも、有機栽培オリーブを搾油し、国際認証を取得して、チュニジア産有機栽培オリーブオイルを販売・輸出している会社が存在する。また、精油会社が自社農園でオリーブを栽培し、原料の品種や栽培地、鮮度を管理する例もある。他方で、モロッコの女性協同組合でも、徹底した品質管理を導入し、国際認証を取得したアルガンオイル製品を販売する例もある。品質保証の認証を獲得するには、原料の性質や栽培方法、加工過程が認証を与えるに適するかが厳しく問われ、品質管理に関して多くの基準を満たす必要がある。ただし、第三者機関によって品質が保証された最終製品は、市場で高く評価され、製品の高付加価値化と差別化につながる。とくに、トレーサビリティを確保するために、川上の農家や加工業者における品質管理も必要となり、質の悪い安い原料や最終製品は次第に市場から駆逐されていくであろう。

また、チュニジアでは、オリーブの品種によってブランド化した製品の開発や化粧用オイルを開発している会社も存在する。モロッコでは、食用アルガンオイルに加え、化粧用オイルや石鹸、保湿クリーム、シャンプー、洗顔料など、さまざまな製品が開発・販売されている。製品に会社名や組合名を記したラベルを貼り、地域特産品として仕上げる例もあれば、販売店を設置し、インターネットを通じて外国にも販売網を広げている例もある。また、地域の特産品をベースに、観光客誘致に積極的に取り組んでいる協同組合もある。このように、食品加工による製品差別化やサービス業への展開といった経営の多角化による農業の「第六次産業化」も重要であろう。

中東における都市・農村関係の再考

本章では、中東の非産油国における都市化と労働移動から、中東の都市と農村の関係を再考した。海外出稼ぎや外貨送金の流入によって、農村から都市への労働移動が続き、失業者や不完全就業者が増加する中東の非産油国では、農村の雇用吸収力を高めることが重要である。中東非産油国の農村を観察すると、生産者が素材や原料の生産に特化する植民地型経済構造の残存が見られるが、食品加工業や協同組合の発達により、特徴を持った製品や地域特産品を含め、高付加価値・差別化製品を開発・販売する産地も散見される。このような革新的な生産者そして産地の育成のためには、品質保証システムの構築や農業経営の多角化が重要である。中東の非産油国において農村の雇用吸収力を高め、失業者や不完全就業の軽減を図るためには、非農業の発展を含む地場産業の育成が極めて重要と言えるだろう。

参照文献

柏木健一「エジプトにおける海外出稼ぎと国内労働移動のメカニズム」『アジア経済』四四巻一〇号、二〇〇三年。

――「安定化・構造調整政策下のエジプトにおける農業の成長と労働力の吸収」『筑波大学地域研究』二二号、二〇〇四年。

――「エジプトにおける農村労働者の海外出稼ぎと労働市場の雇用吸収力」『筑波大学地域研究』二四号、二〇〇五年。

園部哲史・藤田昌久編『立地と経済発展――貧困削減の地理的アプローチ』東洋経済新報社、二〇一〇年。

速水佑次郎『創文社現代経済学選書一一　開発経済学――諸国民の貧困と富』創文社、一九九五年。

Birks, J. Stace, Ismail Serageldin, Clive Sinclair and James Socknat. 1983. "Who is Migrating Where? : An Overview of International Labor Migration in the Arab World," in Alan Richards and Philip L. Martin eds. *Migration, Mechanization, and Agricultural Labor Markets in Egypt*. Westview Press.

Cammett, Melanie, Ishac Diwan, Alan Richards and John Waterbury. 2015. *A Political Economy of the Middle East*. 4th Edition, Westview Press.

Corden, Max. 1984. "Booming Sector and Dutch Disease Economics : Survey and Consolidations," *Oxford Economic Papers*, 36(3).

Domaç, Ilker and Ghiath Shabsigh. 2001. "Real Exchange Rate Behavior and Economic Growth in the Arab Republic of Egypt, Jordan, Morocco, and Tunisia," in Zubair Iqbal ed. *Macroeconomic Issues and Policies in the Middle East and North Africa*. International Monetary Fund.

ILO. 2023. *World Employment and Social Outlook : Trends 2023*. International Labour Office.

Musette, Mohamed Saïb, Youssef Alouane, Mohamed Khachani and Hocine Labdelaoui. 2006. *Summary Report on Migration and Development in Central Maghreb*. International Migration Papers 78E, International Migration Programme, International Labour Office.

Richards, Alan. 1994. "The Egyptian Farm Labor Market Revisited," *Journal of Development Economics*, 43(2).

Richards, Alan and John Waterbury. 2007. *A Political Economy of the Middle East*. 3rd Edition, Avalon Publishing.

Said, Mona, Ha-Joon Chang and Khaled Sakr. 1997. "Industrial Policy and the Role of the State in Egypt : The Relevance of the East Asian Experience," in Heba Handoussa ed. *Economic Transition in the Middle East : Global Challenges and Adjustment Strategies*. American University in Cairo Press.

Wahba, Jackline. 1998. "The Transmission of Dutch Disease and Labour Migration," *The Journal of International Trade and Economic Development*, 7(3).

World Bank. *World Development Indicators*. (https://databank.worldbank.org/reports.aspx?source=World-Development-Indicators　二〇二三年九月六日閲覧)

4 メディア

千葉悠志

なぜ中東のメディアを学ぶのか

ある国や地域について学ぼうとする時、私たちは特定の「物差し」によってそれらの社会を測り、考えることに慣れている。たとえば、国内総生産（ＧＤＰ）や平均所得をもとに、ある国と別の国の経済的な規模や豊かさが比べられることはよくある。また、社会保険や公的扶助がＧＤＰに占める割合を調べれば、その国が福祉社会としてどれほど成熟しているかを推し測ることもできよう。本章で取り上げるメディアについては、国際連合教育科学文化機関（ＵＮＥＳＣＯ）のような国際機関が、出版物の発行部数や放送の普及率を各国の教育や開発を測る主要な指標に定め、長らく利用してきた経緯がある。お金では社会の豊かさを十分に測れないとしても、インターネットやスマートフォンの普及率のような「客観的」指標を使えば、社会の発達を見極めることができると考える人は少なくないのではないか――かく言う筆者も、もし訪れた国や地域でインターネットがつながらなければ、そこを日本よりも「後れている」と感じてしまうかもしれない。

また、たとえメディアが普及しており、問題なく使えたにしても、情報統制が敷かれていたりすればどうであろうか。そうした国や地域のメディアは欧米や日本と比べて不自由で「劣ったもの」と見なされるため、真剣に学ばれる対象とはなりにくい。実際、日本の大学にはメディアやコミュニケーションのことを扱う学部や学科は多々あるが、学ぶ内容のほとんどは欧米や日本のような一部の民主主義国家の事例に留まり、それ以外の国や地域が真面目に取り上げられることは珍しい。むしろ、「イギリスのＢＢＣでは……」のように、欧米の一部の事例が引き合いに出され、それ以外のメディアが暗に、ときに公然と批判されることも少なくないはずである。では、欧米や日本以外のメディアを学ぶ必要は本当にないのであろうか。もしあるとすれば、中東のメディアから私たちは何を学ぶことができるのか。筆者は中東のメディアを学ぶことで、テクノロジーのように一見「客観的」に見える指標でも、実はそれを単純に比べることには難しさが伴うという事実への「気づき」が得られると考えている。そして、そこから中東社会の奥深さや、翻って私たちが生きる社会に対する深い洞察が得られるものと確信している。

とはいえ、すでにある統計や指標が役立たないかと言えば、そうではない。むしろ中東のメディアを知るための「手がかり」として、データはおおいに役立つ。たとえば、国際電気通信連合（ＩＴＵ）の資料からは、日本と比べて中東諸国のインターネット普及率が総じて低いという事実を確認できる――同時に、石油資源で潤う湾岸諸国という例外があることもわかる〔ITU Database 2021〕。また、次節で述べるように、政治や報道に関する国際ＮＧＯの報告書からは、日本や欧米と比べた場合、どの中東諸国も自由な報道は極めて困難であることがわかる。したがって、中東各国のメディアが欧米や日本と比べて、後れて劣ったものに見えるのも理由がないわけではない。しかし、本章で見ていくように、それだけでは中東のメディアを本当に理解したことにはならない。なぜならば、中東「各国」のメディアを知るだけでは見えてこない「中東メディア」の姿があり、実はそれを学ぶことこそが中東という地域を理解するうえで重要だからである。そして、そこから中東、さらにはそれ以外の地域に対する新たな視界も開けてくるはずである。

中東のメディアは不自由か

中東各国の報道やメディアの自由は十分に保障されておらず、数字だけを見ると非常に悪い状況にあることは確かである。とくに政治的な問題については、触れてはいけないことが多々ある。フランスに拠点を置く国際ＮＧＯの国境なき記者団によると、中東は二〇二三年時点で、世界で最も報道の自由が失われている地域とされる（図１）。域内で最も報道の自由が保障されているイスラエルでさえ、統計がとられている一八〇カ国中、

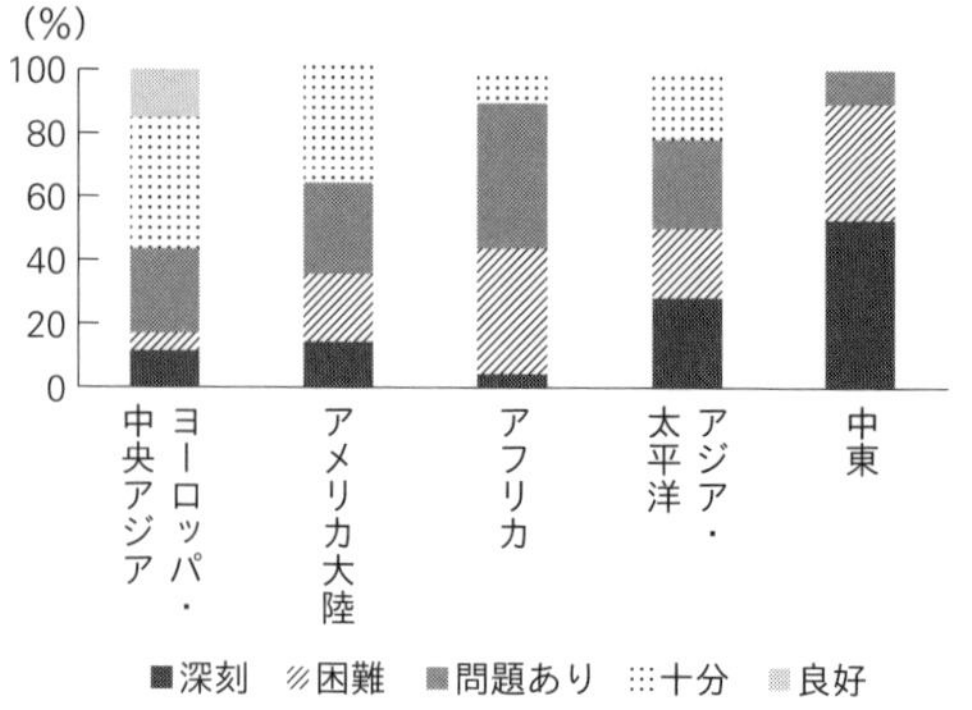

図１　世界主要地域における報道の自由度（2023年）
〔Reporters Without Borders〕をもとに筆者作成。

九七位にすぎず、欧米や日本を大きく下回る。当然、ほかの中東諸国はそれ以下で、大半の国では報道が「困難」あるいは「深刻」な状況に置かれていると判断されている〔Reporters Without Borders〕。また、アメリカに拠点を置くフリーダムハウスは、世界各国の民主主義の状況を調べるにあたって、各国の「インターネットの自由度」を点数化して公表している。そこからも、中東の大部分でインターネットが統制され、どの国も日本や欧米と比べてインターネットが不自由な状態にあることがわかる〔Freedom

House」。「インターネットの敵」と名指しされる国々に、中東諸国が毎年、常連国として名を連ねているのも頷ける。

しかし、中東では報道やメディアが完璧に統制され、人々も必要な情報からまったく遮断されているのかと言えば、そうではない。その理由は、指標だけでは見えてこない部分があるからである。中東にはアラビア語という約二〇の国々で通用する共通言語があることや、隣接している国の数が多いこと、またそれぞれの国家同士が必ずしも協力して情報統制を行っているわけではないことなどから、ある情報が流れると、それが各国の情報統制を超えて中東地域で広く還流するという特徴が見られる。そのため、ある国では報道されない出来事を、人々が他国のメディアを通して知っているということがよくある。また、政治的な理由で報道が困難になった報道機関が、別の国に拠点を移して活動を続けることも珍しくない。

コロナ禍前の二〇一九年九月、筆者はエジプトのカイロに滞在する機会を得た。エジプトでは衛星放送が普及している。そのため、滞在先のホテルでテレビをつけると、エジプト国内での活動が禁じられているムスリム同胞団系の亡命テレビチャンネル（トルコ、あるいはヨルダンに拠点を置くと見られる衛星放送局）が、エジプトの国営テレビチャンネルとまったく同じように映った。中東にはアラビア語以外にもトルコ語

ムスリム同胞団系の亡命テレビチャンネル
エジプト・カイロ，2019年９月。

やペルシア語、ヘブライ語などを使う国々がある(1-1「言語と宗教」参照)。しかし、そうしたところでも言語分布は必ずしも国境線と一対一には対応していないため、政府が情報の流れを堰き止めることは容易ではないのである。

情報の流通範囲と地理的境界線の不一致は、中東では昔からあった。しかし、二〇世紀に放送が現れるに及んで、情報上のタイムラグが短縮し、受け手の裾野も一気に広がった(ここには中東における識字率が低く、これまで活字での情報に触れてこなかった人々にまで、情報が行き届くようになったことも関係していると思われる)。一九三〇年代にはイタリア、イギリス、ドイツが早くも中東向けのラジオ放送を開始したが、一九五〇年代にはエジプトが他国に向けてラジオ放送を流すようになり、その後はほかの中東諸国もそれに追随した。各放送にはそれを流す国々の思惑が反映されており、どの放送にも偏向はあった。しかし、それでも国際ラジオが流されていたことで、各国単位では情報が統制されてはいたが、中東の人々は自国政府の公式見解がすべてではなく、異なる見方や報じられない事実があることを知ることができた〔Boyd 1993〕。

さらにメディアの発達は、そうした傾向に拍車をかけた。カセットテープやファクシミリの登場も重要であるが、看過しがたいのは衛星放送の登場に伴う変化である。一九九〇年代に入り、中東では衛星放送を開始する国や企業が次々と現れた。二〇〇〇年代初頭には、受信機器の価格低下も相まって、衛星放送の視聴が一般の家庭にも広がった。衛星放送の受信機器さえ購入すれば、数百のチャンネルが無料で受信できるため、人々は選択肢が限られた地上波ではなく、衛星放送を好んで視聴するようになった〔Sakr 2001〕。さて、これを懸念したのが民主化を恐れる中東の政府であった。二〇〇八年には中東、とくにアラブ諸国の情報大臣が集まって「メディア憲章」を起草し、各国にその批准を求めた。目的は情報の共同統制であったが、カタルやレバノンが加わらなかったことで、試みは失敗に終わった〔Kuttab 2008〕。このように、各国単位で見れば不自由としか言いようのない中東のメディア状況だが、全体を見れば必ずしも不自由とは言いがたい状況が形成されている〔千葉 二〇一四〕。中東における報道やメディアの自由／不自由を、日本や欧米の状況と単純に比べることの難しさは、とくにこの情報の越境（の容易さ）という点に由来しているように思える。

メディアの背後にある政治

中東のメディアを考える際には、どれほど自由があるのかを考えるよりも、どのような偏りがあるのかを考えるほうが有意義な視点が得られる――もっとも、何を取り上げるかという出来事の取捨選択（≒アジェンダ設定）の次元で偏りが生まれることを考えれば、すべてのメディアは少なからず偏っている。中東のメディアの大半は、国家や国家を後ろ盾とした企業の資本を受け入れる傾向にあることから、どのメディアもパトロンである国家・企業の利害関心を強く反映している〔Fandy 2007〕。たとえば、中東を代表するアラビア語の新聞『シャルク・アウサト』のことを考えてみたい。一九七八年に政治的自由が保障されたロンドンで創刊された日刊紙であり、政治、経済、国際面などに定評がある高級紙（クオリティ・ペーパー）として知られる。同紙を所有しているのはサウディアラビアの「民間」企業であるが、出資者はサウディアラビアの王族や政府に近い企業である。そのため、同紙の編集方針がサウディアラビア政府の方針と対立することはまずない。むしろ、同紙の創刊自体がエジプトとの宣伝戦に後塵を拝したサウディアラビア政府による情報戦略の一環であるとさえ言われる。ゆえに、客観性や中立性

空港に掲げられた『シャルク・アウサト』の広告看板
イギリス・ロンドン，2023年７月。

をそこに求めるのは無理がある〔Rugh 2004〕。

このことは、「独立系」を称するアル=ジャズィーラ（アルジャジーラ）のような著名な放送局にも当てはまる。今ではイギリスのＢＢＣやアメリカのＣＮＮなどと並ぶグローバルメディアとして知られているが、一九九六年にカタルの首都ドーハで開局した時点では、それほど有名な放送局ではなかった。しかし、従来の中東メディアがあえて触れなかった政治上のタブーやテーマを積極的に取り上げたことで、人気を博すまでには時間がかからなかった。さらに、二〇〇一年のアメリカ同時多発テロ事件（九・一一事件）や、その後のアフガニスタン・イラクでの戦争報道などで一気に知名度を高めると、その後は英語放送なども開始するなどして、世界的な名声を確固たるものにした。二〇〇〇年代前半には、権威主義体制がはびこる中東において報道の自由や民主化を促す（かもしれない）として期待され、英語圏では『アル=ジャズィーラ・エフェクト（*The Al Jazeera Effect*）』〔Seib 2008〕というタイトルの本まで書かれた。

だが、人口も地理的規模も限られたカタルという国で、なぜこうしたメディアが生まれたのであろうか。そこには、アル=ジャズィーラを設立したカタルが当時置かれていた政治状況が深く関係していた。

アル=ジャズィーラ設立の前年である一九九五年に、カタルではクーデターが起きた。これによって新たに国家元首に就任したのがハマド・ビン・ハリーファ・アール＝サーニー前首長（一九五二年〜）であった。しかし、就任直後の立場は盤石とは言えず、周辺諸国とも亀裂を深めていた。そのため国家元首としての相応しさや政治的正統性を内外に示し、クーデターで関係が悪化した周辺諸国（とくに隣国サウディアラビア）を牽制する必要から、ハマド前首長は影響力のある報道機関を欲した。つまり、クーデターを機に周辺諸国との関係を悪化させた当時のカタルは、中東の政府ではなく、その民衆や国際世論を味方につけようとしたのであり、そのためにアル＝ジャズィーラに対する統制の手綱をあえて緩めたと考えられるのである。これを踏まえれば、アル＝ジャズィーラの「独立性」や「自由」は、あくまでカタルという国家が置かれた状況に左右される相対的なものにすぎなかったことがうかがえる。実際、「アル＝ジャズィーラの時代」〔Lynch 2006〕と呼ばれ、称えられたのは二〇〇〇年代前半までのことで、それ以降は「カタル政府の道具」として批判されることが増えた〔Chiba 2023〕。

さらに二〇〇〇年代以降になると、中東以外の国々も中東に向けた衛星放送を次々と流し始めた。二〇〇三年にはイラク戦争の失策を挽回すべく、アメリカが衛星放送（フッラＴＶ）を開始し、これにイギリス（ＢＢＣ）やフランス（フランス24）、ロシア（ＲＴ）、さらには中国（ＣＧＴＮ）なども加わった。各国の中東に対する戦略的関心の高さが感じられるが、それによって中東の人々が域外からの情報をさらに得やすくなったことは確かであろう。同時に、中東の人々が外からの情報を盲目的に信じているかと言えば、必ずしもそうではない。各自の判断で情報を取捨選択しながら取り入れている。むしろ、長らく権威主義体制がはびこる地域で生きてきたからこそ、そこに暮らす人々はメディアには偏りがあることを熟知しており、「行間を読む」ことに長けているようにすら見える。権威主義体制下において育まれるメディアのリテラシーということを考えてみる必要があるようにも思われるのである。

「ソーシャルメディア革命」の虚実とメディアの「その後」

ここまでは主に新聞や放送のことを論じたが、二〇〇〇年代以降は中東でもインターネットやソーシャルメディアの普及が進んだ。二〇一一年の中東、とくにアラブ諸国で起きた大規模な政治騒乱「アラブの春」が当初、「ソーシャルメディア革命」や「フェイスブック革命」などと呼ばれたことは記憶に新しいかもしれない。また、エジプトの政変に深く関与した活動家のワーイル・グナイム（当時グーグル社中東支局の幹部）などは、各国の抗議運動の特徴が非特定多数のユーザーが製作に関わる「ウェブ二・〇」と呼ばれる様式に似ているとして、「ウェブ二・〇革命」と呼びうる革命の新しい形が現れてきたと考えた〔Ghonim 2012〕。

しかし、「アラブの春」の要因が複合的なものであり、メディアに還元できるものでないことが明らかになるにつれて、現在ではこうした呼称が用いられることはほとんどなくなった。また、インターネットやソーシャルメディアが、実際にどれほど影響力を持っていたのかについても意見が割れている——ただし、ソーシャルメディアが果たした役割の評価については、政治コミュニケーション研究のパラダイムの変化（強力効果→限定効果→新強力効果）と同様の推移を辿っているように見える。さらに、メディアの役割に注目するにしても、メディア間の重層的な関係性を考慮する必要があるだろう。中東七カ国でのアンケート調査結果からは、人々がインターネットやソーシャルメディアと同様かそれ以上に、既存のメディア（具体的にはテレビ）を主要な情報源と捉えていることが確認できる〔Northwestern University in Qatar 2019〕。また、そもそもソーシャルメディアやスマートフォンを用いる人々の「身体」

や、その「肉体」こそが根源的なメディアなのだと指摘する研究も書かれた〔Kraidy 2016〕。メディア間の相互作用についてはまだまだ明らかにされていないことが多い。

一方、メディアが政治や社会に与えた影響だけでなく、「アラブの春」が起きたことでメディアに生じた変化も見ておきたい。総じて、メディアをめぐる状況が悪化しており、またメディアの役割についてもこれを否定的に捉える見方が増えている。「アラブの春」後に一時的に民主化した国も、その後は権威主義体制に回帰しており、また内戦に陥って抜け出せない国も少なくない。こうした状況のもとでは、メディアや報道をめぐる状況が悪化しているのも当然のように思える。とくに、各種の報告書や資料からは、二〇〇〇年代の中東で大規模な騒乱（「アラブの春」だけでなく、イランにおける「緑の運動」やトルコにおけるゲズィ公園での抗議運動）が起きるたび、報道やインターネットの自由度が大きく低下していることも確認できる〔千葉 二〇一九〕。政治的な動揺を恐れた各国政府が、自国内の安定を図るべく、メディアへの圧力を強めたことが背景にあると考えられる。メディアへの圧力強化は中東に限らず、それ以外の権威主義体制下の国々でも同様に見られる。今後、ますます情報化へと適応した権威主義体制《テクノ・オーソリタリアニズム》について論じる必要性が高まると考えられる。

また、インターネットやソーシャルメディアがもたらす問題については、民主主義か権威主義かにかかわらず、共通の問題が指摘されている。具体的には、インターネットやソーシャルメディアの普及に伴う、社会や集団の分断・亀裂の深まりへの懸念が高まっている。フィルターバブル（異なる意見からの遮断）やエコーチェンバー（閉鎖的な情報環境下での意見の共鳴・反響効果）、サイバーカスケード（一面的な意見の形成・流通）など、近年人口に膾炙しつつある用語は、いずれもインターネットやソーシャルメディアの普及に伴う社会や集団の分極化・極性化の問題を指摘するものである〔パリサー 二〇一二：サ

ンスティーン 二〇一八〕。二〇〇〇年代以降、中東でも民族や宗教、宗派間での暴力が噴出していることが問題視されているが、その背景には、イラク戦争や「新中東冷戦」とも称されるサウディアラビアとイランとの対立があるとされる〔酒井 二〇一九；Matthiesen 2013〕。同時に、インターネットやソーシャルメディアの発達が事態を悪化させ、問題を複雑にしている可能性も指摘されている〔Al-Rawi 2017；Colombo and Curini 2022；Siegel 2015〕。とはいえ、ソーシャルメディアへの統制は権威主義国家の情報統制を強化することにもつながりかねず、実際にエジプトなどでは扇動を阻止するなどの名目で、ソーシャルメディアへの統制が強められている。

中東のメディアから見えてくること――「例外論」を超えて

本章では中東のメディアについて論じてきたが、最後にそれを学ぶことで結局、何が理解できるのかを改めて考えてみたい。まず、中東のメディアを学ぶことで、既存の政治学や経済学の研究とは違った角度から、「中東」という地域やその特徴が理解できる。とくに本章では、言語の分布と国境線との不一致や、国家同士の対抗・競合関係（それによる共同統制の失敗）、また情報統制を回避しようとするメディアの存在などにより、中東では絶えず情報が国境を越えて還流しやすい構造が作り出されてきたことを明らかにした。本章で出てきたアル＝ジャズィーラにしても、その出現や成功は中東各国の対立や緊張、また権威主義体制下での情報統制の問題と切り離して論じることが不可能のように思われる。さらに、情報の越境は二〇〇〇年代のインターネットやソーシャルメディアの普及とともにますます容易なものになった。そのため、中東のメディアを理解するうえでは、各国のメディアを別々に知るだけでなく、地域全体のメディアの構造やその特徴を十分に学ぶ必要がある。中東の政治経済や社会、文化などを理解するうえでも、その背景にあるメディアの構造を把握しておくことが肝要である。

また、それだけでなく、中東のメディアを比較の俎上に載せることで見えてくる視点もあるように思われる。本章では、中東地域における情報の越境性の高さとその構造の特徴を論じた。しかし、それが他地域と比べてどれほど特殊なのかは比較してみないとわからないところがある。むしろ筆者は、中東のメディアを研究する過程で、従来の日本や欧米のメディアやコミュニケーションの研究が、メディアの自由や公共性の問題をもっぱら各国内部の問題として論じる傾向にあることに気づき、それに疑問を抱くようになった。メディアの自由や公共性の問題は、そのメディアが置かれた国家内部の問題であると同時に、あるいはそれ以上にその国を取り巻く国際関係に位置づけてこそ初めて理解できるところがあるのではなかろうか。中東のメディアを例外として捉えるのではなく、その分析から得られた視点を中東以外の国や地域に広げて考えてみること、逆に他地域のメディアとの比較において中東のメディアを論じることで、より発展的な研究が期待できる。そこから新たな視点や有意義な問いが生まれるであろうし、それを今後はデータを用いて実証的に論じていかなくてはいけない。中東のメディアを通して見えてくることや、できる研究は、まだまだたくさんあるに違いない。

参照文献

酒井啓子編『現代中東の宗派問題——政治対立の「宗派化」と「新冷戦」』晃洋書房、二〇一九年。
サンスティーン、キャス『#リパブリック——インターネットは民主主義になにをもたらすのか』伊達尚美訳、勁草書房、二〇一八年。
千葉悠志『現代アラブ・メディア――越境するラジオから衛星テレビへ』ナカニシヤ出版、二〇一四年。
――――「「アラブ革命」の余燼――政治変動を前後とした中東メディアの変容」『マス・コミュニケーション研究』九四号、二〇一九年。
パリサー、イーライ『閉じこもるインターネット――グーグル・パーソナライズ・民主主義』井口耕二訳、早川書房、二〇一二年。
Al-Rawi, Ahmed. 2017. *Islam on YouTube : Online Debates, Protests, and Extremism*. Palgrave Macmillan.
Boyd, Douglas A. 1993. *Broadcasting in the Arab World : A Survey of the Electronic Media in the Middle East*. 2nd Edition, Iowa State University Press.
Chiba, Yushi. 2023. "Arabic News Channels in the Middle East: Development and Transformation," in Joe F. Khalil, Gholam Khiabany, Tourya Guaaybess, and Bilge Yesil eds. *The Handbook of Media and Culture in the Middle East*. Global Media and Communication Handbook Series. John Wiley & Sons.
Colombo, Matteo and Luigi Curini. 2022. *Discussing the Islamic State on Twitter*. Palgrave Macmillan.
Fandy, Mamoun. 2007. *(Un)Civil War of Words: Media and Politics in the Arab World*. Praeger Security International.
Freedom House.（https://freedomhouse.org/　二〇二三年九月二五日閲覧）
Ghonim, Wael. 2012. *Revolution 2.0 : The Power of the People Is Greater Than the People in Power : A Memoir*. Houghton Mifflin Harcourt.
ITU Database. 2021. *ITU World Telecommunication/ICT Indicators*（*WTI*）*Database 2021*.
Kraidy, Marwan M. 2016. *The Naked Blogger of Cairo: Creative Insurgency in the Arab World*. Harvard University Press.
Kuttab, Daoud. 2008. "Satellite Censorship Arab League Style," in *Arab Media & Society*, Special Feature : Arab Satellite Charter.（https://www.arabmediasociety.com/satellite-censorship-arab-league-style/　二〇二三年九月二五日閲覧）
Lynch, Marc. 2006. *Voices of the New Arab Public : Iraq, Al-jazeera, and Middle East Politics Today*. Columbia University Press.
Matthiesen, Toby. 2013. *Sectarian Gulf: Bahrain, Saudi Arabia, and the Arab Spring That Wasn't*. Stanford Briefs.
Northwestern University in Qatar. 2019. *Media Use in the Middle East 2019: A Severn-Nation Survey*.（https://www.qatar.northwestern.edu/research/publications/index.html　二〇二三年九月二五日閲覧）
Reporters Without Borders.（https://rsf.org/en　二〇二三年九月二五日閲覧）

Rugh, William A. 2004. *Arab Mass Media : Newspapers, Radio, and Television in Arab Politics*. Praeger.
Sakr, Naomi. 2001. *Satellite Realms : Transnational Television, Globalization and the Middle East*. I.B. Tauris.
Seib, Philip. 2008. *The Al Jazeera Effect : How the New Global Media Are Reshaping World Politics*. Potomac Books.
Siegel, Alexandra. 2015. *Sectarian Twitter Wars : Sunni-Shia Conflict and Cooperation in the Digital Age*. Carnegie Endowment for International Peace.

コラム　言葉に映し出される家族

「あなた何歳？　結婚しているの？　お子さんは？　ご両親は健在なの？」

今の日本では、これはかなり立ち入った質問だろう。だがイスタンブールの庶民地区で調査をしていると、初対面の人からもけっこうな頻度で結婚や子どもの有無について尋ねられる。相手がどのような人物か見定めるために、出身国や職業と並んで結婚や親子関係の情報が重視されるのは、家族あってこその人生という、トルコ社会に根強い価値観が関係していそうだ。

その家族を表す最も一般的なトルコ語は「アーイレ」である。日本語の「家族」がそうであるように、トルコ語のアーイレにも複数の意味がある。トルコ言語協会のウェブ版トルコ語辞典は、アーイレの主な意味として次の四つを挙げる。①血縁や結婚によって関係づけられた社会の最小単位。夫、妻、子、きょうだい／②共通の先祖をもつ人々／③近い関係にあり同居する人々／④女性配偶者。

冒頭の質問で想定されているのは①だろう。私たちにもなじみのある家族観だ。②と③もイメージしやすいだろう。では④はどうか。アーイレが女性配偶者、つまり妻を指すとは、いったいどういうことだろう。

一九七〇年代にアンカラ近郊の村で調査したアメリカ人人類学者キャロル・デラニーは、アーイレ＝妻について、興味深い報告を残している。この村では、アーイレはもっぱら男性の妻、もしくは妻と子の意味で用いられていた。デラニーが村の女性に「あなたのアーイレ」について尋ねても、何のことかわからずきょとんとしてしまう。戸惑った末、彼女が話すのは、かつて暮らした実家の母ときょうだい、つまり彼女の父のアーイレについてであった。デラニーは次のように論じる。男性は結婚により自分のアーイレを持つ。男性にとってアーイレは、彼の尊厳や名誉に等しい。ここで言う名誉は、女性の純潔や貞節と密接に結びついた名誉である。男性は、名誉を保持するため、妻のセクシュアリティを管理し保護しなければならない。一方、女性は結婚により夫のアーイレ＝名誉となる。だから女性には、自分のアーイレというものはない。村人のアーイレの用法は、規範と実態の両面で村に存在する、妻を自分の名誉と同一視して支配する男と夫に服従する女という、男女で非対称的な関係性を映し出すものであった。

今日のトルコで、アーイレとは妻子であり、男がよその男から守るべきものだという感覚を持つ人は少数派だろう。筆者が調査に通うイスタンブールの庶民地区では、夫は妻と子を「私のアーイレ」と呼び、妻も夫と子を「私のアーイレ」と呼ぶ。夫は妻と子と、妻は夫と子とともに、一つのアーイレをつくる。実際の夫婦関係はともかく、アーイレの用法だけ見れば夫と妻は対等である。

これに対して庶民的な地区の食堂や喫茶店で見かける「家族サロン」や公園の「家族ガーデン」は、アーイレ＝妻という用法の名残と言える。家族サロンは、店の奥まった一角や上階に設けられた女性客や家族連れ専用のスペースであり、「家族ガーデン」はアルコール類を提供しない野外カフェである。それぞれ外からの視線を遮り、あるいは酔客（男性）を排除することにより、女性と子どもが安全に過ごせる空間というふれこみになっている。

以上に見てきたアーイレ＝妻という用法の変遷は、人々が営み、あるいは理想とする夫婦や男女の関係性のあり方が、せめぎあいながら変化を遂げてきた、その過程のなかに位置づけることができる。さらにその背後には、グローバル化とともに加速する男女平等や個人主義、夫婦のプライバシーの重視といった価値観の浸透を見てとることが可能だろう。

家族が日常生活のみならず、ビジネスや政治の場面でも役割を果たすと言われる中東地域において、家族の概念を探究することは、社会を分析する重要な切り口となりうる。家族は私たちにも身近な存在であるだけに、ともすれば自分の価値観を投影し、自明視してしまいがちだ。だが家族という言葉の使い方一つとっても、そこにはさまざまな現実や規範、人々の願いが反映されているのである。

（村上　薫）

第3部 躍動する経済

Economics

高さ世界一のビル，ブルジュ・ハリーファの
展望台から眺めるドバイ高層ビル群（UAE）

第3部　イントロダクション

松尾昌樹

あなたは中東のどの国に関心を持っているだろうか。この関心の向かう先が、あなたが中東経済に対して抱くイメージを大きく変える。筆者はアラビア半島の産油国（湾岸アラブ諸国）に関心があり、初めて訪問した中東の国はサウディアラビアであった。その後も湾岸アラブ諸国が調査地であり、そこで見出される国や社会の姿――清潔で、秩序立っており、販売される商品も日本とさほど変わらない様子が観察される社会――を中東の姿として理解してきた。しかし、シリアやパレスチナをフィールドとする研究者が、異常に時間のかかる役所の手続きや日常的な停電を中東の日常として語るのを聞いた時には、およそ同じ地域の話とは思えなかった。当然ながらこうした違いは、アラブ首長国連邦やカタルといった産油国が豊富な資本とよく整備された経済・産業基盤を有するのに対して、エジプトやシリア、イエメンといった非産油国では電力・水・交通網の整備遅延や経済開発とつながる汚職が一般化し、安定的な経済成長の基本部分にボトルネックを抱えているためである。

地理的な近接性や近代国家成立に至る歴史的経緯の類似性など、中東諸国には共通点が多いものの、人口規模や開発政策、天然資源の賦存状況には大きな違いがあり、こうした違いが各国の経済発展の経路や経済的豊かさの違いを生み出してきた。とりわけ、中東諸国の経済開発を特徴づける最大の要因は石油の有無であり、産油国と非産油国は対照的な経済開発政策を実施してきた。3-1「経済開発」では、こうした中東地域の経済発展の歴史的経緯が整理される。また、とくに中東の経済を特徴づける石油については、3-2「石油／脱石油」でくわしく取り扱われる。

ただし、経済開発の経路は資源の有無や人口規模といった所与の条件によって規定されるだけではなく、各国の政府が策定する開発政策にも大きく左右される。政治エリートが自身の取り巻きに利益を誘導する「クローニー資本主義」（3-1）や、石油収入をばら撒くことで権威主義体制を維持する「レンティア国家」（3-2）は、いずれも各国の経済政策がもたらした現代中東の姿である。

こうした国家レベルの経済活動だけでなく、個人や経営者、法人の経済活動もまた中東の特性を生み出している。中東に暮らす人々の大半はムスリムであり、そのなかにはイスラーム的な経済活動に関心を持つ人々が含まれる。イスラームでは利子が禁止されているということを知っている読者も多いだろうが、ではイスラーム的に正しい金融とはどのようなもので、それは実際にどのように運営されているのだろうか。3-3では、イスラームの教えに基づいて展開される金融実践である「イスラーム金融」が取り上げられ、それが中東で育まれ、世界に拡大している様子が解説される。

さらに、中東とのビジネスに関心のある読者もいるだろう。今日の日本にとって中東、とりわけ湾岸アラブ諸国は石油の供給源であるだけでなく、石油の富に支えられた購買力の大きさから、日本製品の市場としての役割も期待されている。とくに、ハラール・ビジネスやエンターテインメント産業の市場は中東で急拡大しており、この分野への日系企業の進出も期待されている。さらには、今や湾岸アラブ諸国は一大経済圏であるユーロ圏とＣＩＳ（ソ連崩壊後の独立国家共同体）、急激な経済成長が期待されるインドとアフリカを結ぶハブとして機能しており、この地でビジネスを展開する利点は大きい。こうした観点に立ち、3-4ではとくに湾岸アラブ諸国に注目して「中東でのビジネス」を学ぶ。

経済は日本と中東の関係を学ぶうえで最も身近な題材であるだけでなく、中東の政治現象や社会現象と深く結びついており、また経済学や開発学といった学問分野へもつながる。中東を入り口に自身の関心を幅広い学知に広げていくうえでも、中東経済はよい学びのテーマになるだろう。

1　経済開発

土屋一樹

中東経済の概要

中東地域の現在の経済規模（GDP）は、世界全体の約五％を占める。過去半世紀を見ると、その規模は二・八％から六％の間だった。中東諸国の経済は、国際石油価格の変動に大きな影響を受けてきたが、それは石油輸出国だけでなく、石油輸入国にも当てはまる。石油輸出国の石油収入は、出稼ぎ労働者の送金、投資、経済支援などを通して、石油輸入国にも流入するためである。

次に、人口を見ると、現在の中東地域の人口は五・七億人で、世界人口の約七％である。過去半世紀で四億人増加したが、増加率は世界平均よりも高く、中東地域の人口シェアは徐々に高くなっている。近年は年間で九〇〇万人増加しており、国連の人口予測によれば、二〇三〇年には六・九億人を超える〔United Nations 2022〕。

表1にあるように、中東諸国の半数が石油輸出国で、現在の中東地域は世界の石油埋蔵量の五二％、石油産出量の三五％を占める。一方で、天然ガスは世界の埋蔵量の四三％、生産量の二二％を占めるが、天然ガスを輸出しているのはカタル、アルジェリア、オマーン、エジプト、イスラエルといった国で、

表1　中東・北アフリカの社会経済指標（2022年）

		GDP*1	石油生産量	ガス生産量	貿易割合*2	人口	中位年齢
		(億USドル)	(000b/d)	(mcf/d)	(% of GDP)	(万人)	(年)
石油輸出国	サウディアラビア	11,081	12,136	11,182	63	3,641	30
	UAE	5,075	4,020	6,169	167	944	33
	イラン	3,885	3,822	24,019	38	8,855	32
	イラク	2,642	4,520	1,033	62	4,450	20
	カタル	2,373	1,768	16,351	93	270	34
	アルジェリア	1,919	1,474	9,882	54	4,490	28
	クウェート	1,846	3,028	2,059	98	427	39
	オマーン	1,147	1,064	3,791	94	458	29
	スーダン	517	62	0	3	4,687	19
	リビア	458	1,088	1,418	78	681	27
	バハレーン	444	202	1,803	160	147	33
石油輸入国	トルコ	9,060	87	38	80	8,534	31
	イスラエル	5,220	15	1,715	61	904	29
	エジプト	4,767	613	6,717	37	11,099	24
	モロッコ	1,342	10	11	99	3,746	29
	ヨルダン	475	10	18	86	1,129	24
	チュニジア	467	36	141	107	1,236	32
	レバノン	231	10	0	79	549	29
	イエメン	216	81	12	49	3,370	19
	パレスチナ	191	10	0	86	525	19
	シリア	112	93	316	48	2,213	22

＊1　GDP値：レバノン 2021年，シリア 2020年，イエメン 2018年。
＊2　貿易割合：イエメン 2018年，ヨルダン・クウェート・リビア 2019年，シリア・UAE 2020年，バハレーン・イラク・レバノン・オマーン・カタル 2021年。
〔World Bank；Energy Institute（EI）；US Energy Information Administration；United Nations 2022〕より筆者作成。

主要石油輸出国であるサウディアラビア、アラブ首長国連邦（UAE）、イラク、クウェートは天然ガスの純輸出国ではない。

労働力の規模と平均所得水準（一人あたりGDP）で中東諸国を分類すると、①労働力が少なく平均所得の低いグループ、②労働力が少なく平均所得の高いグループ、③労働力が多く平均所得の低いグループ、の三つに分けることができる（図1）。所得水準の高い国は、イスラエルを除くと、いずれも石油輸出国である。しかしながら、アルジェリア、イラン、イラク、リビアは、大規模な石油輸出国にもかかわらず、一人あたりGDPは一万USドル未満に留

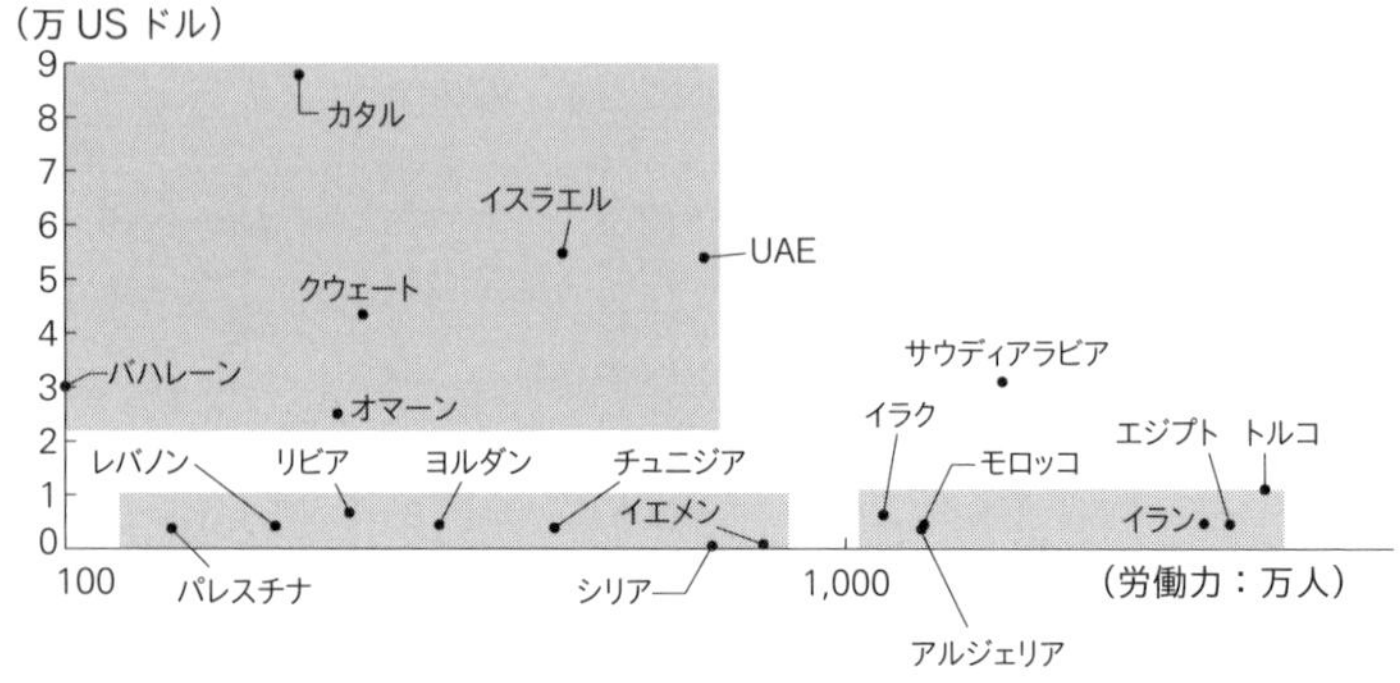

図1　労働力と1人あたり GDP（2022年）
1人あたり GDP について，レバノンは2021年値，シリアは2020年値。〔World Bank〕より筆者作成。

まっている。それらの国は、紛争や制裁によって経済開発が停滞しているためである。また、サウディアラビアは前述の三つの分類から外れている。サウディアラビアは、中東諸国のなかで労働力も平均所得も多い（高い）国であり、独自の位置を占めている。

　本章では、中東諸国の経済開発について、そのプロセスと政府の役割を論じる。石油資源は経済開発を促進させたのか。石油輸入国はどのような開発を行ってきたのか。各国の政策と地域の共通性に着目して検討する。経済開発の過程と現状を理解することで、今後の開発の方向性と経済課題に対する洞察を得ることができるだろう。

経済開発の沿革

　前近代の中東は経済先進地域だった。中東地域は、アジア、アフリカ、ヨーロッパを結ぶ結節点に位置することで、地域間貿易によって繁栄した。中東の大都市には、各地の物資や情報が集積し、高度な市場経済が展開されたのである。

　しかし、一九世紀以降、西欧が近代工業の発展によって急速な経済成長を実現したことで、中東地域は次第に西欧経済の後塵を拝するようになった。さらに、西欧諸国の貿易拡大と海外進出は、中東経済にも影響を及ぼした。中東は西欧から工業製品を輸入し、一次産品を輸出するという貿易構造に組み込まれた。その結果、ダマスカス、アレッポ、イスタンブールなどの都市では、手織機数が大幅に減少するなど、地場の手工業は衰退した〔Issawi 1980〕。

中東での最初の工業近代化の試みは、エジプトでの政府主導による工業振興だった。ムハンマド・アリー（一七六九〜一八四九年）は、国家近代化政策の一つとして、綿紡績、織物、製紙などの国営工場を建設し、西欧技術を導入して製造業の近代化を図った〔加藤 二〇一三〕。しかし、トルコ＝イギリス通商条約（一八三八年）によって産業保護政策の放棄を迫られた結果、エジプトの製造業は輸入品との競争に敗れ衰退し、次第に綿花栽培に特化したモノカルチャー経済となった。エジプトの先駆的な工業近代化は、西欧の介入によって一九世紀半ばに挫折した。

エジプトで再び工業化への取り組みが見られたのは一九二〇年代以降だった。一九世紀後半以降、西欧資本がエジプト経済の支配的な地位にあったなか、国内民間資本による工業化を目的として、一九二〇年にミスル銀行が設立された。タラアト・ハルブ（一八六七〜一九四一年）を中心とするエジプト人実業家によって設立されたミスル銀行は、エジプト資本による工業化の中核を担い、紡績、印刷、製油など、二〇以上の企業を設立しミスル・グループを形成した。

トルコでは、一九三〇年代に工業近代化が始まった。「エタティズム」と言われる政府主導の工業化で、国家自らが投資と生産を担う体制だった。一九三四年から実施された第一次五カ年計画は中東諸国で最初の長期開発計画で、輸入代替工業化を打ち出し、政府によって繊維、製糖、製紙、化学、鉄鋼などの工場が建設された。こうした政府主導の工業化は、第二次世界大戦による一時的な中断もあったが、一九七〇年代まで続いた。

他の中東諸国で工業化政策が本格化したのは、第二次世界大戦後だった。各国の政府は、工業化を経済開発の要とし、多くの資源を投入した。典型的な工業化政策は、トルコで実践されたエタティズムと同様の政策で、長期開発計画に基づいて政府自ら工業化を推進するものだった。その代表例は一九六〇年代のエジプトで、ナーセル（ナセル）政権によって実施された。ナーセル政権の開発イデオロギーは「アラブ社会主義」と言われ、イラク、シリア、アルジェリア、チュニジア、リビアといったアラブ諸国に広がった。アラブ社会主義に基づく経済開発では、民間企業は国有化され、工業化は国営企業によって進められた。また、貿易や金融サービスもすべて国営企業によって担われた。なお、モロッコやヨルダンのような王制国家は社会主義を標榜しなかったが、国家が経済開発を主導する点はエジプトやチュニジアと同じだった。

中東諸国の経済状況は、一九七〇年代以降、二極化が顕著になった。石油価格の高騰で湾岸アラブ諸国が富裕化したのに対し、アラブ社会主義を追求した国の多くは経済不振に陥った。

湾岸アラブ諸国の石油開発は、早期に石油が発見されたバハレーン、サウディアラビア、クウェートの三カ国が先行し、カタルは一九四〇年代末に、UAEとオマーンは一九六〇年代に石油生産が始まったが、いずれの国も同様の開発過程を歩んだ。各国は莫大な石油収入を活用して、水、道路、学校といったインフラの整備を行い、また教育、医療、公共サービスの分野で再分配政策を拡充した。産業開発では、石油化学工業の拡大に加え、競争力のない農業や金融部門を育成する産業多角化を進めた。

それに対し、アラブ社会主義を掲げ輸入代替工業化を実践した国は、当初こそ工業部門の拡大を記録したものの、一九七〇年代以降に経済不振に陥った。エジプトでは、非効率な国営企業は国際競争力を持てず、輸入代替工業化は機能しなかった。また、工業品製造のための中間財や、食料などの基礎物資の輸入額が大幅に増加し、貿易赤字が拡大した。そのため、エジプト政府は一九七四年に「門戸開放」政策へと舵を切った。それまでの公的部門の独占を改め、民間部門に門戸を開くもので、民間企業の設立、海外からの投資奨励などを目的とする政策である。しかし、その一方で国営企業も存続し、国家が主要産業の担い手となる開発体制は変わらなかった。

中東経済は第二次石油危機後の一九八〇年代後半に失速した。湾岸アラブ諸国は石油価格の下落によってマイナス成長を記録した。また、石油輸入国では対外債務が累積し、エジプト、ヨルダン、チュニジア、モロッコなどが債務返済危機に陥った。中東諸国のそれまでの経済開発方針は手詰まりとなり、方向転換が不可避となった。

経済改革とグローバル経済への適応

一九八〇年代は経済開発政策の転換期となった。石油輸入国では、公的部門中心の経済開発を転換し、民間部門を中心とする開発に移行することを迫られた。それまでのような部分的な改革や、公的部門と民間部門の併存する体制ではなく、市場経済体制の導入を求められた。一方、湾岸アラブ諸国では、石油価格が低迷したことで、石油に依存しない経済に向けた取り組みを本格化させた。産業多角化は以前からの方針だったが、石油収入が減少したことで、脱石油依存は差し迫った課題となった。

中東諸国で最初に構造改革に着手したのはトルコだった。トルコ政府は、経常収支（海外とのモノやサービスの取引、投資利益のやりとりなど経済取引で生じた収支）の不均衡を解消するため、一九八〇年に財政赤字の縮小や物価安定といった、持続可能な財政・金融政策の追求と規制緩和を開始した。その手段は対外債務の削減と市場経済メカニズムの導入で、一九三〇年代を嚆矢とするエタティズムの下での輸入代替工業化を転換し、輸出志向を打ち出すものとなった〔Cammett et al. 2015〕。

チュニジアとモロッコは一九八〇年代半ばに財政危機に陥り、国際通貨基金（ＩＭＦ）に融資を求めた。ＩＭＦからの融資条件に従い、両国は財政赤字の削減と既存の経済制度を見直し、市場機能を発揮させる構造調整に取り組んだ。具体的には、為替レートの切り下げ、緊縮財政、貿易自由化、国営企業の民営化といった政策で、経済危機に陥った開発途上国に適用された「ワシントン・コンセンサス」に則った改革だった〔Cammett 2007〕。同様の改革は、ヨルダンとエジプトでも行われた。両国は一九九〇年前後にＩＭＦ融資に合意し、経済改革を受け入れた。エジプト政府は初めて国営企業の民営化を実施し、二〇〇〇年までに約一五〇の国営企業を民営化した。

一方、石油輸出国は、産業多角化、マクロ経済安定化、民間部門の発展の三つが経済開発の課題となっていたが、一九八〇年代後半の石油価格下落によって、石油依存からの脱却のため、一部の国でこれらの課題に取り組む必要性が高まった。サウディアラビアは一九九〇年代半ばから構造改革を開始し、貿易自由化、国営企業の民営化、直接投資の誘致を打ち出した。以前のように政府自ら産業多角化を推進するのではなく、外資を含めた民間資本を活用した産業多角化の方針を明確にした〔Cammett et al. 2015〕。また、増加する自国民労働力への対応として、労働の自国民化を進めるため、民間企業に対して一定割合以上のサウディアラビア人の雇用を義務づけた。こうした民間部門の拡大や雇用の自国民化といった政策は、ほかの湾岸アラブ諸国でも実施された。

構造改革の進展によって、二〇〇〇年代初めまでに多くの中東諸国でマクロ経済状況は改善した。インフレ率の低下や債務削減が進んだのである。さらに、石油価格が上昇した二〇〇三年以降、地域全体が好況となり、中東経済に対する世界的な関心が高まった。景気拡大と人口増加によって新興市場として注目され始め、外資企業の進出が増加するなど、中東諸国のグローバル経済への統合が進んだ。

中東経済に対する関心の高まりは、中東諸国の政府にとって、積年の課題だった民間部門の拡大を促進する好機となった。工業発展を目指すエジプトやモロッコの場合、民間部門の拡大には国際競争力のある企業を増やす必要がある。そのために、政府は現地企業に対する支援に加え、外資企業の誘致を図るためにビジネス環境の向上を進めた。税制優遇や許認可手続きの簡素化など、国際比較可能な指標を改善し、ビジネス・フレンドリーな市場であることをアピールした。また、UAEのドバイ首長国は、金融、メディア、ヘルスケア、バイオテクノロジーといった産業別に、外資企業の自国への誘致を狙い、拠点進出に伴うさまざまな法的・税制面での優遇措置を整備した経済特区であるフリーゾーンを創設し、従来の流通拠点の地位を進化させ、多様な産業を擁する経済ハブになることに取り組んだ。

経済グローバル化への対応策の一つとして、中東諸国は貿易協定の締結を推進した。貿易協定は、輸出志向の工業化を進めた国だけでなく、地域全体で進んだ。中東諸国のなかで、関税と貿易に関する一般協定（GATT）／世界貿易機関（WTO）加盟国は、一九九〇年以前は五カ国だったが、一九九〇年代に三カ国、さらに二〇〇〇年にヨルダンとオマーン、二〇〇五年にサウディアラビアが加盟し、現在までに過半数がWTO加盟国となった。また、地域貿易協定では、すべての中東アラブ諸国が参加する大アラブ自由貿易地域（GAFTA）が一九九八年に発足したほか、湾岸協力理事会（GCC）は二〇〇三年に関税同盟に、二〇〇八年に共同市場となった。それ以外にもエジプト、ヨルダン、モロッコ、チュニジアの四カ国で二〇〇七年にアガディール自由貿易協定が発効した。各国は二国間自由貿易協定

（ＦＴＡ）にも積極的で、これまでにＥＵとは九カ国、アメリカとは五カ国がＦＴＡを締結している。こうした貿易協定は、関税削減による貿易創出や競争促進の効果に加え、経済制度の国際標準化を進めるものだった。対内直接投資を誘致するには、国際基準に準拠した経済制度が不可欠なためである。

構造調整後の経済

一九八〇年代以降の中東諸国に共通する構造調整政策は、経済活動における政府の介入を制限し、規制緩和によって民間部門の拡大を促すものだった。こうした改革によって、中東諸国の経済状況はどのように変わったのだろうか。構造調整後の経済パフォーマンスを確認し、改革によって表面化した課題を検討する。

主な中東諸国の経済成長率を見ると、一九九〇年代後半に減少から増加へと反転し始め、二〇〇〇年代に高成長を記録した（表２）。二〇〇〇年代半ばは、構造調整によるマクロ経済の安定化に加え、石油価格が高騰したことで、成長率が上昇する国も見られた。

石油輸入国では、一九九〇年代後半以降にインフレ率の下落と対外債務規模の縮小を達成し、マクロ経済は安定した。モロッコのインフレ率は一九九〇年代後半から二％前後で安定している。また、エジプトとトルコはこれまで繰り返し高インフレを経験していたが、エジプトは一九九〇年代後半に、トルコは二〇〇〇年代後半に、一時インフレ率が一桁になった。対外債務残高の規模についても、エジプトとモロッコで一九九〇年代以降に大幅に縮小した。対外債務の削減は外貨不足や通貨切り下げのリスクを低下させ、工業化を後押しした。

表2　主な中東諸国の経済推移（1981-2020年）

	1981-1985	1986-1990	1991-1995	1996-2000	2001-2005	2006-2010	2011-2015	2016-2020
経済成長率（%）								
サウディアラビア	−13.0	4.9	0.8	1.4	5.4	2.7	4.2	−0.2
UAE	−2.8	7.6	4.5	5.5	6.4	0.6	5.2	−0.5
エジプト	7.6	5.0	4.0	5.9	3.5	6.0	2.9	4.7
モロッコ	5.7	4.4	0.4	2.4	4.4	4.1	3.6	0.8
トルコ	4.9	5.3	3.8	3.3	7.7	2.2	6.1	3.3
インフレーション率（%）								
サウディアラビア	−0.1	−0.1	2.3	−0.3	0.1	5.3	3.1	1.0
UAE	—	—	—	—	—	4.9	1.8	0.5
エジプト	14.1	19.8	13.9	4.3	5.1	11.7	9.4	14.4
モロッコ	9.9	4.8	6.0	1.9	1.4	2.2	1.2	1.0
トルコ	38.3	53.2	79.3	74.1	27.5	8.7	7.9	12.5
対外債務残高（GNI比）								
サウディアラビア	—	—	—	—	—	—	—	—
UAE	—	—	—	—	—	—	—	—
エジプト	103.8	109.0	68.8	37.0	35.2	22.3	15.2	34.9
モロッコ	85.2	90.4	68.5	57.6	36.6	26.4	37.5	48.6
トルコ	33.8	42.4	41.2	41.9	46.6	39.5	41.4	56.3
製造業付加価値（GDP比）								
サウディアラビア	6.2	8.4	8.8	9.7	9.9	9.9	10.6	12.8
UAE	8.2	8.3	7.2	8.2	12.2	8.9	8.2	9.4
エジプト	12.8	16.3	15.9	17.2	17.5	15.8	16.4	16.4
モロッコ	19.7	19.2	18.6	17.4	15.5	14.1	14.5	14.8
トルコ	19.0	22.4	21.8	20.7	17.1	16.1	16.4	18.1

5年平均値。〔World Bank〕より筆者作成。

図2は、エジプトとサウディアラビアについて、海外直接投資（FDI）の純流入割合と輸出割合の推移を図示したものである。FDI誘致と輸出の促進は、二〇〇〇年代以降の開発政策の中核となったが、その成果は両国で似通ったものとなった。輸出は二〇〇〇年代に入って上昇し、二〇〇〇年代後半にはFDIも急増した。しかし、二〇一〇年代になると、輸出、FDIともに縮小し、一九八〇年代後半の水準に戻った。FDIと輸出の動向は、国内外の経済状況が反映されやすいため、二〇〇〇年代半ばの地域要因による好況によって

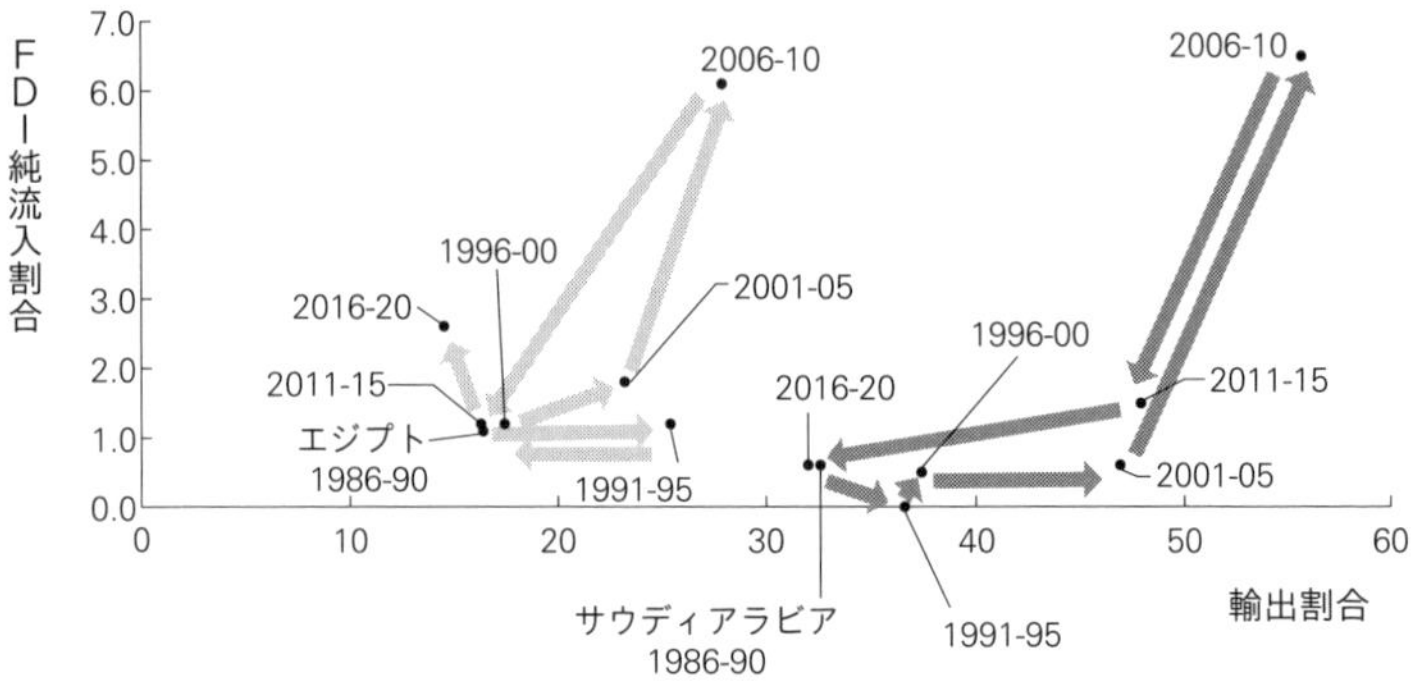

図2　エジプトとサウディアラビアのFDI純流入割合と輸出割合（いずれもGDP比）の推移（1986-2020年）〔World Bank〕より筆者作成。

一時的に急拡大したと考えられる。二〇一〇年代の推移からは、一九九〇年代以降に輸出と投資に大きな構造変化は起きていなかったことが類推される。

構造調整は、それまで危惧されていた開発問題を浮き彫りにした。石油輸出国では石油と経済成長の関係、石油輸入国では「クローニー資本主義」と呼ばれる状態が注目されるようになった。

石油と経済成長の関係を論じる主な概念として、「資源の呪い」「レンティア経済」「オランダ病」の三つがある。「資源の呪い」は、豊富な天然資源がもたらす政治経済的要因によって、天然資源は経済成長を阻害するという議論である。「レンティア経済」は、外生的なレント（不労所得、産油国であれば石油がこれに相当する）収入に依存した経済のことで、生産ではなく分配によって存立する経済を論じる。このレント収入によって成り立つ国家を「レンティア国家」と呼ぶ（3-2「石油／脱石油」参照）。そして「オランダ病」は、オランダでの天然ガス発見以降の経験を踏まえて提示された議論で、大規模な資源輸出による莫大な外貨収入が製造業など資源分野以外の貿易財産業の競争力低下を招く現象を指す。いずれも、豊富な天然資源が経済成長の足枷となるメカニズムを論じている。

こうしたメカニズムがどのくらい妥当であるかについて、これまで多くの実証研究が行われてきたが、一致した見解には至っていない〔Mien and Goujon 2022 ; Badeeb et al. 2017〕。実証研究の対象とする期間や国によって、あるいはどの要因に注目するかによって、導かれる結論は異なっている。

一方、石油輸出国の政府にとっては、石油部門に依存しない安定的な経済成長のために、どのように石油収入を活用するのかが主要な関心であり、その効果的な使い方が模索された。産業多角化の過程では、オランダ病が問題になる。莫大な石油収入によって実質為替レート（物価水準を考慮した為替レート）が増価することで、資源部門以外の貿易財は価格競争力を失い発展できないからである。一九七〇年代に石油価格が高騰した時は、オランダ病を回避するため、湾岸アラブ諸国は大規模な労働力の輸入（移民労働者の受け入れ）を行い、労働コストの上昇を抑えた。その方針は現在まで続いている。

さらに、一九九〇年代以降に湾岸アラブ諸国が実施したのは、民間部門の発展支援だった。エネルギー補助制度をはじめとする補助金による直接的な支援に加え、前節で述べたような貿易自由化、国営企業の民営化、直接投資の誘致といった構造調整、加えて金融機能の拡充や官民パートナーシップを推進した。これらの政策は、石油収入を民間部門へ配分し、民間企業の事業コストを下げることにつながると解釈できる。

しかし、表2の製造業付加価値や図2のサウディアラビアを見ると、これまでの民間部門の発展支援は、非石油産業の拡大を実現するには十分ではないようだ。オランダ病を克服し、石油収入を産業多角化に結びつけるには、さらに包括的な政策や新たな方針が必要である。

エジプトやチュニジアなどの石油輸入国では、構造調整によってクローニー資本主義が顕在化した。

構造調整は、経済の行き詰まりを打破するための改革として、多くの国でIMFからの融資条件を満たすために実施された。一部の政権は、構造調整によって政治権力が弱体化しないよう、改革によって生じる利権の配分をコントロールした。政権に近い取り巻きの勢力（クローニー）に国営企業の売却や許認可権の付与を行ったのである〔Schiffbauer et al. 2015〕。その結果、権力者を中心とする「特権層のネットワーク」が強化され、独占的に利益を得るようになった。このような権力者とその取り巻きが利益を独占する状態を「クローニー資本主義（縁故資本主義）」と呼ぶ。こうした政治的動機による利益配分と規制緩和は市場競争を歪めた。

二〇一〇年代の民主化運動「アラブの春」後、エジプトでは政権崩壊によって特権層のネットワークが解体された。一四年のスィースィー政権発足後は、政府自らが事業実施主体として、再び経済開発を主導するようになり、取り巻きが利益を得る機会が減少したために、クローニー資本主義は後退した。しかし、その代わりに軍が公共事業の多くを請け負うなど、経済開発で生じる利権は軍に配分されるようになった〔Sayigh 2019〕。政府と軍の緊密な関係は、市場競争を歪める新たな要因となっている。

◆経済開発と政府の役割

前節までで見たように、中東諸国の経済開発は、近代工業の黎明期から現在まで、政府を中心にして展開されてきた。なかでも、工業化は、政府が最も重視した分野だった。しかし、政府主導で始まった石油輸入国の輸入代替工業化は国際競争力を持てず、債務危機に至った。そのため、一九八〇年代以降、各国の政府は輸出志向の工業化に転換し、また構造調整政策によって民間部門の拡大を打ち出したが、これまでに輸出品目となった重工業製品は、外資企業の進出で発展したトルコとモロッコの自動車産業など、限られた品目に留まる。

政府主導の輸入代替工業化とその後の構造調整は、国際開発潮流に沿ったものであり、他地域の開発途上国の歩みとも一致する。しかし、中東の石油輸入国では、構造調整以降も工業部門で国際競争力を持つ国内民間企業は少なく、工業化による経済成長は実現していない。その理由の一つとして、政府の民間部門に対する支配を指摘できる。エジプトでは、前節で論じたように、構造調整で生じる利権の配分をコントロールすることで、一部民間企業と結託した。こうした権威主義体制による権力維持のための統治は、市場競争を阻害し、民間部門の拡大を妨げた。

他方で、石油輸出国は権力維持のために「クローニー資本主義」を模索する必要性はなかったが、莫大な石油収入が「オランダ病」を発現させ、工業部門の拡大を困難なものとした。石油輸出国の政府は、石油資源を経済成長に結びつけるため、ビジネス環境の改善や補助金による事業コストの低減など、民間部門の支援と育成に取り組んでいる。それは工業部門だけでなく、サービス部門も含めた産業多角化を推進する政策となっている。

「アラブの春」後、多くの中東諸国において、新たな長期開発方針として、包括的な開発ビジョンが策定された。そこでの経済開発は、従来の工業化と産業多角化を拡張し、国際潮流に沿ったアイデアと技術で高付加価値産業を創出しようとするものになっている。具体的には、ＩＴや再生可能エネルギーを活用して持続可能な経済成長を追求するもので、その拠点となる巨大新都市の建設やグリーン・エネルギー事業が始まっている。

しかし、その中心に位置づけられているのは公的部門であり、政府主導の経済開発という枠組みは一九八〇年代までと同様である。今後、新たな枠組みでの開発が進むなかで、政府と民間部門の関係はどのように変わるのか注目される。

参照文献

加藤博『ムハンマド・アリー――近代エジプトを築いた開明的君主』山川出版社、二〇一三年。

Badeeb, Ramez Abubakr, Hooi Hooi Lean, and Jeremy Clark. 2017. "The Evolution of the Natural Resource Curse Thesis : A Critical Literature Survey", *Resource Policy*, 51.

Cammett, Melani. 2007. "Business-Government Relations and Industrial Change : The Politics of Upgrading in Morocco and Tunisia," *World Development*, 35(11).

Cammett, Melani, Ishac Diwan, Alan Richards, and John Waterbury. 2015. *A Political Economy of the Middle East*, Westview Press.

Energy Institute (EI). *Statistical Review of World Energy 2023*. (https://www.energyinst.org/statistical-review　二〇二三年九月三〇日閲覧)

Issawi, Charles. 1980. "De-Industrialization and Re-Industrialization in the Middle East since 1800," *International Journal of Middle East Studies*, 12(4).

Mien, Edouard and Michaël Goujon. 2022. "40 Years of Dutch Disease Literature : Lessons for Developing Countries," *Comparative Economic Studies*, 64(3).

Sayigh, Yezid. 2019. *Owners of the Republic : An Anatomy of Egypt's Military Economy*. Carnegie Endowment for International Peace.

Schiffbauer, Marc, Abdoulaye Sy, Sahar Hussain, Hania Sahnoun, and Philip Keefer. 2015. *Jobs or Privileges : Unleashing the Employment Potential of the Middle East and North Africa*. World Bank.

U.S. Energy Information Administration. (https://www.eia.gov/international/overview/world　二〇二三年九月三〇日閲覧)

United Nations. 2022. "Department of Economic and Social Affairs Population Division," *World Population Prospects 2022*. (https://population.un.org/wpp/　二〇二三年九月三〇日閲覧)

World Bank. *World Development Indicators*. (https://databank.worldbank.org/source/world-development-indicators　二〇二三年九月三〇日閲覧)

2 石油／脱石油

堀拔功二

「石油の世紀」と中東

ダニエル・ヤーギン著の『石油の世紀』〔ヤーギン 一九九一〕は、出版から三〇年以上が経ち、今や石油に関する古典的な文献の一つになった。同書は、一九世紀後半から二〇世紀にかけての世界における石油の開発や政治的な駆け引き、さまざまな人間ドラマ、そして石油とカネをめぐる生々しい関係を描写したモノグラフだ。中東に割かれる紙数は非常に多いことから、中東がいかに「石油の世紀」と呼ばれた二〇世紀を支えてきたかがわかるだろう。

二〇世紀初頭に中東各地で石油が発見され始めると、中東は世界の一大エネルギー供給源へと成長した。西側は相次いで中東を目指して油田を探し、石油の確保に力を入れた。石油は二つの大戦によって、その戦略的物資としての位置づけを強固なものにした。石油は内燃機関の燃料として自動車や船、飛行機を動かし、さらには石油化学製品としてさまざまな用途に用いられるようになったのである。最近では環境への配慮から石油の代替製品の使用が進みつつあるが、依然として石油のない暮らしは考えづらい。今日では、西側先進国だけでなく、中国やインドのような新興経済大国も中東から大量の石油を輸入している。改めて指摘するまでもなく、中東の地政学的重要性は、石油という資源の存在に由来するのである。

本章では、石油が中東に一体何をもたらしたのかを考えていくことにしよう。それは同時に、中東が世界の石油需要の拡大を通じて存在感を増し、私たちの日常生活と切り離せなくなった過程を学ぶことでもある。まず初めに石油の基本的な情報を確認する。次に中東における石油開発の歴史を振り返る。続いて石油が中東政治をどのように支えてきたのか、そのメカニズムに注目する。そして石油がもたらす経済的な課題について考えていこう。さらに、中東と石油に関わる新たな論点を、気候変動問題をめぐる石油とそれに代わる新しいエネルギーの視点から議論したい。なお、議論は中東の石油生産の中心地である湾岸諸国（クウェート、サウディアラビア、バハレーン、カタル、アラブ首長国連邦［ＵＡＥ］、オマーン）を念頭に進めていく。

石油の基礎知識

中東と石油について議論する前に、そもそも石油とは何かについて確認する。石油（petroleum）とは地下に埋積される可燃性の炭化水素資源（化石燃料とも呼ばれる）で、一般的には液体状のものを指す。油田から採掘され、水分などを処理した状態のものをとくに原油（crude oil）と呼び、これを石油化学プラントで精製することにより自動車用燃料のガソリンや暖房用の灯油、船舶用燃料の重油などに加え、化学製品の原材料になるナフサも作られる。さらにナフサを精製するとエチレンやプロピレンなどの石油化学基礎製品が作られ、それらはプラスチックや、マスクに不可欠な不織布、オムツの吸水ポリマー、洗剤や医薬品などの原材料になる。私たちの日常生活は石油によって支えられているのだ。

石油と同様に重要な炭化水素資源である天然ガスについても確認したい。天然ガス（natural gas）とはガス田や油田から噴出する気体のことである。常温常圧では気体のため、消費地へはパイプラインを用いて輸送するか、マイナス一六二度に冷却して液化天然ガス（ＬＮＧ）にして船舶やタンクローリーを使って輸送することになる。天然ガスは、主には発電用燃料や都市ガス原料として用いられており、ほかにも天然ガスを原料としてアンモニアやエチレンなども作られる。化石燃料を燃やすと二酸化炭素（CO_2）が排出されるが、天然ガスからの排出量は石炭や石油よりも少ないため、環境への負担が少ない。

世界における一次エネルギー（石炭や石油、天然ガスなど自然状態で存在するエネルギー）の消費量は年々増加しており、二〇二〇年は新型コロナウイルスの世界的な流行によりエネルギー消費量が一時的に落ち込んだが、今後はさらに増える見通しである。このなかで石油は、二〇一九年時点で消費される一次エネルギーの三一％を占めており、依然として重要であることがわかる。また天然ガスも二三％を占めており、クリーン・エネルギーとしての需要は今後も伸びるだろう〔ＥＤＭＣデータバンク〕。

それでは、その石油はどこで生産されているのか。二〇二〇年時点における中東（北アフリカを含む）における石油の確認埋蔵量は、世界全体の五二％を占めており、また生産量は世界の三四％を占めている。また、中東は天然ガスの生産地としても知られており、二〇二〇年における天然ガスの確認埋蔵量は世界全体の四三％を占めており、生産量は世界の約二二％に上る。日本は一九七七年にアブダビからＬＮＧを輸入して以来、中東から天然ガスを輸入しており、今日でも中東産ＬＮＧは全輸入量の約一〇％を占めている〔Energy Institute 2023〕。

◆中東における石油開発史

それでは、中東における石油開発の歴史をごく簡単に見ていこう。一八五九年にアメリカ・ペンシルベニア州で石油生産が本格的に始まると、石油開発の波が瞬く間に世界へ広がった。中東では、一九〇一年にイギリス人ビジネスマンのウィリアム・ダーシー（一八四九〜一九一七年）がペルシア政府から石油利権を獲得し、本格的な石油探鉱・開発が始まった。そして、一九〇八年にイランで大規模油田が発見され、一九一二年から石油輸出が始まった〔ヤーギン 一九九一〕。

イランやイラク、アラビア半島における石油生産の可能性に注目が集まるのに、それほど時間はかからなかった。欧米の主要な石油企業は相次いで地元の支配勢力との間で採掘の許可を取りつけ、地質学者や技術者を現地へ送り込んで探査活動を始めた。湾岸諸国ではアメリカのガルフ石油とカリフォルニア・スタンダード石油がバハレーンで石油開発を始め、一九三二年に商業規模の生産が可能になった。バハレーンは一九三四年に湾岸諸国で初めて石油を輸出する国になり、その相手国は日本であった〔保坂 二〇一四〕。その後、一九三〇年代から六〇年代にかけて湾岸諸国の各地で商業規模の油田が発見され、順次生産が始まった（表1）。

当時、石油は探鉱から開発、生産、価格決定、販売に至るまで、欧米の石油企業（メジャーズ）が牛耳っていた。そのため、産油国の石油収入は決して多くなく、各国では次第に不満が高まっていった。そこで、中東産油国は石油会社に対して採掘権料の引き上げを求めたり、利益を折半したりするよう要求した。イランでは同地で操業していたアングロ・イラニアン石油（現ＢＰ）に対する国民感情が悪化

表1　中東における石油関連データ

国　名	石油発見年*1	商業生産／輸出開始年	確認埋蔵量*2（10億バレル）	生産量*3（千バレル）	可採年数(年)	年間石油収入（ドル）*4
エジプト	1869	1913	3.1	613	14.0	190.58
イラン	1908	1912	157.8	3,822	139.8	1490.02
イラク	1927	1934	145.0	4,520	96.3	3506.52
バハレーン	1932	1934	0.2	190	―	4455.23
クウェート	1938	1946	101.5	3,028	103.2	24490.21
サウディアラビア	1938	1938	297.5	12,136	73.6	11507.34
カタル	1939	1949	25.2	1,768	38.1	22639.91
シリア	1956	1968	2.5	93	158.8	145.85
アルジェリア	1956	1958	12.2	1,474	25.0	1132.89
UAE	1958	1962	97.8	4,020	73.1	14698.90
リビア	1959	1961	48.4	1,088	339.2	551.54
オマーン	1962	1967	5.4	1,064	15.4	8027.92
チュニジア	1964	1965	0.4	40	32.7	110.68
スーダン	1979	1993	1.5	62	47.9	45.62
イエメン	1984	1986	3.0	81	86.7	82.62

＊1　商業規模の発見。　＊2　2020年末時点。
＊3　1日あたり，2022年末時点。　＊4　人口1人あたり，2022年推計。
〔Energy Institute 2023；EIA；World Bank；Arab Petroleum Research Center 2015；村上 2001〕をもとに筆者作成。

し、一九五一年に国有化が行われた〔ヤーギン 一九九一〕。このようにして資源ナショナリズムの時代が幕を開けることになる。産油国と石油会社の力関係は徐々に変化していき、一九六〇年にはイラン、イラク、クウェート、サウディアラビア、そして中米のベネズエラにより石油輸出国機構（OPEC）が設立された。その後、一九六二年の国連総会で「天然資源の恒久主権」が決議され、さらには一九七三年の第四次中東戦争の勃発と石油危機の発生により、中東を含む産油国の立場はよりいっそう強化されたのである。湾岸諸国は相次いで石油企業を国有化し、国営石油会社を中心とする生産体制に移行していった。国営石油会社は国家収入の大半を稼ぎ出す重要機関になったため、多くの優秀な人材や技術が集積するようになった。その後の湾岸諸国の発展を語るうえで、国営石油会社が果たした役割は大きい。

ここで、日本の石油企業の中東進出についても少しだけ触れたい。資源を持たない日本にとって、石油の確保は戦前からの重要課題であった。戦後、日本は復興の道を歩むなかで一九五五年頃から高度経済成長を迎えることになり、エネルギー確保は再び喫緊の課題になった。岸信介政権は一九五七年、中東における石油利権の獲得や開発に対して政府が必要な措置と支援を行う旨の閣議決定を行った。そして、アラビア石油が一九五七年から五八年にかけてサウディアラビアとクウェートにまたがる中立地帯で権益を獲得し、一九六〇年にカフジ油田が発見された〔庄司 二〇〇七〕。その後も中東各地の石油開発・生産に日本企業が関与し、中東からの石油輸入量も増えていくことになる。原油の調達量や輸入コスト、硫黄分の多い中東産石油に合わせて設計された石油精製プラントなどの関係で、今日でも日本では石油の九割が中東から輸入されている。

レンティア国家の誕生

石油生産国である湾岸諸国は、一九七〇年代に石油ブームを迎えた。当時、石油は一バレルあたり三ドル程度で売られていたが、一九七三年の第四次中東戦争や一九七九年のイラン革命の影響を受け、石油価格は一〇倍にも跳ね上がった。この状況は、日本などの消費国にとっては「石油危機」にほかならなかったが、独立まもない湾岸諸国にとっては国家建設を推進するための原動力となった。政府は行政機関や教育制度を整備し、社会は急速に近代化した。砂漠の小さな村は瞬く間に大都市へと発展し、ドバイに代表されるグローバル・シティが誕生している。人々の生活の質も大きく向上した。たとえば「長寿・知識・人間らしい生活」の水準を指数化した人間開発指数（ＨＤＩ）は大きく向上しており、湾岸諸国の二〇二一年のＨＤＩの平均（〇・八六一）は、アラブ諸国の平均（〇・七〇八）を大きく上回り、人間開発高位国に位置づけられている〔UNDP 2022〕。

さて、湾岸諸国のように石油や天然ガスなどの収入（レント収入）によって成り立つ国家は「レンティア国家」と呼ばれる。レントは「不労所得」「金利所得」と訳されることがあるように、生産的な経済活動をしていなくても、産油国には文字通り湯水のように石油収入が入ってくる。湾岸諸国の政治システムは世襲の君主が支配する君主体制であり、二一世紀に入った今日でも権威主義的な統治が続いている。君主は国民にさまざまな形でレントを配分し、その見返りとして体制への忠誠や支持を調達するのである。この議論は、一九八六年にベブラウィとルチアーニが発表した著作〔Beblawi and Luciani 1987〕によって本格化し、現在でも理論的な修正が加えられながら、湾岸諸国の政治体制の持続性を説明する議論に用いられている。

レンティア国家の特徴は、石油収入の外生性と非稼得性にある。外生性とは、国家の外から収入の大半がもたらされるということであり、非稼得性とは石油産業に従事しない多くの国民がその富の配分の恩恵を受けることである。また税収への依存が相対的に小さいため、納税者による政治参加を抑制するという特徴もある〔松尾 二〇一六〕。湾岸諸国の国家財政を見ると、平均して歳入の六二％は石油・天然ガス収入であり、税収やそれ以外の収入の割合は少ない。また資源収入は国内外で投資されており、その運用益も歳入に組み込まれていることを考えると、依然として湾岸諸国は資源収入に依存していることがわかるだろう（図1）。

それでは、君主たちはどのように国民へ資源配分を行うのであろうか。湾岸諸国の国民の多くはこれまで公務員として雇用されてきており、これが最大の資源配分になる。また個人所得税がなく、無償で大学教育や医療を受けられるし、社会保障や福祉制度も充実している。電気代や水道料金も安価に抑え

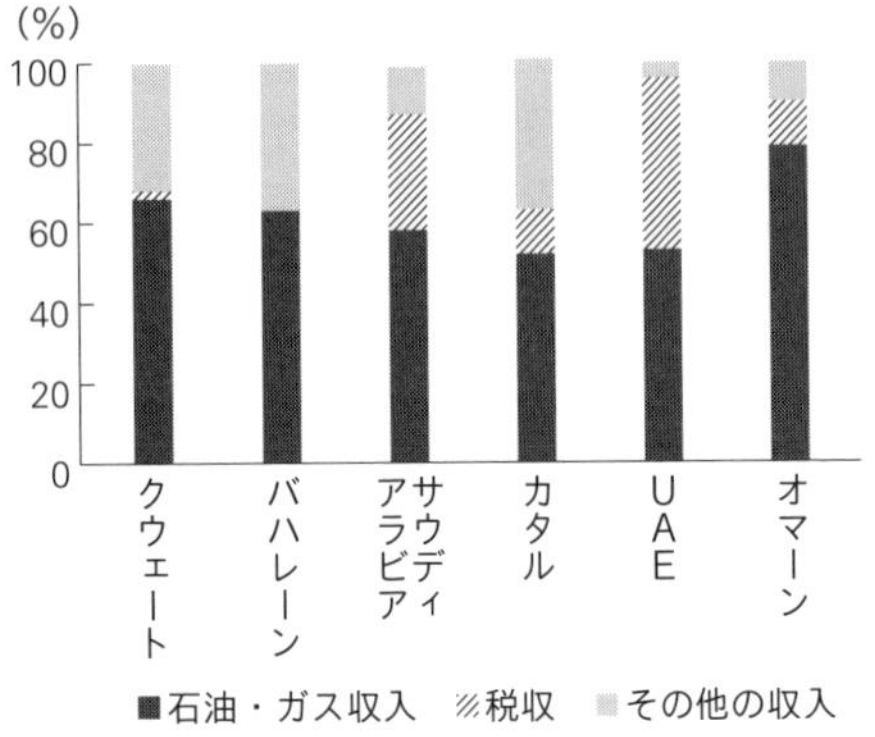

図1　湾岸諸国の2021年度国家財政に占める石油収入・税収の割合〔IMF 2022〕より筆者作成。

られているし、また整備されたインフラも資源配分の一種と見なすことができる。

たとえば典型的なレンティア国家であるカタルとUAEを事例に、具体的な配分の方法を見てみたい。湾岸諸国で一人あたりGDPが最も高いカタルでは、国民の八四％が政府部門で働いている〔Planning and Statistics Authority 2021〕。またカタル国民の所得は非常に高く、二〇一二年から一三年の家計調査によると平均世帯月収（家賃・光熱費補助を含まない）は七万二七〇〇カタル・リヤール（約二八四万円）となっている〔Planning and Statistics Authority 2014〕。ちなみに、物価や税制などは異なるが、二〇一三年の日本における世帯月収の平均が約四四万円であることからも、その所得の高さがうかがえるだろう。またUAEでは一定の所得の国民は無償で住宅を取得でき、所得制限を超える世帯でも住宅建設にあたっては無利子で住宅ローンを組むことができる。モデル住宅のパンフレットには、住宅の中央部にマジュリス（応接間）や多数の居室があり、家事労働者用の部屋まで標準的に付いている（図2）。仮に政府からこれほどまで手厚い資源配分を受けられるとすれば、支配体制を批判できる国民はどれほどいるだろうか。

ただし、湾岸諸国の国民や社会を、体制に懐柔され政治的な意思を持たない人であると決めつけることはできない。手厚い社会保障は国民の間で「権利」として認識されているし、国家の成熟に伴い資源

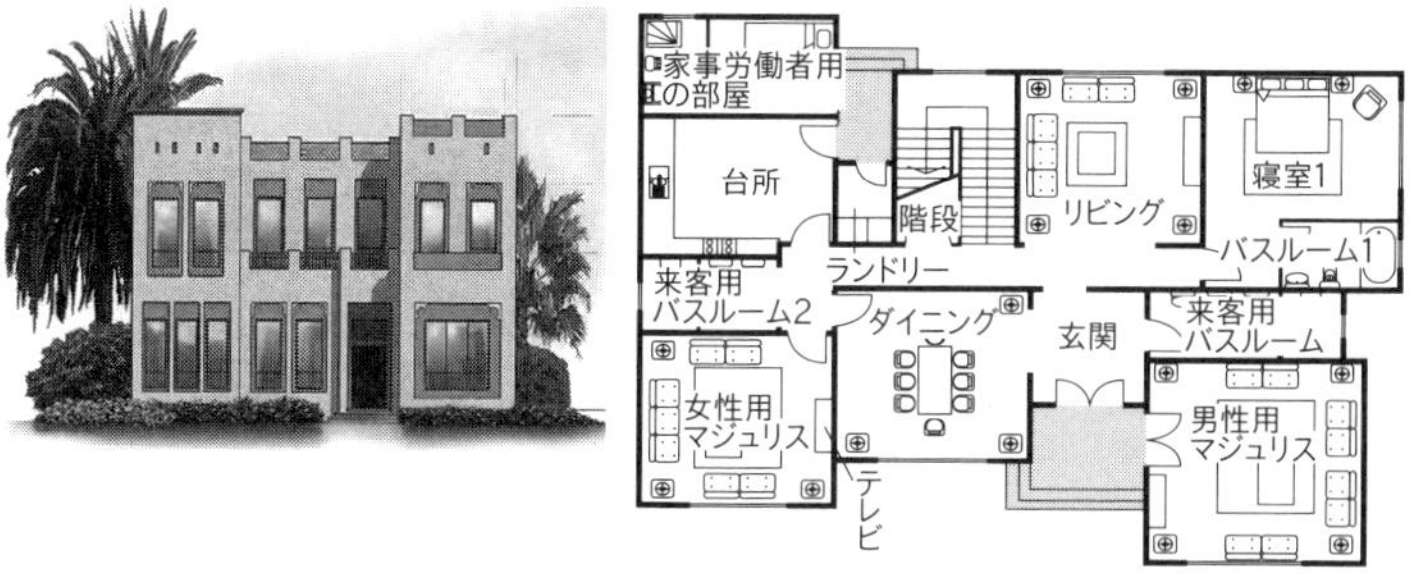

図2　UAEの国民向けモデル住宅の外観・間取り（2階建ての1階部分）
〔Sheikh Zayed Housing Programme 2013〕

配分よりも政治的・社会的自由を重視する人も出てきた〔堀拔 二〇二二〕。そもそも、国民人口が増加傾向にあるなかで、一人あたりの配分は長期的に減少せざるをえない。すでにサウディアラビアやバハレーン、オマーンの政府部門では若者を雇用し切れなくなっており、民間での就職を促している。このような社会経済的な変容に合わせて、レンティア国家論の議論もアップデートされている。

「石油の呪い」と経済多角化の要請

資源のない日本から見ると、石油の富に溢れる湾岸諸国は実にうらやましい。しかしながら、石油への経済的・財政的な依存はマイナスの効果をもたらすことが、さまざまな研究によって明らかにされている。「石油の呪い」（oil curse）という言葉がある。もともと「オランダ病」や「資源の呪い」として知られているように、資源収入に依存する国家は自国の通貨高を招き、輸入が促進され、他方で国内産業が競争力を失い衰退していく傾向が見られる。とくに石油という国際的な貿易商品の場合、「呪い」としての効果がより強く見られる。「呪い」は民主主義を阻害し、女性の政治参加を阻み、紛争などの暴力を引き起こしやすくすると考えられている〔ロス 二〇一七)。また国民の間に政府への過剰な依存心を生んでしまうという問題もある。

むろん、今日の湾岸諸国にとって石油収入は「祝福」に違いなく、「呪い」の悪影響をはるかに覆い隠すものである。しかしながら、将来にわたり石油収入が湾岸諸国や君主体制を支えていけるかどうかには、多くの懸念がある。現状においても湾岸諸国の国家財政は、石油価格が安い時期に大幅な財政赤字に陥りやすい。そしてレントを継続的に国民に配分できなければ、君主体制の存続が疑問視される。

それでは、将来の経済的・財政的な不透明性が広がるなかで、湾岸諸国はいかにこれらの問題を乗り越えようとしているのだろうか。湾岸諸国の支配者たちは「開発ビジョン」と呼ばれる国家開発計画を発表しており、とりわけ経済・産業の多角化に力を入れている(3-4「中東でのビジネス」参照)。湾岸諸国はこのようなビジョンに沿って、金融やIT、製造、物流・運輸、観光、スポーツなど成長性のある経済部門への投資を拡大している。開発ビジョンは経済多角化と同時に、国民の雇用創出という目的もある。もはやレントを国民全員に十分配分できる時代は過ぎ去ろうとしており、オマーンやバハレーン、サウディアラビアでは、ビジョンの実現に向けて君主たちの政治手腕が問われている。

◆脱炭素化時代の石油開発と新エネルギーの行方

筆者が子どもの頃、「石油はあと三〇年で枯渇する」という話を耳にしたことがある。しかし、それから三〇年経った今でも石油は枯渇しておらず、むしろ埋蔵が確認される資源量は増えている。油田の新規発見に加え、技術進展や高油価により、これまでは商業生産が不可能であった油田から石油が採掘できるようになったからである。ところが、最近では石油が枯渇する前に、石油の需要がピークを迎え、それ以降減少してしまう不安のほうが強まっている。それは、気候変動問題と大きく関わっている。

地球は温暖化しており、それによってさまざまな気候的・環境的な問題が引き起こされていることがよく知られている。地球の気温は一八世紀後半の産業革命の頃から約一度程度上昇すると推計されている。わずか一度、と思うかもしれないが、これにより、世界各地では干ばつや豪雨などの異常気象や、氷河や氷床が溶け出すことによる海面上昇など、深刻な問題が起きている。気候変動の影響は国境を超えるため、すべての国が真剣に取り組まなければならないグローバルな問題である。

その原因は、人間の生活や経済活動によって排出されるCO_2やメタンなどの温室効果ガス（GHG）であり、石炭や石油、天然ガスなどの化石燃料は主要な排出源になる。これらの問題に対応するために、エネルギー源を化石燃料からよりクリーンなエネルギーに転換（脱炭素）したり、排出するCO_2と吸収・回収するCO_2の量を均衡させたりする（カーボン・ニュートラルやネットゼロと呼ぶ）ことが、国際的な議論の主題になっている。国際社会は地球の気温上昇を産業革命前から二・〇度、できれば一・五度以内に抑制することで合意しており、二〇五〇年までにCO_2排出量のネットゼロを目指している。

世界は気候変動問題に対応するために脱炭素化の議論を進めており、化石燃料の使用を削減・廃止する方向に動いている。たとえばEUとイギリスは二〇三五年にガソリン・ディーゼル自動車の新車販売を停止する方針を掲げており、より環境に優しい電気自動車への転換を促している。エネルギー分野で脱炭素が進むと、当然ながら石油の消費量が減ることになる。国際エネルギー機関（IEA）は二〇五〇年までにネットゼロを達成するためには、石油の消費量を現在の日量約一億バレルから二〇五〇年までに日量二四〇〇万バレルにまで削減する必要があるとのシナリオを描いている〔IEA 2023〕。もしかすると、石油が枯渇するより前に、石油が使われなくなる時代のほうが早く到来するかもしれない。そう

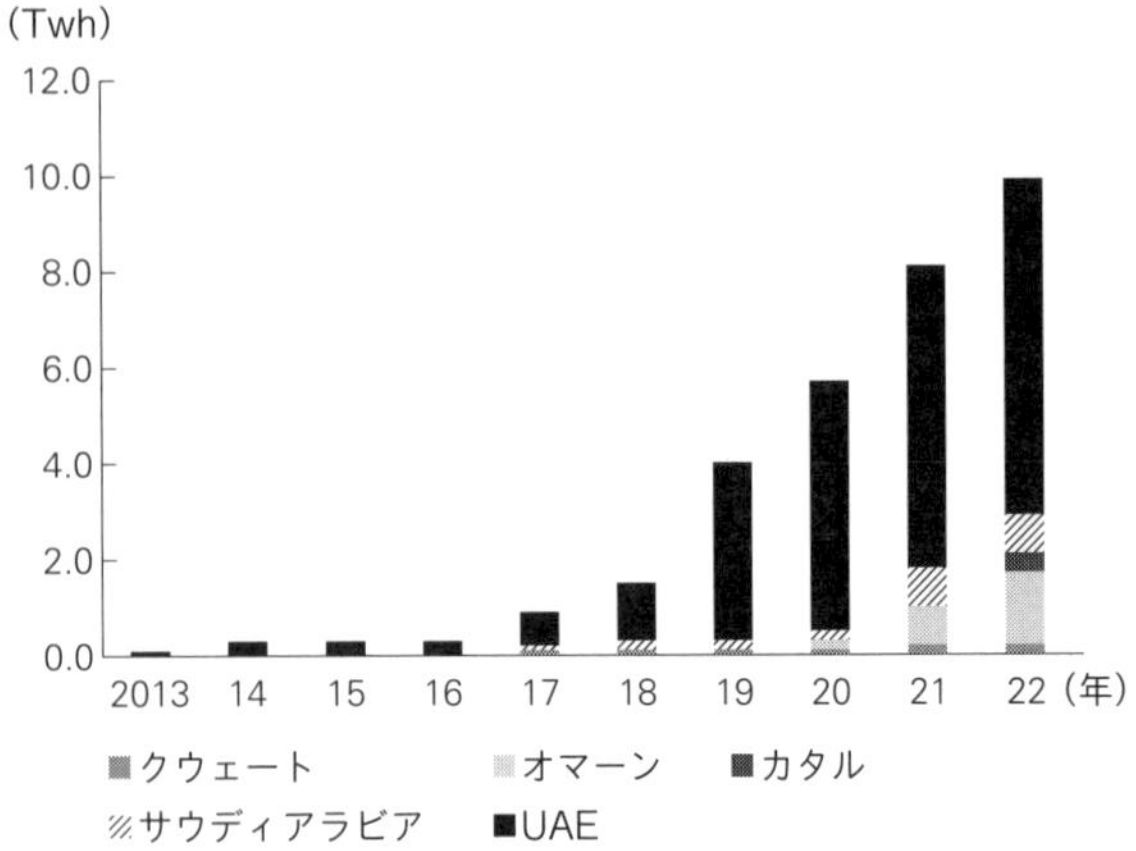

図3　湾岸諸国における太陽光発電量の推移（2013-22年）
〔Energy Institute 2023〕より筆者作成。

なると、湾岸諸国は石油収入を失い、レンティア国家として存立しえなくなる。また資源配分を通じて維持してきた君主体制も不安定化するだろう。そのため、湾岸諸国は化石燃料の使用削減に難色を示しており、エネルギーとしての石油の重要性を繰り返し訴えている。

とはいえ、湾岸諸国も気候変動の被害を受けるため、CO_2の排出量の削減に取り組む必要がある。各国は再生可能エネルギーの導入目標を設定し、またNDCと呼ばれる自主的なGHG排出削減目標を掲げている。またUAEは二〇五〇年まで、サウディアラビアは二〇六〇年までのカーボン・ニュートラル実現を宣言している。国内のエネルギー需要の伸びに対応しつつ、CO_2の排出量を減らすため、太陽光発電の導入が各地で広まっている（図3）。また二〇二三年には国連気候変動枠組条約第二八回締約国会議（COP28）がUAEで開催された。COP28の成果文書の取りまとめに際し、「化石燃料の段階的削減・廃止」が焦点の一つになった。先進国や島嶼国がこれを強く主張したものの、湾岸諸国をはじめとする産油国は抵抗した。最終的に「エネルギーシステムにおける化石燃料からの移行」という表現に落ち着いたように、UAEは議長国としても、また産油国としても現実的な落とし所を探ったと言えるだろう。

また湾岸諸国は脱炭素の潮流に手をこまねいているだけではない。脱炭素化が進展し、化石燃料を使わなくなる時代が来る前に、おおむね二つの戦略を採用して問題を乗り越えようとしている。第一に、石油や天然ガスを価値あるうちに開発し、現金化してしまおうとする戦略である。将来的な化石燃料の需要減少予測に反して、各国の国営石油会社は二〇二〇年代後半から三〇年代にかけての生産目標を引き上げている。ここには生産コストの優位性を武器に、エネルギー市場で影響力を維持する狙いがある。第二に、その資金を元手に経済多角化を進めるほか、水素やアンモニアなどのクリーン・エネルギーの開発を進め、その一大輸出拠点を目指すという戦略である。水素とアンモニアは燃焼時にCO_2を排出しないため、将来的な需要の増加が見込まれている。水素はもともと工業原料として使われており、最近では燃料電池を使った水素自動車も少しずつ普及してきた。また発電して余った再生可能エネルギーを使って水素を製造することにより、エネルギーを無駄なく貯蔵することも可能になる。アンモニアはこれまで肥料として使われてきたが、石炭火力発電で混焼すればCO_2の排出量削減もできる。ただし、現状では水素もアンモニアも既存の化石燃料に比べて生産コストが高く、また需要家（消費者）の確保も必要になるため、クリーン・エネルギーとして広く使うためには乗り越えるべき課題がまだまだ多い。

二〇世紀が「石油の世紀」だったとすれば、二一世紀は後々「脱炭素の世紀」と呼ばれるかもしれない。石油の富を享受して発展してきた湾岸諸国は、またそこを支配してきた君主体制は、はたして「脱炭素の世紀」を生き残れるのであろうか。その答えは簡単に出せるものではないが、一つ言えることは、湾岸諸国の将来は石油消費国である私たちの将来とも密接に関係しているということである。

参照文献

ＥＤＭＣデータバンク「世界の一次エネルギー消費（石炭）（石油）（天然ガス）（原子力）」（https://edmc.ieej.or.jp/　二〇二三年一二月一八日閲覧）

庄司太郎『アラビア太郎と日の丸原油』エネルギーフォーラム、二〇〇七年。

保坂修司「日本と湾岸の石油――バーレーン石油輸入80周年」『中東協力センターニュース』二〇一四年六／七月号、二〇一四年。

堀拔功二「アラブ首長国連邦におけるインフォーマルな政治と交渉――部族ネットワークの政治的再利用の検討」日本比較政治学会編『インフォーマルな政治制度とガバナンス』ミネルヴァ書房、二〇二一年。

松尾昌樹「グローバル化する中東と石油――レンティア国家再考」松尾昌樹・岡野内正・吉川卓郎編『中東の新たな秩序』ミネルヴァ書房、二〇一六年。

村上勝敏『世界石油年表』オイルリポート社、二〇〇一年。

ヤーギン、ダニエル『石油の世紀――支配者たちの興亡』上・下巻、日高義樹・持田直武訳、日本放送出版協会、一九九一年。

ロス、マイケル・Ｌ『石油の呪い――国家の発展経路はいかに決定されるか』松尾昌樹・浜中新吾訳、吉田書店、二〇一七年。

Arab Petroleum Research Center. 2015. *Arab Oil & Gas Directory 2015*. Stratégies et Politiques Energétiques.

Beblawi, Hazem and Giacomo Luciani eds. 1987. *The Rentier State*. Croom Helm.

EIA (U.S. Energy Information Administration) Website.（https://www.eia.gov/　二〇二三年一二月一八日閲覧）

Energy Institute. 2023. *Statistical Review of World Energy 2023*.（https://www.energyinst.org/__data/assets/pdf_file/0004/1055542/EI_Stat_Review_PDF_single_3.pdf　二〇二三年一二月一八日閲覧）

IEA. 2023. *Net Zero Roadmap: A Global Pathway to Keep the 1.5°C Goal in Reach*.（https://www.iea.org/reports/net-zero-roadmap-a-global-pathway-to-keep-the-15-0c-goal-in-reach　二〇二三年一二月一八日閲覧）

IMF. 2022. *IMF Article IV Staff Reports.*（湾岸諸国各国版　https://www.imf.org/en/Publications/SPROLLs/Article-iv-staff-reports#sort=%40imfdate%20descending　二〇二三年一二月一八日閲覧）

Planning and Statistics Authority. 2014. "MDPS Announces Household Income and Expenditure Survey results."（https://www.psa.gov.qa/en/statistics1/Pages/LatestStats/2065179.aspx　二〇二三年一二月一八日閲覧）

———. 2021. *Labor Force Sample Survey 2020 : Statistical Analysis.*（https://www.psa.gov.qa/en/statistics/Statistical%20Releases/Social/LaborForce/2020/statistical_analysis_labor_force_2020_EN.pdf　二〇二三年一二月一八日閲覧）

Sheikh Zayed Housing Programme. 2013. *Namādhij Zāyid : al-Ṭabʻa al-ʼŪlā 2013.*

UNDP. 2022. *Human Development Report 2021/22.*（https://hdr.undp.org/system/files/documents/global-report-document/hdr2021-22pdf_1.pdf　二〇二三年一二月一八日閲覧）

World Bank. *Population, total.*（https://data.worldbank.org/indicator/SP.POP.TOTL　二〇二三年一二月一八日閲覧）

3　イスラーム金融

長岡慎介

中東が牽引するイスラーム金融

イスラーム金融は、書いて字のごとくイスラームの教えに基づいて展開される金融実践のことである。宗教と金儲けが結びつくこの奇妙なビジネスが今、国際金融システムのなかで躍動している。二〇二二年末時点での世界のイスラーム金融資産総額は、三兆二四五五億米ドルであり、一〇年前と比べて倍増している〔Islamic Financial Services Board 2013, 2023〕。イスラーム金融サービスが提供されている国の数も五〇カ国を超えている。そこには、イスラーム諸国だけでなく、イギリスやフランス、ドイツといった欧米諸国も含まれている。ＨＳＢＣやスタンダード・チャータードのようなグローバル金融機関もイスラーム金融市場に参画しており、イスラーム金融は国際金融システムの一翼を担っている。

中東地域は、そうしたイスラーム金融の成長を牽引している。世界のイスラーム銀行の規模ランキングでは、中東のイスラーム銀行がそのトップ一〇のほとんどを占めている（一〇行中八行〔The Banker 2022〕）。全体の資産規模で見ても、中東が世界のイスラーム銀行資産の約八割を占めている〔Islamic Financial Services Board 2023〕。各国の銀行市場のシェアに目を向けると、中東ではイスラーム銀行が高いシェアを占めている国が少なくない。たとえば、サウディアラビアは七四・九％、クウェートは五一・〇％、カタルは二八・六％、アラブ首長国連邦（ＵＡＥ）は二二・七％、ヨルダンは一七・八％、バハレーンは一六・一％である〔Islamic Financial Services Board 2023〕。これらの国では、イスラーム金融は普段使いの金融システムとして人々の経済活動に浸透しているのである。

本章では、このように成長めざましいイスラーム金融について、その理解に欠かせない中東の三つの場所——エジプト、ヒジャーズ、ドバイ——を順に訪れながら、イスラーム金融のしくみと発展の歴史を追いかけてみたい。

エジプト——揺籃の地

イスラーム金融の最初の一歩は、一九六三年、エジプトの首都カイロから北へ八〇キロに位置するミート・ガムルという町で始まった。その仕掛け人は、エジプト人経済学者アフマド・ナッジャール（一九三二〜一九九六年）である。ドイツに留学し、協同組合と貯蓄銀行制度を学んだナッジャールは、地方における金融アクセスの確保と経済振興のための貯蓄銀行をエジプト農村部に作ることを画策した〔山田 二〇一〇〕。

しかし、銀行設立に至るまでの過程で一つの大きな問題に直面した。それは、主な顧客として想定している地方の敬虔なムスリムたちが銀行を忌避していたという点である。彼らにとって、銀行はヨーロッパ列強が持ち込んだものであり、イスラームで禁じられている利子を取る信仰にそぐわない代物であった。

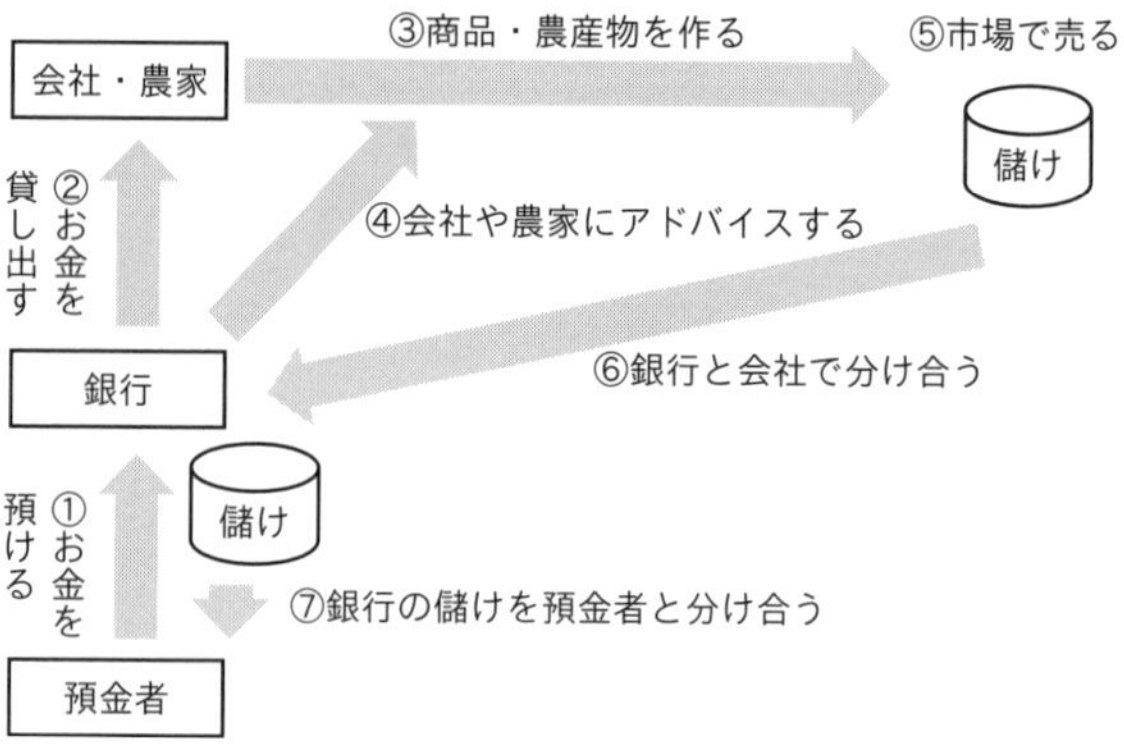

図1　ムダーラバのしくみ

ナッジャールは、敬虔なムスリムでも使ってもらえるように一計を案じ、無利子で貸し借りのできるしくみを導入した。それは「ムダーラバ」と呼ばれる次のようなしくみである（図1）。まず、預金者が自分のお金を銀行に預ける。お金を預かった銀行は、それを会社や農家に貸し出す。返済期限が来たら、会社や農家はお金を銀行に返すが、利子は付けない。その代わりに、生産した商品や農産物を売って得られた儲けの一部を銀行に分ける。この儲けがさらに預金者に分配されることになる。借り手のビジネスが成功すれば、貸し手が受け取る儲けも増える。他方、ビジネスが失敗すれば、貸し手の儲けはなくなってしまう。そのため、貸し手の銀行や預金者はあたかも共同事業者のように借り手のビジネスに積極的に口を出す。これがムダーラバの特徴である。

　銀行が開業すると、信仰に適った金貸しだとして多くのムスリムが銀行に殺到した。創業の地の名を冠したこの銀行（ミート・ガムル銀行）は大成功を収めたのである。その後、エジプトでは、一九七一年に政府によってナーセル社会銀行が作られた。ナーセル社会銀行は、社会開発に重点を置いており、現在までエジプトの低所得層に対する金融アクセスの保障の機能を担っている。銀行のしくみには、ナッジャールが編み出した無利子のしくみが採用されており、ミート・ガムル銀行の志が引き継がれている。

一九七〇年半ばからイスラーム金融の商業実践が本格化していくと、ナッジャールはその振興に熱心に取り組んだ。一九七七年にイスラーム金融の業界団体である国際イスラーム銀行協会が設立されると、その事務局長を務めた。ナッジャールは、経済と社会のバランスのとれた発展を説いており、イスラーム金融はそれに資する画期的なしくみだと考えていた〔al-Najjār 1972〕。その思想と行動精神は、イスラーム金融が急成長を遂げ、その社会的役割が活発に議論されている今、再び注目を集めている〔Orhan 2018〕。

ナーセル社会銀行本店　エジプト・カイロ，2018年3月。

ヒジャーズ――知の拠点

アラビア半島の西岸に位置するヒジャーズ地方は、七世紀に預言者ムハンマド（五七〇頃～六三二年）がイスラームを開き、その後のイスラーム文明の礎となったあらゆる思想や制度が育まれた土地である。このヒジャーズ地方は、現代のイスラーム金融にとってもその発展を支えた重要な場所となっている。

現代世界にイスラームの教えに適った無利子金融の必要性が叫ばれるようになったのは、二〇世紀半

キング・アブドゥルアズィーズ大学のイスラーム経済学研究センターで開催された，マッカ会議の開催30周年を祝う記念会議の様子
サウディアラビア・ジェッダ，2008年３月。

ばのことである〔長岡 二〇一一〕。ヨーロッパ列強によってもたらされた資本主義の弊害が、イスラーム世界各地で顕在化した時期である。北アフリカから東南アジアにかけてのイスラーム世界の各地で、無利子金融のさまざまなアイデアが出され、実現が模索された。

しかし、一九六〇年代まで、そうした各地での試みは必ずしも相互に連携したわけではなく、散発的なものであった。先に取り上げたエジプトのミート・ガムル銀行は、先駆的な成功例であるが、ナッジャール本人の熱意とそれを支えた少数のエジプト人学者の支援によるところが大きかった。

ヒジャーズ地方は、そうしたイスラーム世界各地の試みを一つに束ねるのに大きな役割を果たした。その先鞭を付けたのが、一九七六年に聖地マッカ（メッカ）で開催された国際会議（通称マッカ会議）である。この会議には、イスラーム世界の各地から経済学者、イスラーム法学者、金融実務家など総勢一八〇名が集い、六日間にわたって議論が行われた。この会議によって、それまで個別にイスラーム金融の実現のために取り組んでいた人々の間で、同じ目標に向かっているという連帯感が生まれた。それは、「イスラーム経済学」という新しい学問領域が誕生した瞬間でもあった〔Ahmad 1980〕。

この会議をきっかけに、イスラーム金融を支える知的インフラの整備が急速に進んだ。会議翌年には、ヒジャーズ地方随一の大都市ジェッダにあるキング・アブドゥルアズィーズ大学にイスラーム経済学研究センター（二〇一一年より研究所に昇格）が設けられた。さらに、一九八一年には、同じくジェッダに本拠を置くイスラーム開発銀行の附属組織として、イスラーム研究教育インスティテュート（ＩＲＴＩ、二〇二一年にイスラーム開発銀行研究所に改称）が設けられた。

これらの研究機関には、イスラーム世界各地から著名な研究者や実務家が集まり、イスラーム金融に関わる理論・実証研究が盛んに行われた。彼らは、「ジェッダ学派」とも呼ばれ〔Hasan 2005〕、英語とアラビア語のバイリンガル（ＩＲＴＩはそれに加えてフランス語）で発信された研究成果は、現在まで商業イスラーム金融の実践に大きな影響を与えている。

ドバイ——グローバルハブ

超高層ビルが林立するドバイは、中東産油国の発展を象徴する街である。同時に、ドバイは世界で初めて商業イスラーム銀行が作られた場所でもある。その銀行（ドバイ・イスラーム銀行）は、地元の敬虔な商人たちの出資によって設立され、一九七五年に業務を開始した。彼らは、一九七三年に起こった石油危機に伴う膨大なオイルマネーによって資金力をつけ、銀行の設立にこぎ着けたのである。とくに、サイード・ビン・アフマド・ルータ－フ（一九二三〜二〇二〇年）は、ドバイの有力商人の一人であり、長らく経営トップとして陣頭指揮を執った〔Abdul Alim 2014〕。

ドバイ・イスラーム銀行の開業は、無利子という特異な特徴から、遠く離れた『ニューヨーク・タイ

ドバイ・ポートサイード地区
奥がドバイ・イスラーム銀行本店（新社屋），手前がシャルジャ・イスラーム銀行。2017年４月。

ムズ』や『ウォール・ストリート・ジャーナル』でも取り上げられたが、その論調は冷ややかだった。しかし、実際には、エジプトのミート・ガムル銀行の時と同じように、多くの敬虔なムスリムたちを惹きつけた。ある者は自宅のタンス預金を鞄一杯に詰めて銀行にやって来て、またある者は西洋型の銀行からの融資の返済を繰り上げて、資金の融通を求めに来たという開業当時のエピソードは、現在も行員によって語り継がれている。ドバイ・イスラーム銀行の創業の地であるドバイのポートサイード地区は、現在、多くのイスラーム銀行の支店が集まる中東随一のイスラーム銀行街となっている。

　ドバイ・イスラーム銀行の成功を聞きつけた周辺諸国の企業家や商人たちは、自分の国での銀行設立を模索し始めた。一九七〇年代後半には、湾岸産油国を中心に、クウェート、エジプト、スーダン、ヨルダン、バハレーンで商業イスラーム銀行が相次いで設立された。さらには、一九七九年には、エジプトの西洋型銀行の老舗であるミスル銀行が、「イスラミック・ウィンドウ」と呼ばれるイスラーム金融を専門に扱う支店を開設した。中東地域の金融業界にとって、イスラーム銀行がいかに魅力的なビジネスだったのかがよくわかるだろう。

　イスラーム金融は、二〇〇〇年代に入り、その成長をさらに加速させた。一九七〇年代のブームの後、湾岸産油国ではイスラーム銀行の新規設立が落ち着いていたが、この時期、再びブームが到来し、同地域のイスラーム銀行の数は、二〇〇〇年代の一〇年間で九行から二五行へ約三倍に増えた。とくに、ドバイのあるＵＡＥでは、六つのイスラーム銀行が作られた。そのうち、二行は西洋型銀行からの業態転換であり、イスラーム金融への需要の高さを物語っている。

　こうした急成長の背景には、同時期の原油価格の高騰によるオイルマネーの流入がある。一九七〇年代のイスラーム金融勃興期との大きな違いは、巨額の投資に対応できる新しい金融商品が開発された点である。「スクーク」と呼ばれる新しい金融商品は、事業に対して少額から投資ができるしくみである。投資をした人は、投資額に応じてそれらの事業からの儲けを受け取ることができる。事業が成功すれば、受け取る儲けも増えることになり、ここにもミート・ガムル銀行のムダーラバの精神が生きている。こうしたスクークによって、イスラーム金融は、オイルマネーを使った湾岸産油国の都市開発に大きな役割を果たした。世界一高いビルとして知られるドバイのブルジュ・ハリーファも、スクークによって建設資金が調達されている。

　二〇〇〇年代は、湾岸産油国のイスラーム銀行が積極的に海外進出をした時期でもあった。なかでも老舗のドバイ・イスラーム銀行は、パキスタン、ヨルダン、キプロス、スーダ

パキスタンに進出したドバイ・イスラーム銀行
パキスタン・ラホール，2018年2月。

ン、ボスニア・ヘルツェゴビナ、インドネシア、ケニアの銀行市場に参画し、広大なイスラーム金融ネットワークを構築した。

二〇〇八年にアメリカを震源として発生した世界金融危機は、中東地域にも大きな影響を与えた。イスラーム金融もその影響を免れることはできなかったが、西洋型銀行と比べて回復が早かった。そのため、危機に強い金融システムとして、世界中の金融実務家や投資家の注目を集めた。

こうした世界的な動向を受けて、ドバイ首長国政府は発展戦略の核となる産業としてイスラーム金融を位置づけた。とくに、金融特区であるドバイ国際金融センターは、イスラーム金融のグローバルハブとして機能している。また、二〇一三年には、ムハンマド首長の肝入りでドバイ・イスラーム経済発展センターが設立され、金融以外の産業へのイスラーム経済の拡大を後押ししている。

イスラーム金融の新しい挑戦と地球社会の未来

最後に、今、中東地域で始まりつつあるイスラーム金融の新しい挑戦を紹介したい。一つは、フィンテックと呼ばれる新しい金融技術のイスラーム金融への応用である。この取り組みの中心もドバイである。

たとえば、二〇一五年には、世界初のP2Pレンディングのイスラーム版が、ドバイに本拠を置くフィンテック企業ビーハイヴによって開始された。P2Pレンディングとは、銀行を介さずにインターネットを通じて借り手と貸し手を結びつける新しい金融のしくみの一つである。二〇二一年には、同じくドバイに拠点を置くベーヌード財団が、中東初のNFTアートの仲介会社を立ち上げた。NFTアートとは、デジタルデバイス上で作られたアートのことで、暗号通貨などで使われるブロックチェーン技術（暗号技術を使って情報を参加者全員で記録・管理する技術）の活用によって資産価値を付与することが可能になったものを指す。この会社は、イスラーム金融とも連携した事業の展開を視野に入れているという。

さらに、二〇二三年には、イスラミック・コインと名づけられた世界初のイスラーム型暗号通貨が、ドバイ拠点の同名ベンチャー企業によって開始された。暗号通貨がイスラーム的に認められるかどうかについては、現在でもその是非をめぐる議論が続いている。暗号通貨に反対する論者は、貨幣価値の変動が激しく、イスラームが禁じる投機的取引に相当する点を批判する。他方、賛成する論者は、顔の見えない貸し借りの関係がもたらした現代の金融資本主義の弊害を、取引の非匿名性を特徴とするブロックチェーン技術を利用する暗号通貨が乗り越える可能性を高く評価している〔長岡 二〇二一：Billah 2019〕。こうした議論が続くなかで始まったイスラミック・コインの行方に多くの人々の注目が集まっている。

イスラーム金融のもう一つの新しい挑戦は、持続可能な社会の構築への貢献である。持続可能な開発目標（SDGs）が叫ばれて久しいが、イスラーム世界でも宗教理念と融合した独自の持続可能社会の実現に向けたさまざまな取り組みが始まっている。

とくに、ジェッダに拠点を置き、一九七三年の設立当初からイスラーム諸国の社会経済開発の支援を続けてきたイスラーム開発銀行は、イスラーム金融を通じた持続可能社会を模索する動きを牽引している。たとえば、二〇二五年までにイスラーム開発銀行が実施する融資総額の三五％を地球温暖化抑止のためのプロジェクトに限定することを宣言している。実際に、二〇二二年にはほぼ目標に近い割合（三

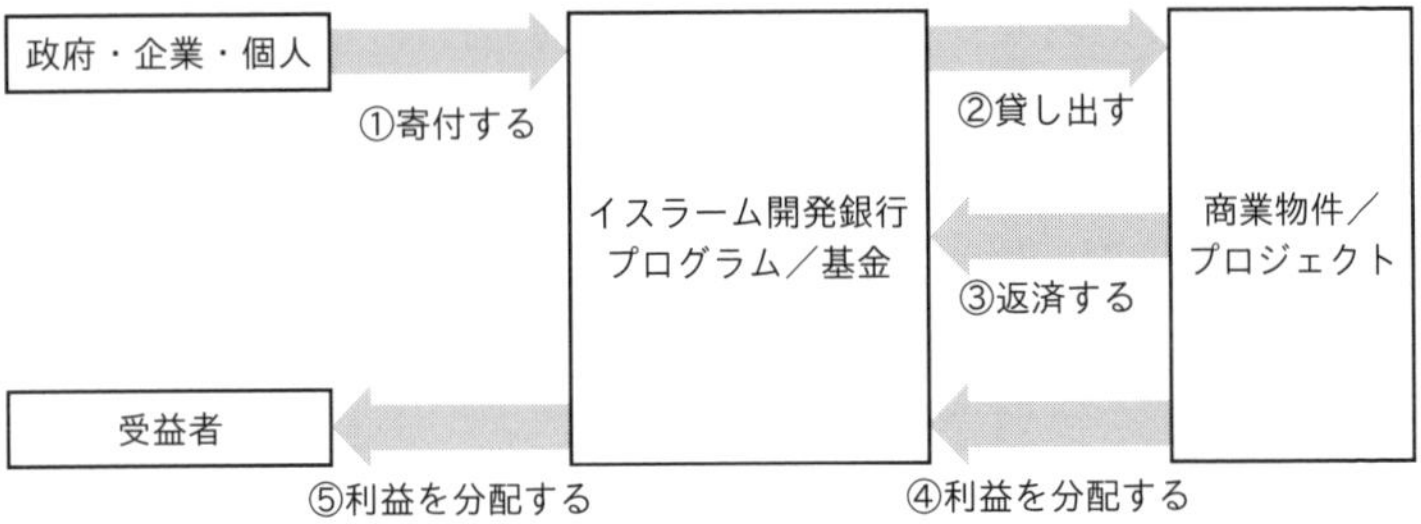

図2　ワクフとイスラーム金融が結びついた基金のしくみ

三%）を実現している〔Islamic Development Bank 2022〕。また、二〇一七年から発行が始まったグリーン・スクーク（温暖化関連プロジェクトに投資対象を限定したスクーク）の約四分の一は、イスラーム開発銀行によるものとなっている〔Refinitiv 2022〕。

　このほかに、イスラーム開発銀行は、若者の起業支援プログラム、子ども基金、社会福祉基金などを創設している。これらのプログラムや基金は次のようなしくみによって運営されている（図2）。まず、加盟国政府や企業、個人からプログラムや基金への寄付を募る。イスラーム開発銀行はその資金を使ってなんらかの商業物件やプロジェクトに投資する。その後、投資した資金はイスラーム開発銀行が回収し、物件やプロジェクトからの利益の一部を受け取る。その利益を使ってプログラムの運営や基金の受益者への分配を行う。この一連の流れのなかで、集めた寄付をビジネスに使って、そこから上がる利益を社会のために還元するしくみは、イスラーム世界で伝統的に用いられてきた「ワクフ」と呼ばれる独自の相互扶助のしくみである。しかし、集めた寄付を貸し出して、元本を回収したうえで利益を分け合うのは、イスラーム金融のムダーラバのしくみにほかならない。このように、伝統的な制度と現代に生まれた金融手法を組み合わせることで、富を社会経済問題の解決に還元する新たなしくみが生み出されているのである。

以上で見てきたイスラーム金融における新しい実践は、フィンテックやＳＤＧｓといった望ましい地球社会の未来を構想するグローバルな潮流と軌を一にしている。しかし、それは単にグローバルな潮流がイスラーム金融に影響を及ぼしているという一方的なものではなく、イスラーム金融の側からも地球社会全体に新しい知見を提起しているという双方向的な関係性が築かれている。エジプトの一農村でムスリムの信仰実践のために始まり、中東各地で発展してきたイスラーム金融は、今や「中東」や「イスラーム」の枠を飛び出して、人類共有リソースの一つとしての役割を期待され始めているのである。

参照文献

長岡慎介『現代イスラーム金融論』名古屋大学出版会、二〇一一年。
――「新しい経済を構想する――ポスト資本主義とイスラーム」西尾哲夫・東長靖編『中東・イスラーム世界への30の扉』ミネルヴァ書房、二〇二一年。
山田俊一「エジプトにおけるイスラーム金融の展開と問題点」濱田美紀・福田安志編『世界に広がるイスラーム金融――中東からアジア、ヨーロッパへ』アジア経済研究所、二〇一〇年。
Ahmad, Khurshid ed. 1980. *Studies in Islamic Economics*. The Islamic Foundation.
Abdul Alim, Emmy. 2014. *Global Leaders in Islamic Finance : Industry Milestones and Reflections*. John Wiley & Sons Singapore.
Billah, Mohd Ma'Sum ed. 2019. *Halal Cryptocurrency Management*. Palgrave Macmillan.
Hasan, Zubair. 2005. "Islamic Banking at the Crossroads : Theory versus Practice," in Munawar Iqbal and Rodney Wilson eds. *Islamic Perspectives on Wealth Creation*. Edinburgh University Press.
Islamic Development Bank. 2022. *Annual Report 2022*.（https://www.isdb.org/sites/default/files/media/documents/2023-05/Annual%20Report%202022.pdf　二〇二三年七月一〇日閲覧）
Islamic Financial Services Board. 2013. *Islamic Financial Services Industry Stability Report 2013*.（https://www.ifsb.org/publication-document/islamic-financial-services-industry-stability-report-2013/　二〇二三年七月七日閲覧）

――――― 2023. *Islamic Financial Services Industry Stability Report 2023*.（https://www.ifsb.org/publication-document/islamic-financial-services-industry-stability-report-2023/　二〇二三年一一月一三日閲覧）
al-Najjār, Ahmad Muhammad ʻAbd al-ʻAzīz. 1972. *Bunūk bi-lā Fawā'id : Ka-Istirātījīya lil-Tanmiya al-Iqtiṣādīya wa-al-Ijtimāʻīya fī-l-Duwal al-Islāmīya*. Jāmiʻa al-Malik ʻAbd al-ʻAzīz.（イスラーム諸国の経済社会発展戦略としての無利子銀行）
Orhan, Zeynab Hafsa. 2018. "Mit Ghamr Savings Bank : A Role Model or an Irreplicable Utopia?" *The Journal of Humanity and Society*, 8(2).
Refinitiv. 2022. *Green and Sustainability Sukuk Report 2022*.（https://www.globalethicalfinance.org/wp-content/uploads/2022/10/Financing_A_Sustainable_Future_Web.pdf　二〇二三年七月一〇日閲覧）
The Banker. 2022. "The Banker's Top Islamic Financial Institutions 2022."（https://www.thebanker.com/Investment-Banking/Islamic-Finance/The-Banker-s-Top-Islamic-Financial-Institutions-2022-1667464723　二〇二三年七月七日閲覧）

4 中東でのビジネス

齋藤　純

◆中東における日本

中東における企業や経営に関する研究は、開発途上国の経済発展の過程での企業部門の役割や拡大する雇用を吸収するための企業成長といった一般的な開発経済学や経済開発論の分野に留まらず、石油経済からの経済多角化、イスラーム経済、積極的な外国人労働力の導入、強権的な政府部門との関係、拡大する中国経済の影響など中東諸国特有の事象を考慮すべきであるという点で、他地域の企業研究と比較して大きな学術的探究の魅力がある。

中東諸国の街に降り立つと、多くの日本の製品やサービスを目にすることができる。ドバイなど湾岸諸国の大型ショッピングモールには、無印良品やＤＡＩＳＯなどの店舗が出店しており、地元消費者や観光客でにぎわっている。スーパーマーケットには、キッコーマンの醬油やニップンの天ぷら粉、伊藤園の日本茶などの日本食材が並べられることも増え、日本食材が地元消費者に受け入れられつつあることだけでなく、日本人駐在員にとっても日本食の入手が容易になってきていることがわかる。また、近年では地元の大型書店やホビーショップに日本のコミックやアニメのＤＶＤ、ゲーム、フィギュアやプラモデルが置かれるようになっており、日本のエンターテインメント・コンテンツ市場も着実に拡大してきている。

こうした最近の中東市場の変化は、中東諸国と日本との長年にわたる貿易取引関係や企業の進出、盛んな人的交流の積み重ねが重要な背景になっている。本章では、現在の中東におけるビジネスの状況を、貿易関係や日系企業の進出状況、また、近年中東諸国で拡大しているハラール・ビジネスやエンターテインメント産業などから概説する。

中東の貿易関係

中東諸国は、伝統的に欧米や日本を含む先進国向けに原油・天然ガスを輸出し、先進国の工業生産製品を輸入するという構造で貿易関係を拡大してきた。国際通貨基金（ＩＭＦ）の統計によると、一九七〇～九〇年代には、中東諸国と先進国諸国間の貿易額は、中東諸国の貿易総額の六八～七八％を占めており、中東諸国にとって欧米諸国や日本が最重要貿易パートナーであった（表1）。とくに、湾岸産油国にとっては、輸出の大半を占める石油・天然ガス輸出の大きさを反映し、その輸出先である欧米先進国と日本は主要貿易相手国として大きな割合を占めていた〔齋藤 二〇二三〕。

しかしながら、二〇〇〇年代以降、中東諸国の貿易産品や相手国などの構造は大きく変化しつつある。とくに、二〇一〇年以降には、中東諸国の主要貿易相手国は、新興国・開発途上国が中心になっており、とりわけ中国（一二～一五％）とインド（八～九％）のシェアが拡大していることが特徴である。中国とインドなどの新興国の急速な経済発展と国内市場の拡大に伴って石油の消費量も増加の一途を辿ってき

表1　中東諸国の貿易総額（100万ドル）と相手国の割合（％）

	1970年代	80年代	90年代	2000年代	10年代	2022年
貿易総額	82,579	224,548	257,033	880,084	1,752,286	2,226,712
先進国	78	73	68	50	42	35
日本	15	17	14	11	8	5
新興国・開発途上国	19	24	27	42	49	56
中国	1	1	2	9	12	15
インド	1	2	3	7	8	9
中東諸国	6	8	9	13	13	13

貿易総額は輸出額と輸入額の合計。2022年以外は年間貿易額の平均値。相手国は貿易総額に占める各国貿易額の比率。〔IMF〕より筆者作成。

た。

日本、中国、韓国のアジア三カ国は、二〇一〇年代に石油輸入の約八〇％を中東諸国に頼っており、欧州の二五％、アメリカの一七％と比較しても、湾岸産油国への依存度が高い。中国は石油輸入量の二一％をサウディアラビア、一二％をイランから輸入している。概算によると、湾岸産油国は中国の石油輸入の四五％を担っていた〔Ehteshami 2013〕。二〇〇〇～一〇年代の中東諸国と先進国諸国間の貿易額は、中東諸国の貿易総額の四二～五〇％までに低下しており、それに対して同期間の新興国・開発途上国（四二～四九％）との貿易関係が大きく増進することになった（表1）。直近の統計データによると、湾岸産油国の鉱物性燃料（石油・天然ガスが中心）の輸出額（二〇二〇年）のうち中国が占める割合は、クウェートが二五％、カタルが一六％、アラブ首長国連邦（ＵＡＥ）が一六％、バハレーンが三％となっており、湾岸産油国の鉱物性燃料の輸出先として、中国の重要性は近年とくに高まっている〔齋藤 二〇二三〕。インドも同様に、湾岸産油諸国について、貿易・商業関係を拡大する必要がある、主要な地域グループの一つと見なしている〔Seethi 2013〕。

また、近年における湾岸産油国と新興市場国間の貿易関係の拡大に関して、鉱物性燃料と同様に重要性が増しているのは、消費財貿易である。

二〇〇〇年代以降の湾岸産油国への潤沢な石油収入の流入は、湾岸産油国とその他中東諸国の消費の刺激につながった。折しも、二〇〇〇年前後に湾岸産油国と新興市場国が世界貿易機関（WTO）に加盟したこと（UAEは一九九六年四月、クウェートとバハレーンは一九九五年一月、カタルは一九九六年一月、オマーンは二〇〇〇年一一月、サウディアラビアは二〇〇五年一二月、インドは一九九五年一月の設立時から、中国は二〇〇一年一月）も湾岸産油国と新興市場国間の貿易をさらに促進することにつながった。

二〇〇〇年代以降の、中東諸国の経済発展と市場拡大が、中東諸国間の貿易を拡大したことも指摘しておきたい。エジプトやヨルダンなどの中東諸国から多くの労働者が、急速な経済開発が進む湾岸産油国へ移動した。紛争や国内不安に見舞われた中東地域において相対的に安定していた湾岸産油国は、多くのヒト・モノ・カネを惹きつけ、他方で潤沢なオイルマネーを国内経済開発だけでなく、ほかの中東諸国への投資に向けた。

企業の進出先としての中東諸国市場

多くの多国籍企業にとって、中東諸国は魅力的な進出先となりつつある。とくに二〇〇〇年代以降、新興市場国のエネルギー需要の増加により国際原油価格が上昇し、湾岸産油国を中心に巨額の石油収入が流入した。湾岸諸国政府は、潤沢な開発資金を背景に民間部門の発展と外資系企業の誘致を優先課題に掲げた。投資環境や競争法など、民間部門の拡大を目的とした制度の構築を急いだ結果、海外から多額の直接投資を呼び込むことに成功した。中東諸国向けの直接投資フローは、一九九〇年には八億ドルにすぎなかったが、二〇〇一年には七七億ドルに拡大し、ピークの二〇〇八年には八八〇億ドルを呼び

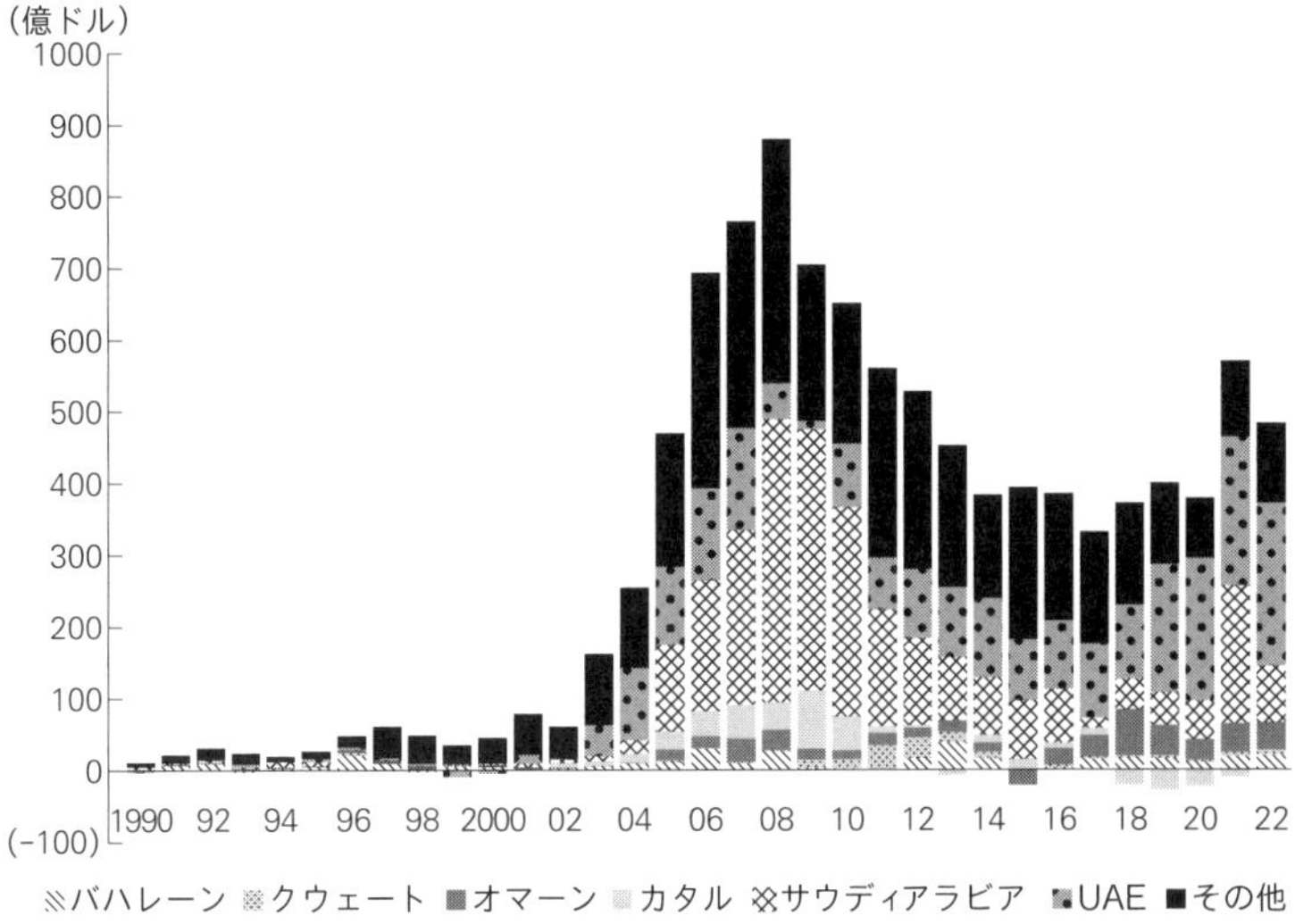

図1　中東諸国向け直接投資フローの推移〔UNCTAD〕より筆者作成。

込んだ（図1）。その内訳を見ると、UAE（五一億ドル）やサウディアラビア（三九五億ドル）などの湾岸産油国が、外資系企業にとって中心的な投資先となっていた。二〇二二年の中東向け直接投資の主要受け入れ国は、UAE（二二七億ドル）、サウディアラビア（七九億ドル）であり、コロナ禍やロシア・ウクライナ戦争による景気減速からの回復が望まれている。なお、湾岸産油国向けの海外直接投資の中心的な主体は、欧米諸国や日本、そのほかの湾岸産油国であり、中国やインドなど新興市場国からの投資は今後の拡大が期待される。

しかしながら、海外進出先を模索する多くの日系企業にとっては、中東諸国は依然としてフロンティアである。「海外進出日系企業拠点数調査二〇二二年調査結果」〔日本外務省〕によると、日系企業の海外拠点数約七・九万社のうち、アジア地域（約五・五万社）や北米（約一・〇万社）が大半を占めており、中東地域（九六二社）は地域別で見た場合に最も少ない地域となっている。日系企業にとっては、地理的に中東地域が遠いこと、紛争や治安などの懸念から進出先として優先順位が低く見積もられていることが考えられる。近年、中東諸国への日系企業の進出は着実に拡大しているものの、中東地域のなかでも、UAE（三三一社）とトルコ（二五九社）、サウディアラビア（一〇八社）、イスラエル（八五社）などの相対的にビジネス環境が良好な国々に進出先が集中していることも特徴である。

他方で、中東諸国のビジネス環境は、中東諸国政府による投資環境整備や企業誘致促進政策により近年急速に向上しつつあり、日系企業のみならず多くの外国企業を誘致する素地が整いつつある。世界銀行の「ビジネス環境改善指数」を見ると、集計された二〇二〇年の地域別スコアでは、中東・北アフリカ諸国は六〇・二でラテンアメリカ（五九・一）や南アジア（五八・二）、サブサハラ・アフリカ（五一・八）よりも高く評価されている〔World Bank〕。とくに、UAE（八〇・九、一九〇カ国中一六位）や、トルコ（七六・八、三三位）、イスラエル（七六・七、三五位）、バハレーン（七六・〇、四三位）などは、世界的にも魅力的なビジネス環境を備えており、多くの企業を惹きつけている。とくに、UAEでは、電力の取得コストや建設許可の処理コスト、不動産の登録、契約の執行などの点で他国よりも高く評価されており、ビジネス環境として中東地域でも抜きん出ている。トルコについては、不動産の登録、投資家の保護、納税、契約の執行などの点で高評価であり、多くの先進国・新興国企業の魅力的な進出先となっている。しかし、前記二カ国においても、信用の獲得や国境を越えた取引、破産の解決などについては多くのコストがかかり、海外からの進出企業にとっての障害として改善が望まれている。

日系企業による中東諸国の市場に対する評価については、さらに多様性に富んでいる。中東諸国に進出している日系企業を対象としたアンケート調査〔ジェトロ調査部中東アフリカ課 二〇二二〕によると、回答企業の約半数が、中東の投資環境について市場規模と成長性、対日感情の良さを高く評価している

表 2　中東諸国の投資環境の魅力と課題（上位 3 項目）

	投資環境の魅力		投資環境の課題	
	上位 3 項目	回答比率（%）	上位 3 項目	回答比率（%）
全体（N＝228）	市場規模，成長性	50.4	突然の制度導入や変更	55.7
	対日感情が良い	44.3	法制度の未整備・不透明性	53.9
	駐在員の生活環境	41.2	各種手続き等が遅い	38.2
UAE（N＝105）	駐在員の生活環境	69.5	法制度の未整備・不透明性	55.8
	フリーゾーン／経済特区などのメリット	66.7	突然の制度導入や変更	50.0
	税制面のメリット	61.0	人件費の高騰	36.5
サウディアラビア（N＝23）	市場規模，成長性	82.6	突然の制度導入や変更	83.3
	対日感情が良い	30.4	法制度の未整備・不透明性	70.8
	取引先など関係企業の集積	17.4	人件費の高騰	62.5
トルコ（N＝45）	市場規模，成長性	73.3	突然の制度導入や変更	77.8
	対日感情が良い	73.3	不安定な政治・社会情勢	73.3
	取引先など関係企業の集積	40.0	法制度の未整備・不透明性	44.4
イラン（N＝13）	市場規模，成長性	76.9	不安定な政治・社会情勢	100.0
	対日感情が良い	76.9	法制度の未整備・不透明性	92.3
	十分な労働者供給	38.5	外貨規制	53.8
イスラエル（N＝13）	言語，コミュニケーション上の障害が少ない	61.5	不安定な政治・社会情勢	69.2
	対日感情が良い	53.8	人件費の高騰	69.2
	市場規模，成長性	46.2	不動産賃料の高騰	61.5
カタル（N＝10）	安定した政治・社会情勢	60.0	突然の制度導入や変更	80.0
	インフラの充実	60.0	法制度の未整備・不透明性	70.0
	対日感情が良い	50.0	各種手続き等が遅い	70.0

〔ジェトロ調査部中東アフリカ課 2022〕より筆者作成。

（表2）。回答者は、従業員五〇名未満の中小企業で非製造業企業が多いが、中東諸国で今後有望視される分野として、再生可能エネルギーや、水素・アンモニアを利用したクリーン・エネルギーなどの脱炭素関連の新しいビジネスが挙げられる。サウディアラビアやトルコ、イランでは、現地市場や輸出の拡大による売上増加や成長性・潜在力の高さを理由に、現地での事業展開の拡大を計画しているとの回答を得ている。他方で、日系企業が中東諸国で事業を進めるうえでのいくつかの課題も指摘されている。同調査結果によると、突然の制度導入や変更、法制度の未整備・不透明性（UAE、サウディアラビア、トルコ、イラン、カタル）などの法制度面での問題が、過半数の企業にとって大きな課題となっている。また、コロナ禍の経済回復期にあたり不動産賃料の高騰を課題としている企業も多い。

ハラール・ビジネス

ハラールとは、イスラーム的に許容されたものを意味する。ムスリムにとって対象となる物や行為がハラール（許容）かハラーム（禁止）かを識別することは重要な意味を持つ。イスラームを順守する「ハラール経済」は、金融、食品、ファッション、メディア、旅行、医薬品、化粧品に至るまで幅広い分野にわたり、世界的に大きな市場になりつつある。カタル投資促進庁（IPA Qatar）の調査〔IPA Qatar 2023〕によると、世界的なハラール経済の市場規模は、二〇一五年の三・二兆ドルから二〇二五年には七・七兆ドルに拡大し、年平均成長率は九・二％と予測されている。ディナールスタンダードの推計〔DinarStandard 2022〕では、二〇二一年における世界のイスラーム金融の市場規模三・六兆ドルに次いで、ハラール食品市場は一・三兆ドルと大きな市場となっている。なお、以下、ファッション二九五〇億ドル、メディア二三一〇億ドル、旅行一〇二〇億ドル、医薬品一〇〇〇億ドル、化粧品七〇〇億ドルと推計されている。ハラール食品市場は、中東諸国でも大きな規模になっており、エジプトでは二〇二一年に一二〇一億ドル（インドネシア・バングラデシュに次いで世界第三位のハラール食品市場）、湾岸産油諸国でも五八二億ドルであり、国内外から多くの関連企業の参画を集めている。ハラール食品やサービスに対する需要は、ムスリムの消費者だけでなく、ハラール食品を倫理的かつ健康的で安全なものと見なす非ムスリムからも高まっている。また、オンライン配送アプリやクラウドキッチン（デリバリーやテイクアウト用食品のみを目的として商用厨房を使うビジネスモデル）などのハラール食品関連事業への投資も拡大しており、二〇二〇～二一年には同産業に三九・七億ドルの投資が行われたが、その主要投資国には、インドネシアとマレーシアに次いでＵＡＥが挙げられている〔DinarStandard 2022〕。

他方で、マレーシアを先行国として近年世界的に展開されている「ハラール産業」や「ハラール・ビジネス」については、マレーシアやインドネシアなどの東南アジア諸国と比べると中東諸国では依然として一つの確立された産業として捉えられていないことも指摘しておきたい〔桐原 二〇二二〕。たとえば、ドバイにおける飲食料品の生産については、ドバイ市庁食品安全局の監督を受けており、その監督下で生産された飲食料品は必然的にハラールとされるため、改めて「ハラール食品」として認証する必要がないためである。ドバイ首長国内で流通している国産飲食料品は、認証がなくとも「ハラール食品」であることが消費者にも認知されている。ただし、これらの中東諸国に海外から飲食料品やその他製品を輸入する際には、地域ごとあるいは各国ごとにハラール基準を含む複数の基準をクリアする必要がある。たとえば、ＵＡＥでは、湾岸協力理事会（ＧＣＣ）加盟六カ国およびイエメンにおける共通基準制定を行う組織として、ＧＣＣ標準化機構（ＧＳＯ）が定めた、ハラール共通基準をより厳格化したハラール製品コントロールシステムを、二〇〇一年に設立された連邦基準化計測庁（ＥＳＭＡ）の監督のもと管理している。

エンターテインメント産業

中東諸国とりわけ湾岸産油国は、近年、国内のエンターテインメント産業の育成に力を入れている。たとえば、サウディアラビアでは二〇一六年に長期国家開発計画として「サウジ・ヴィジョン二〇三〇」を掲げたが、そのなかで「文化とエンターテインメントの振興」を優先課題の一つとし、具体的には二〇三〇年までに国内の文化・娯楽活動に対する家計支出を、二〇一六年の二・九％から六％に引き上げるという数値目標を挙げている。また、文化活動とエンターテインメントの質を向上させるための国家プログラム「ダーイム（Daem）」を立ち上げ、必要な財政支援を行っている。アマチュア・社会文化クラブの設立を促進し、さまざまな文化活動や娯楽イベントを提供するようになった。

こうした政府の後援や国民のエンターテインメント需要の高まりを受けて、中東諸国ではサブカルチャー・コンテンツを対象とした各種イベントが開催されるようになった。二〇一七年二月には、「サウジ・ヴィジョン二〇三〇」プログラムの庇護のもと、コミックとポップカルチャーの大型イベント「サウジ・コミコン」が首都リヤドに次ぐ大都市のジェッダで開催され、多くの地元ファンでにぎわった。二〇一九年六月に東京で行われた「日・サウジ・ヴィジョン二〇三〇 ビジネスフォーラム」では、エンターテインメント分野における日本とサウディアラビア間の協力関係が提起され、とくにコミック・アニメ分野で、両国の新たな協力プロジェクトが進められることとなった。ＵＡＥでも二〇一二年から「中東フィルム・コミコン（MEFCC）」が毎年開催されており、アニメ、コミック、ゲーム、ファンタジー小説などの多くのファンを集めている。

近年では、日本と中東諸国のアニメ産業における取引も盛んに行われるようになってきている。UAE製の3DCGアニメーション『フリージ（FREEJ）』が、二〇一九年四月からTOKYO MXで放映され、ネット配信も行われた。日本のアニメ産業の協力によるサウディアラビアでのアニメ産業育成や、サウディアラビア資金による日本のアニメ・コンテンツの世界配信などの新たな動きも見られている。サウディアラビアのムハンマド・ビン・サルマーン皇太子直轄の「ミスク財団（MiSK Foundation）」（二〇一一年設立）は、二〇一九年にアニメ・ゲーム・コミックを制作することを目的としたマンガ・プロダクションズ社を設立した。同社は二〇二三年四月に中東諸国でも人気のサッカーコミック・アニメ『キャプテン翼』シリーズの制作会社TSUBASAと提携し、同シリーズの制作や配信などのプロジェクトで協力することを発表した。また、同社は、二〇二三年八月に日本のダイナミック企画とともに新しいロボットアニメ・シリーズ『グレンダイザーU』を世界に配給することを発表した。これらの日本のアニメ・コンテンツは長らく中東諸国でも人気を博していたが、中東諸国の資金を背景に国際配信や新シリーズの展開などを行っていることが特徴である。

日本の貢献

中東諸国のビジネス環境は、現在大きな転換点にある。中東諸国の貿易相手国は、欧米諸国や日本のような先進国から、中国・インドなどの新興国、そして中東域内諸国にシフトしつつある。また、湾岸産油国の脱石油経済化あるいは経済多角化の進展、経済開発の促進による消費市場の拡大によって、石油・天然ガスを基盤とした経済から非石油部門主体の経済構造への転換を図っている（3-2「石油／脱石油」参照）。さらに、中東諸国における消費市場の拡大は、現地消費者の購買力の拡大と嗜好の多様化をもたらし、ハラール・ビジネスやエンターテインメント産業の成長も強く望まれている。UAEやトルコなどの中東諸国における「ビジネス先進国」では、政府主導で主に国内民間企業の育成と海外企業の誘致のために、さまざまな事業コストの引き下げや投資促進政策を進めている。日系企業にとっては、農産物や日本食などの食品関連ビジネスやアニメ・コミック・ゲームなどのエンターテインメント関連ビジネスが、中東諸国の市場にも比較的マッチしやすい分野と考えられる。競合相手国となりうる中国やインド、そして中東諸国の企業の進出は、すでに始まっている。日系企業の中東市場におけるプレゼンスのさらなる拡大に期待したい。

参照文献

桐原翠『現代イスラーム世界の食事規定とハラール産業の国際化――マレーシアの発想と牽引力』ナカニシヤ出版、二〇二二年。

齋藤純「GCC諸国をめぐる企業進出と労働移動から見た経済関係の変化」日本国際問題研究所編『移行期にある国際秩序と中東・アフリカ』日本国際問題研究所、二〇二三年。

ジェトロ調査部中東アフリカ課「二〇二二年度 海外進出日系企業実態調査（中東編）」日本貿易振興機構、二〇二二年（https://www.jetro.go.jp/world/reports/2022/01/2de5a16a2686d1f2.html 二〇二三年一一月二〇日閲覧）。

日本外務省「海外進出日系企業拠点数調査二〇二二年調査結果」（https://www.mofa.go.jp/mofaj/ecm/ec/page22_003410.html 二〇二四年三月三日閲覧）。

DinarStandard. 2022. *State of the Global Islamic Economy Report.* (https://salaamgateway.com/specialcoverage/SGIE22　二〇二三年一一月二〇日閲覧)
Ehteshami, Anoushiravan. 2013. "Asianization of the Persian Gulf," in *Dynamics of Change in the Persian Gulf*, Routledge.
IMF. *Direction of Trade Statistics.* (https://data.imf.org/?sk=9d6028d4-f14a-464c-a2f2-59b2cd424b85　二〇二四年三月三日閲覧)
IPA Qatar, 2023. "Halal Economy Continues Steady Growth." (https://www.invest.qa/en/media-and-events/news-and-articles/halal-economy-continues-steady-growth 二〇二三年一一月二〇日閲覧)
Seethi, K. M. 2013. "India and the Emerging Gulf : Between 'Strategic Balancing' and 'Soft Power' Options," in Tim Niblock and Monica Malik eds. *Asia-Gulf Economic Relations in the 21st Century : The Local to Global Transformation*. Gerlach Press.
UNCTAD. *Investment statistics and trends.* (https://unctad.org/topic/investment/investment-statistics-and-trends　二〇二四年三月三日閲覧)
World Bank. *Ease of Doing Business rankings.* (https://archive.doingbusiness.org/en/rankings 二〇二三年一一月一九日閲覧)

コラム　ほんとうのバーザール

エキゾチックな穹窿《きゅうりゅう》の穴から光のさしこむ回廊が続くバーザール（ペルシア語で「市場」の意）は、長い歴史を誇るイランひいては中東の国々のアイコンである。多くの買い物客でにぎわうバーザールには、大量の物資が積まれた常設店舗のほかに商人たちのためのモスクや銀行、事務所、倉庫が並び、都市経済の中心として機能しながら古めかしい混沌とした活況を呈している。多くの中東研究者にとって「一度はその奥へ分け入ってみたい」と思わせる魅惑的な世界だ。

イランのバーザール研究には多様なアプローチがある。建造物としてのその構造的特徴を分析する建築学、バーザールのどの部分がいつ誰によって建設され拡張してきたかを都市発展の一環として捉える都市史、政治的アクターとしての「バーザール商人」が近現代の幾多の政変時に果たした役割を考察する政治史といったアプローチだ。

しかし肝心の経済活動の内容そのものについては明確なデータをもとに解明されているとは言えない。現実のビジネスが絡むセンシティブな数字はけっして表に出てくることがないからである。実態の掴みにくいバーザールを既存の経済理論によって分析することは至難の業だが、経済を専門としてイランを研究する筆者がぼんやりとバーザールの輪郭を捉えることができるようになったのは、まったく別の研究対象であるイランの繊維・アパレル企業を調査するなかでのことだった。

筆者はアジア経済研究所に入所した頃にイラン繊維産業の歴史を調べたことをきっかけに、一九九〇年代半ば以降イラン国内の繊維・アパレル企業の聞き取り調査を続けてきた。彼らの原材料調達や製品販売の方法などについてフィールドワークを重ねていくと、その流通経路にはしばしばテヘランの「大バーザール」が登場した。大バーザールは、生鮮食料品を除くあらゆる消費物資の集散地として機能する巨大な常設市場で、全国から卸・小売商が参集するため、ここでの卸し値が地方での販売価格の基準となることも多い。

繊維・アパレル製品の生産から販売までの経路

を辿り、生産企業や流通業者がそれぞれどのような場面で大バーザール内の業者と取引をするのかを観察するという、やや「斜め後ろ」からのアプローチのおかげで、魑魅魍魎の棲むごとき謎めいた大バーザールがイラン経済全体のなかでどのような位置にあるのかが見えてきたのである。

たとえば、大バーザールはたしかに国内流通の起点ではあるものの、ここですべてのランクの品物がそろうわけではない。大バーザールの商人たちは地方向けでやや洗練度の下がる廉価品を得意としているため、おしゃれなモノを探しに首都テヘランへ出張ってくる業者は大バーザールではなく、その外に形成されている他の店舗集積地へ回ることが多い。その意味では大バーザールはイラン国内の有力な流通機構のうちの一つにすぎないが、扱われる物量はけた違いで抜群の集客力がある。

一方で大バーザール内に店を構える業者は思いのほか入れ替わりが激しく、市場そのものが古い割に「老舗」は少ない。部外者が想像するような世襲の有力商人が牛耳る世界ではなく、むしろにわか商人が次から次へと参入・退出する競争的な市場だ。アパレル製品の生産企業が流通業者に転身して大バーザールで商品を売りさばくこともある。これほど知名度のある全国区の流通拠点であるにもかかわらず、既得権益を守ろうとする排他的な「支配者」がおらず、むしろ開放的な場所である。こうした観察は、一般のイラン人すら抱きがちな大バーザールの「特別」なイメージを少なからず修正するものだろう。

大バーザールそのものにいきなり切り込もうとして足しげくその場所に通い立ち並ぶ店を眺めても、そのような実態は容易にわからない。「誰が」「何を」「どのように」動かしているのかを見なければ、その経済的な機能は分析できないのである。繊維・アパレル製品という具体的なモノに着目してその流れを追ったことで、図らずも、みなが知りたい、調べてみたいと憧れる大バーザールを相対化することができた。そこは特別な大商人ばかりが占有する「伝統的」市場ではなく、日々売れ行きと資金繰りに頭を悩ませる普通の業者と新参の起業者とが入り乱れるきわめてダイナミックな市場だったのである。

（岩﨑葉子）

第 4 部
混迷する政治

Politics

岩のドーム（パレスチナ）

第4部　イントロダクション

末近浩太

中東の政治と聞くと、紛争や独裁といった負のイメージが頭に浮かぶかもしれない。たしかに日々のニュースは、パレスチナ・イスラエルにおける衝突やイスラーム主義者によるテロリズム、あるいは独裁政権に抗う民衆による抗議デモなど、中東における混迷する政治の姿を伝えてきた。そうしたなか、私たちは、「なぜ中東では紛争や独裁が続いているのか」といった漠然とした、それでいて素朴な疑問を抱くことが多い。そしてときとして、それが中東のそもそもの特徴であるかのように考えがちだ——中東の人々は民族や宗教といった「私たち」がすでに克服したと考えている前近代的な考え方に執着しているから、いつまでも仲良くできないのだ、と。

しかし、そうした考え方は正しいのだろうか。というのも、紛争や独裁は中東の政治にだけ見られる問題ではない。むしろ、世界では紛争の件数も独裁国家の数も高止まりが続いている。そもそも、私たちが見聞きする政治に関するニュースは、世界のどの地域であろうと明るい話題でないことが多い。中東をことさらに例外視、特別視する必要はないのだ。中東で起こっていることはほかの地域でも起こりうる。だとすれば、紛争や独裁が続く原因を考える時も、中東に特化した要素や説明に一目散に飛びつくことなく、何が「中東らしさ」で、何がそうでないのか、見極めようとする冷静な思考が必要となる。

4-1「世界のなかの中東」は、中東の政治のなかでも国際関係に着目し、その歴史的な展開を丁寧に追うことで、中東という地域が世界と地続きであるという現実を改めて描き出す。鍵となるのが域外大国の中東関与である。冷戦が終わってから三〇年以上が経つが、中東和平やイラク戦争、「対テロ戦争」などの大きな事件には常にアメリカが関わってきた。中東の政治は中東の内側で自己完結することなく、世界へと開かれている。だとすれば、中東で起こる数々の紛争の発生原因も中東の内側と外側の両方にありえることになる。

4-2「紛争」は、近年の中東ではテロ組織や社会運動といった非国家主体の台頭が目立つものの、紛争それ自体の発生原因は脅威認識の肥大化、土地や天然資源の争奪、そして、国家の統治能力の低さなどであり、中東以外の地域でも見られる要素が重要であることを説く。

「世界のなかの中東」と「紛争」の二つの章で論じられた基本的な考え方が活きるのが、4-3で論じる「パレスチナ問題」である。パレスチナ問題は、中東の政治のなかでも最も関心を集めてきたと同時に、最も誤解されてきたと言える。数千年の歴史的な対立やユダヤ教とイスラームとの宗教的な対立として語られがちだが、実際は本章が論じているように、一九世紀末以降に顕在化した一つの土地をめぐる二つの異なる主体――イスラエルとパレスチナ――による対立を基本的な構図としている。これにアメリカを主とする域外大国が関与することで、両者の対立が激化、緩和、多元化を見せてきた。

しかし、である。中東という地域が世界と地続きだとはいえ、いや、だからこそ、「中東らしさ」とは何かを考えなくてはならない。それを象徴する一つが、イスラームという宗教が中東の政治に関わり続けてきたという事実だろう。4-4「宗教と政治」では、西洋近代を範とする「私たち」が克服したと考えてきた宗教と政治の結びつきが中東でどのように展開されてきたのか、その多様な実態が描き出される。そして、政治と宗教の二項対立的な認識自体が中東の政治を見る目を曇らせてしまうことが指摘される。

中東という地域、そこで展開されている政治について語る時、希望に満ちた明るい展望を描くことができないことに苦しさを覚えるかもしれない。しかし、今起こっている問題の原因を正確に捉えようとする努力なしに、その解決の糸口を見出すことはできない。それは、辛くとも未来を見据えた知的営みである。

1 世界のなかの中東

今井宏平

国際関係のなかで中東を考える

本章では中東の国際関係に関して、歴史的な視点から確認していきたい。その前に、中東を世界的な視野で考える、言い換えれば国際関係論の視点から中東を学ぶ際の魅力について考えてみたい。筆者が中東を初めて意識したのは、小学三年生の時に起きた一九九〇年から九一年にかけての湾岸危機および湾岸戦争であった。また、中学生の時にはノルウェーやアメリカの仲介によるパレスチナとイスラエルの中東和平問題が盛り上がっており、大学時代には二〇〇一年九月一一日のアメリカ同時多発テロ事件(九・一一事件)、そして二〇〇三年のイラク戦争を目の当たりにした。

ここからわかる通り、中東の大きな事件には、ほぼ必ず中東域外の大国、とくに超大国のアメリカが関わってきた。とりわけ、中東はアメリカの「二重基準」と言われても仕方がない政策が目を引く地域でもある。

たとえば、民主主義や民主化を謳っているアメリカは、二〇一〇年末から一一年にかけて起こった「アラブの春」に関して、エジプト、チュニジア、リビアの民主化は支持したものの、同盟国であるサウディアラビアが民主化運動を鎮静化した際には批判しなかった。また、「特別な関係」にあるイスラエルに配慮する姿勢も目立つ。

こうした二重基準が顕著であることが、中東においてアンチ・アメリカニズムを醸成、イラクなどで駐留米軍に対するテロ行為を多数発生させた。こうした超大国への不信感を警戒し、現在、覇権挑戦国とも呼ばれる中国は中東への政治的関与に二の足を踏みがちである。そして、中東にはこうした域外超大国の関与に対抗する包括的な域内組織が不在である。イスラーム協力機構（ＯＩＣ）は中東という地理に限定されておらず、湾岸協力理事会（ＧＣＣ）は中東のなかのサブ地域である湾岸諸国の機構である。中東という地理に立脚した機構ができない原因として、イスラエルの存在、域内大国間で有力な国家を輩出することを望まない指針が確立されていることが挙げられる。いずれにせよ、超大国との関係という視点で中東を見ると、中東の国際関係だけでなく、超大国の野心や苦悩がよく理解でき、違った角度から超大国を知ることもできる。この超大国との関係を補助線に、中東の国際関係の歴史を振り返っていきたい。

オスマン帝国の崩壊と浸透する西洋列強

現在の国際関係の基本アクターである主権国家とはどのように定義されるだろうか。主権国家に必要な要素は、領域（土地）、住民、機能している政府の存在、他国による政府の承認、領域内での暴力装置の独占およびそれに基づく国内統治の安定である。最初の三つが主権国家の核として論じられることが多い。しかし、他国からその政府が承認されていないと、その国家は「未承認（非承認）国家」となり、国内統治が安定していないと、「崩壊国家」となる。

中東において主権国家が誕生するのは、第一次世界大戦によってオスマン帝国が崩壊したことがきっかけであった。オスマン帝国はバルカン半島から中東、北アフリカに至る地域で趨勢を誇っていたが、一六世紀頃にはヨーロッパに軍事力で劣るようになっていった。この時代から、すでに国際政治で大国であったイギリス、フランス、ロシアが中東に進出し始めていた。オスマン帝国はそれらの国々との貿易で生じた経済的債務に苦しむことになり、一九世紀中頃には「瀕死の病人」と呼ばれるようになった。さらに、オスマン帝国の支配下に住む一部の人々が、「ナショナリズム」を核とした民族自決による国家建設を希求するようになった。最も顕著な例が一八三〇年のオスマン帝国からのギリシア独立であった。ギリシアの独立にはイギリスが関与しており、西洋列強は直接的にも間接的にもオスマン帝国の崩壊を促進した。また、オスマン帝国の中央から遠く、もともと独自の自治を行っていたエジプトでは、一九世紀初頭にムハンマド・アリー（一七六九〜一八四九年）が総督となった後、ムハンマド・アリー朝を成立させ、さらに自治を強めた。

一九世紀半ばにはオスマン帝国でも民族自決による瓦解を防ぐために、「オスマン帝国人」というナショナリズムを構築する試みとしてオスマン主義の考えが見られ始めた。具体的には一八三九〜七六年の「タンズィマート」と呼ばれる改革期に、宗教的差異を超えた平等な国民意識を創り出すことが目指された。その一方で、オスマン帝国内ではアラブ・ナショナリズムやトルコ・ナショナリズムも一九世紀末から二〇世紀初頭にかけて勃興した。前者の最も有名なものが、アラビア語で「目覚め」や「復興」を意味する「ナフダ」の名のもとにアラブ地域で広まった「ナフダ思想」である（1-4「中東の近現代思想」参照）。

一九一四年に第一次世界大戦が始まると、弱体化したオスマン帝国に見切りをつけ、アラブ人の国を作ろうとする動きが活発化した。その代表的な人物が紅海沿岸のヒジャーズ地方（現在のサウディアラビアの一部）の名家、ハーシム家のフサイン・イブン・アリー（一八五三～一九三一年）であった。フサインはイスラームの聖地であるマッカ（メッカ）とマディーナ（メディナ）の管理をオスマン帝国から請け負う太守であった。アラブ・ナショナリズムに傾倒していたフサインは、オスマン帝国内のアラブ地域の統治を約束するフサイン・マクマホン協定をイギリスと締結する。この秘密協定により、イギリスの支援を受けたフサインはオスマン帝国に反旗を翻し、一九一六年六月にアラビア半島にヒジャーズ王国を建国した。さらに東アラブへの拡大を模索し、一九一八年にはフサインの三男のファイサル・イブン・フサイン（一八八三～一九三三年）がダマスカスを占領した。

しかし、フサインが構想した大アラブ国家の樹立は、イギリスがフサイン・マクマホン協定と同時に結んだ二つの条約――ユダヤ人国家の建設を約束したバルフォア宣言と列強によるオスマン帝国領の支配を目論んだサイクス・ピコ協定――によって阻まれることとなった。

一九二〇年三月にファイサルはシリア・アラブ王国の国王に、次男のアブドゥッラー・イブン・フサイン（一八八二～一九五一年）もイラク国王となるが、一九二〇年四月に開催されたサンレモ会議において、オスマン帝国領のなかで、イラク、パレスチナ、ヨルダンはイギリスの委任統治領、シリアとレバノンはフランスの委任統治領とすることが決定した。そして、イギリスはファイサルをイラクの国王に、アブドゥッラーをトランスヨルダンの首長に据えた。しかし、ヒジャーズ王国は同地で台頭したアブドゥルアズィーズ・イブン・サウード（一八七六～一九五三年）の勢力にはじき出される形となり、フサインはアラビア半島から逃走した。現在でもハーシム家が国王となっているのはトランスヨルダンの後に建国されたヨルダンのみである。

フサインの大アラブ国家の夢が破れた後、中東の国家の形態として現れたイギリスとフランスによる委任統治は、第一次世界大戦後のヴェルサイユ条約において提起された、敗戦国ドイツとオスマン帝国の非トルコ支配地域の領土に関する取り決めであり、事実上の植民地支配であった。二〇世紀の中東では植民地は少ないが、委任統治や保護国といった形態で西洋諸国は影響力を行使してきた。この間接的な支配こそ、中東政治研究の大家であったブラウンが指摘した「東方問題支配（Eastern Question Rule）」そのものであった〔Brown 1984〕。東方問題支配は、さまざまな民族・宗教・宗派集団が共存していたオスマン帝国の多様性に着目し、その一部を後援・優遇することで、これらの集団間の亀裂を助長し、帝国を分断し、弱体化させようとすることを特徴とした。この手法は、オスマン帝国崩壊後も中東の至るところで展開された。

東方問題支配への抵抗

一九世紀後半以降に本格化した西洋諸国の中東への進出に対しては、各地で抵抗運動が起きた。たとえば、アフガーニー（一八三八／三九〜九七年）は一九世紀後半に、全世界のムスリムが政治的にまとまる汎イスラーム主義を唱えて、反西洋運動を展開した。第一次世界大戦でオスマン帝国が敗北すると、イギリスとフランスの後方支援を受ける形でオスマン帝国に侵攻したギリシア軍と、オスマン帝国から離脱し、独立を目指したアンカラ政府が対峙した。アンカラ政府が西洋諸国と対峙するきっかけとなったのが、一九二〇年に締結されたオスマン帝国の分割案である「セーヴル条約」であった。

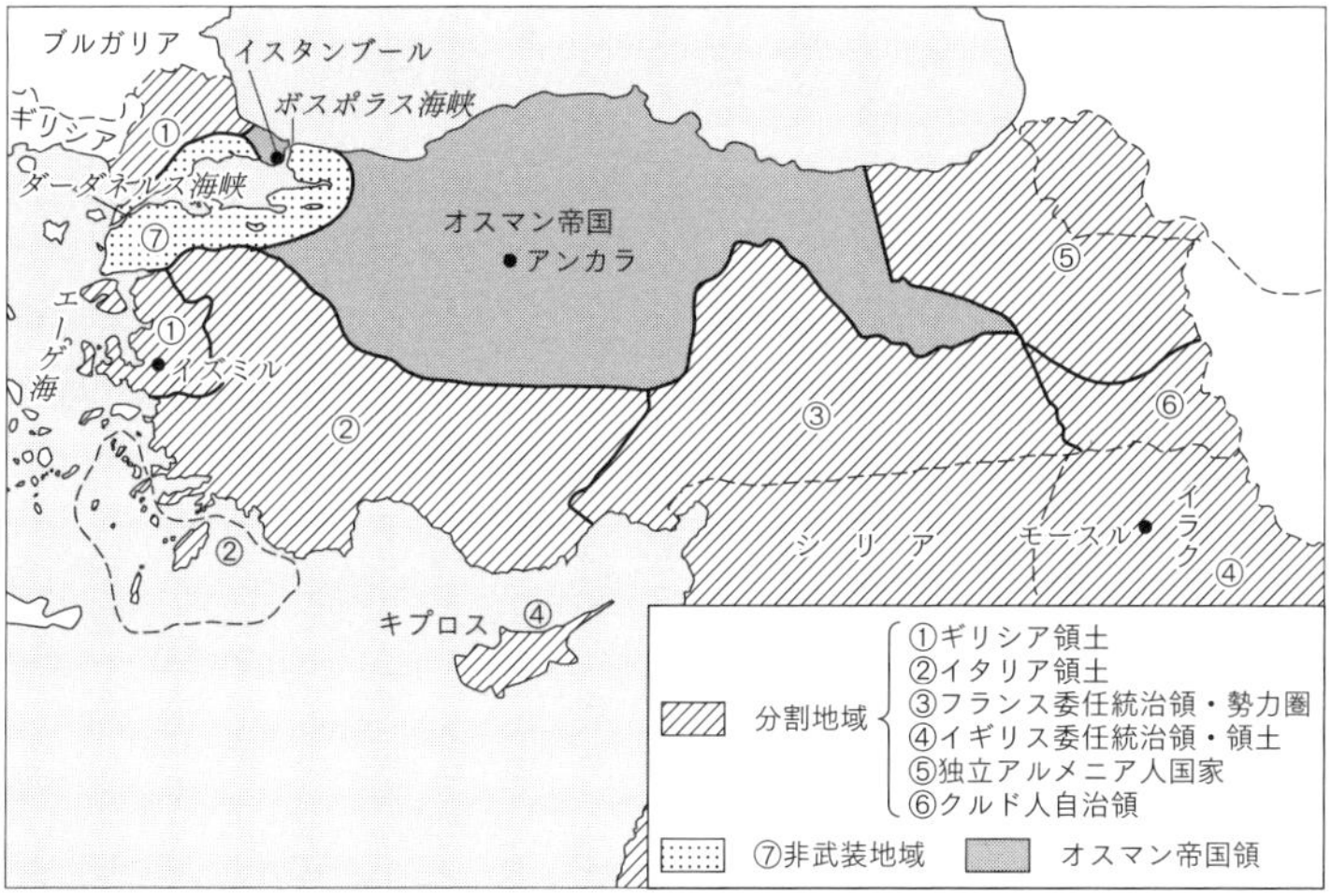

図1　セーヴル条約（1920年）によるオスマン帝国の分割案
〔永田・加賀谷・勝藤 1982〕をもとに筆者作成。

この条約は図1の通り、①（現在の）トルコ北西部のトラキア地域とイズミル周辺がギリシア領土、②トルコ南西部とエーゲ海諸島はイタリア領土、③レバノン、シリアはフランスの委任統治となり、トルコ南東部もフランスの勢力圏に入る、④モースル（モスル）を含めた現在のイラク、パレスチナ、シリア南部（トランスヨルダン）はイギリスの委任統治となる。また、キプロスはイギリス領土となる、⑤トルコ東部にあたる地域に独立アルメニア人国家が建設される、⑥モースルから北のクルディスタンはクルド人に自治権が与えられる、⑦イスタンブール周辺は国際的な管理下に置かれ、とくにボスポラス・ダーダネルスの両海峡は「海峡委員会」に管理され、すべての国の船舶に航行権を開放、沿岸地域は非武装化される、という内容であった〔永田・加賀谷・勝藤 一九八二〕。結果的にオスマン帝国はイスタンブールとアナトリア中北部しか領有を認められなかった。

これに反発したムスタファ・ケマル（アタテュ

ルク、一八八一頃〜一九三八年）はアンカラから抵抗運動を指揮し、最終的に一九二二年一〇月三日にイギリス、フランス、イタリアと停戦、ギリシア軍を駆逐し、独立戦争を勝利した。そして一九二三年七月二四日に連合国とトルコの代表者たちとの間でセーヴル条約に代わり、新たにローザンヌ条約が結ばれた。この条約では、アルメニア人国家やクルド人国家の建国を防ぎ、欧米諸国をトルコ人居住地域から追い出すことに成功し、同年一〇月二九日にトルコ共和国が建国された。

第一次世界大戦と第二次世界大戦の間の時期、いわゆる「戦間期」において、アラブ人の国家建設は帝国主義（委任統治）から脱することとイコールとなった。この時期、それまで以上にアラブ・ナショナリズムが力を持つようになる。オーウェン〔二〇一五〕は次の二点を指摘している。一点目は、経済の近代化に伴う新聞、放送局、映画といった国境を超える媒体によってアラブ・ナショナリズムが一般民衆にも強く意識されるようになったことである。もともと、多少の方言の違いはあるが、アラビア語はアラブ人の共通語であり、トランスナショナルな連帯に適していた（1-1「言語と宗教」参照）。二点目は、パレスチナにユダヤ人国家を設立しようとするイギリスとユダヤ人入植者を阻止すべく、アラブ各地域から支援が集まるようになったことである。戦間期に、アラブ・ナショナリズムの目的が独立の達成とパレスチナ問題への対応という二点に集約されるようになった。第二次世界大戦後、アラブ諸国が次々に独立すると、アラブ・ナショナリズムの目的はパレスチナ問題の解決へと移行していった。

中東の主権国家に関しては、前述したトルコ（一九二三年に独立）以外に、一九一八年にサナアを中心にイエメン王国（ただし、南部のアデン周辺にはイギリスのアデン保護領が存在していた）、一九三二年にイラク、一九三二年にサウディアラビア、一九四三年にレバノン、一九四六年にヨルダン（トランスヨルダン王国、一九四九年にヨルダン・ハーシム王国と改名）とシリアが独立した。また、イランも一九二六年にそれまでのカージャール朝からレザー・ハーン（レザー・シャー・パフラヴィー、一八七八〜一九四四年）を国王とするパフラヴィー朝へと政権が移った。一九四五年三月二二日にはカイロで、アラブ・ナショナリズムの政治運動において初めての具体的な国際組織として、アラブ連盟が結成された。アラブ連盟には、エジプト、イラク、サウディアラビア、ヨルダン、レバノン、シリア、イエメン王国の七カ国が参加した。第二次世界大戦後には、一九四八年にイスラエル、一九六一年にクウェート、一九七〇年にオマーン、一九七一年にカタル、アラブ首長国連邦（UAE）、バハレーンが独立した。イエメンは王国崩壊後、南北に分裂したが、一九九〇年に統一されてイエメン共和国が成立した。

中東における冷戦の影響と域内国家間の対立

一九四五年に第二次世界大戦が終わり、新たにアメリカとソ連を中心とした冷戦の時代に突入すると、その影響は中東にも及ぶようになる。ただし、中東のなかでも冷戦の影響は国家ごとにまちまちであった。たとえば、ソ連と陸続きの国境を共有していたトルコは冷戦の最前線に立たされた。トルコは中東よりもヨーロッパの安全保障の枠組み、もしくは地中海の安全保障の枠組みの構築とそこへの加盟を模索した。トルコは一九四七年三月にトルコ、ギリシア、エジプトによる東地中海の平和と安全保障のための条約締結をイギリスに打診した〔Athanassopoulou 1999〕。この案はさらにその後、トルコ政府およびギリシア政府によって発展させられ、ギリシア、トルコ、イタリア、すべてのアラブ諸国を含む協商が提唱された。しかし、この地中海諸国を中心とした防衛枠組みに関してはイギリスが反対し、さらに一九四八年五月のイスラエルの独立宣言に端を発する第一次中東戦争が勃発すると、完全に頓挫することとなった。

その後、トルコとギリシアはヨーロッパの防衛機構、具体的には一九四九年四月に創設された北大西洋条約機構（ＮＡＴＯ）への加盟を試みた。アメリカは両国がヨーロッパの防衛に参画することに反対しなかったが、イギリスは、トルコはヨーロッパではなく中東の防衛に注力すべきとして、トルコのＮＡＴＯ加盟に反対した。トルコは一九五〇年に勃発した朝鮮戦争に派兵するなど、西側諸国の秩序維持に貢献し、一九五二年にギリシアとともにＮＡＴＯ加盟を果たした。一方でイギリスがトルコに期待した中東での安全保障の役割は中東司令部（ＭＥＣ）構想として進められ、一九五五年にトルコとイラクが中心となり、北側の中東諸国の安全保障を担保するバグダード条約機構（中東条約機構、ＭＥＴＯ。加盟国はトルコ、イラク、パキスタン、イラン、イギリス）が設立された。ＭＥＴＯはアメリカを中心とした「封じ込め」政策の一端を担うものであった。一九五八年にイラクが脱退し、ＭＥＴＯが崩壊した後でもＮＡＴＯ加盟国のトルコとＭＥＴＯの後継機構に位置づけられる中央条約機構（ＣＥＮＴＯ）、発展のための地域開発協力機構（ＲＣＤ）によって北側の中東諸国の対ソ防衛は維持された。また、ソ連が支持する共和主義と米英が支持する君主体制の対立が一九五〇年代から六〇年代のアラブ政治の特徴の一つであった〔Kerr 1971〕。しかし、中東における冷戦構造は、ヨーロッパほど決定的な対立軸とならなかった。

その一方で、アメリカの影響力は中東で増していった。アメリカは一九五〇年代から産油国であるサウディアラビアを重用してきた。一九七〇年代前半に石油危機を経験するなかで、アメリカはイランとサウディアラビアを軸とする「二柱政策」を展開し、一九七九年のイラン革命後は石油の安定供給のためにサウディアラビア、そしてイランの封じ込めのためにイラクを支援するものの、直接同地域に関与しない「水平線のかなた」戦略を採用した〔立山 二〇一四〕。

アラブ諸国のなかでは旧宗主国に対する反植民地主義の機運が高まっていた。一九五六年にエジプト大統領に就任したナーセル（ナセル、一九一八〜七〇年）はスエズ運河の国有化を宣言して、イギリス・フランス・イスラエルとの第二次中東戦争を起こした。この戦争は旧宗主国と植民地支配を受けた国の戦いであって、中東諸国やパレスチナとイスラエルの対立という側面は希薄であった〔臼杵 二〇一一〕。この戦争の結果、イギリスは中東での影響力をほぼ失った。その一方でアラブ諸国のなかでも内なる対立があった。それは、アラブ諸国内でアラブ統一を達成するほど強い国家の出現を牽制する動きであった〔ウォルト 二〇二一〕。たとえば、ナーセルが一九五八年にエジプトとシリアを合併し、アラブ連合共和国を成立させたが、シリア国内でこのナーセル主導の合併に反対の声が起こり、さらにヨルダンやイラク、サウディアラビアも反発し、アラブ連合共和国は一九六一年に消滅した。

中東戦争での苦戦により、アラブ諸国の影響力は域内で低下していった。一方、アラブ諸国が大敗した一九六七年の第三次中東戦争で存在感を示したのが、パレスチナ人によって組織された非国家主体であり、パレスチナの解放を目指すファタハおよびその中心であるヤースィル・アラファート（一九二九〜二〇〇四年）であった。アラファートは一九六九年にパレスチナ解放機構（ＰＬＯ）の議長となる。

一九七三年の第四次中東戦争以降、ファタハとＰＬＯがアラブ諸国に代わって、イスラエルとの対立の最前線に位置するようになる。その背景には、アラブの盟主と見られてきたエジプトが一九七八年九月にアメリカの仲介により、アメリカ大統領の保養地であるキャンプ・デーヴィッドでイスラエルとの国交正常化に応じたことがある。当時のエジプト大統領は、ナーセルの後任、サーダート（一九一八〜八一年）であった。この代償として、サーダートはその三年後にイスラーム過激派によって暗殺される。

キャンプ・デーヴィッド合意は、アラブ諸国の足並みの乱れを決定的にし、アラブ諸国がその協力の基盤としていたアラブ・ナショナリズムの終焉も意味していた〔Ajami 1978/79〕。

影響力を増すイスラームと非国家主体

一九七〇年代末から八〇年代前半にかけて、アラブ・ナショナリズムの影響力が低下した象徴的な事件がサーダートの暗殺だったとすると、イスラームの影響力が増加した象徴的な事件はイラン革命であった。一九七八年初頭から国王のモハンマド・レザー（一九一九〜八〇年）に対する抗議デモが勃発し、拡大していった。この反シャーの抗議デモの精神的支柱がパリに亡命していたホメイニー（一九〇二〜八九年）であった。一九七九年一月にモハンマド・レザーが国外退去、二月にホメイニーが一五年ぶりにイランに帰還、三月末の国民投票でイスラーム共和政が採用されることが決定した。そして、ホメイニーが一九六〇年代から提唱していた「イスラーム統治体制」――イスラーム法学者が監督するイスラーム法に基づく国家運営――が施行された。ホメイニー自身がイラン・イスラーム共和国で初代の最高指導者となった。

さらに同じ一九七九年一二月にソ連のアフガニスタン侵攻が始まったが、ソ連からアフガニスタンを守るために戦ったのが、「ムジャーヒディーン」と呼ばれたムスリムの義勇軍であった。このムジャーヒディーンにはウサーマ・ビンラーディン（ビンラディン、一九五七〜二〇一一年）やアイマン・ザワーヒリー（一九五一〜二〇二二年）といった、その後アル＝カーイダ（アルカイダ）を立ち上げる主要メンバーが参加していた。いわゆる「イスラーム過激派」と呼ばれるアル＝カーイダは、二〇〇一年の九・一一事件に顕著なように一九九〇年代から二〇〇〇年代にかけて国際的なテロを数多く実行に移した。二〇一〇年代に入り、シリア内戦が勃発するなかで「イスラーム国（ＩＳ）」もシリアおよびイラクで台頭するなど、非国家主体は一九八〇年代から二〇一〇年代にかけて、中東および世界全体に大きなインパクトを残した。

同じく非国家主体であるＰＬＯは武装組織から政治組織へと鞍替えし、武力ではなく政治による解決を目指すようになった。そして、一九八七年から始まった若者のイスラエルへの抗議デモ、いわゆるインティファーダが始まると国際的な注目を集めた。加えて、米ソ冷戦が終結したことで、超大国であるアメリカがそれまで以上に中東和平問題に目を向けることとなった。その成果として、ＰＬＯとイスラエルとの間でオスロ合意が締結されたが、イスラエル首相のイツハク・ラビン（一九二二～九五年）の暗殺、聖都エルサレムの領有権をめぐる対立などで、中東和平は頓挫した。

ポスト冷戦期に存在感を増したアメリカ

前節で見たように、冷戦終結後、アメリカは中東和平に積極的に関与するようになった。アメリカが存在感を見せたのは中東和平問題だけではない。冷戦終結直後の一九九〇年八月にイラクがクウェートに侵攻する湾岸危機が勃発した際、当時のジョージ・Ｈ・Ｗ・ブッシュ（シニア）政権はこの危機を、冷戦後の新たな「新世界秩序」を示す重要な事件と捉えた。ブッシュ・シニア政権は、新世界秩序として具体的に、侵略の阻止、国連の枠組みにおける共同行動、大国間協調という三つの柱を打ち出した〔菅 二〇〇三〕。結果的に一九九一年初頭に多国籍軍がイラクを攻撃する湾岸戦争が現実となった。イラクのサッダーム・フサイン（フセイン、一九三七〜二〇〇六年）政権は短期間で敗北したものの、政権は維持された。その代わりにアメリカ軍がサウディアラビアに駐留し、イラクを監視するようになった。

この湾岸危機は二つの点でアメリカ外交の転換点となった。一つ目は、フサイン政権のイラクのような「ならず者」国家、非民主国家の行動には武力を用いてでもそれを防ぐ必要があるという論理の形成である〔菅 二〇〇三〕。正義の戦争、デモクラティック・ピース（民主的平和）、人道的介入といった議論がそれに該当する。同時に戦争後の民主主義の定着も提唱された。ブッシュ・シニア政権後のビル・クリントン政権は、一つの課題に対し、超大国であるアメリカ以外の国々も取り組むという多国間主義を重視した介入、クリントン政権後のジョージ・W・ブッシュ（ジュニア）政権はより単独主義的な介入を志向した。二つ目は、対テロ戦争というパンドラの箱を開けたことである。二〇〇一年の九・一一事件の首謀者であったビンラーディンは、イスラームの聖地であるマッカを有するサウディアラビアにアメリカ軍が駐留したことに憤慨し、九〇年代からアメリカの施設を狙ったテロを実行してきた。

湾岸危機で外交を転換したアメリカは、九・一一事件を受け、二〇〇一年一〇月のアフガニスタン戦争、二〇〇三年三月にイラク戦争という形で再び中東を舞台に武力攻撃を実行した。アフガニスタンではアル＝カーイダを匿っていたターリバーン、イラクではフサインの政権を打倒したものの、その後、両国の安定と国家建設のための米軍駐留は困難を極め、アメリカは中東に安定と民主主義を根づかせることができなかった。バラク・オバマ政権期の二〇一〇年から一一年にかけては民衆による民主化要求運動「アラブの春」が起こり、アメリカも運動を支援する形でチュニジア、エジプト、リビアで政権交代が起こるが、チュニジア以外では民主主義は定着しなかった。同盟国サウディアラビアでの民主化要求運動では民衆の動きを支援せず、大国の足並みが乱れたシリアではいまだに（二〇二四年五月時点）内戦が続いている。

　ポスト冷戦期のアメリカの中東政策は、「ならず者」国家への対応とその後の民主化支援、そして対テロ戦争という二つ、もしくは二・五の軸で展開されたが、結果的にはうまくいかなかった。イスラエルに対しても「特別な関係」として配慮する姿勢が目立ち、ムスリム世界から不満の声が上がっている。

中東政治を理解する基軸

　本章で確認してきたように、中東は二〇世紀以降、アラブ・ナショナリズム、東方問題支配、イスラーム、主権国家／非国家主体といったテーマで論じられてきたが、その基軸となっているのは域外大国の中東関与であった。とくに、ポスト冷戦期のアメリカによる湾岸戦争やイラク戦争、付随する中東への駐留、民主化支援がそれにあたる。さらに、中国やロシアといったほかの大国も近年は中東への関与を見せている。しかし、ロシアの関与はシリアなど一部に限定され、中国もサウディアラビアとイランの仲介に一役買い、存在感を示したが、やはり限定的な関与に留まっている。

　一方で域内大国のサウディアラビア、トルコ、イラン、エジプトといった国々の協調が見られるようになっており、域外大国主導ではない、域内大国によるイニシアティヴが今後強まる可能性がある。なぜなら、二〇〇〇年代に入って超大国であるアメリカの影響力が相対的に低下してきており、二〇一七年からのドナルド・トランプ政権で顕著だったようにアメリカの各政権が中東になるべく関与しない方針をとるようになってきているためである。また、二〇二三年一〇月七日に始まったガザでの衝突に対するアメリカの対応は、とくにイスラエルの攻撃に歯止めをかけることができず、アメリカの二重基準が再度批判されるとともに、その影響力の低下が明らかになった。中東におけるこの衝突の傷は深く、イスラエルだけでなく、アンチ・アメリカニズムもイラク戦争後のように高まりつつある。

域外大国、とくにアメリカが今後中東にどのように関与していくのか、それに対し域内大国がどのように対応し、存在感を見せるかを注視することが今後の中東政治を理解するうえでの鍵となるだろう。

参照文献

ウォルト、スティーヴン・M『同盟の起源――国際政治における脅威への均衡』今井宏平・溝渕正季訳、ミネルヴァ書房、二〇二一年。

臼杵陽『アラブ革命の衝撃――世界でいま何が起きているのか』青土社、二〇一一年。

オーウェン、ロジャー『現代中東の国家・権力・政治』山尾大・溝渕正季訳、明石書店、二〇一五年。

菅英輝「冷戦後のアメリカ外交と九・一一後の世界秩序の行方」『法政研究』六九巻三号、二〇〇三年。

立山良司「オバマ政権の「中東離れ」と増大する域内の不安」『国際問題』六三〇号、二〇一四年。

永田雄三・加賀谷寛・勝藤猛『中東現代史Ⅰ』山川出版社、一九八二年。

Ajami, Fuad. 1978/79. “The End of Pan Arabism,” *Foreign Affairs* (Winter), 57(2).

Athanassopoulou, Ekavi. 1999. *Turkey-Anglo-American Security Interests, 1945–1952 : The First Enlargement of* NATO. Frank Cass.

Brown, Carl. 1984. *International Politics and the Middle East : Old Rules, Dangerous Game*. I.B.Tauris&CL.

Kerr, Malcom H. 1971. *The Arab Cold War : Gamal 'Abd al-Nasir and His Rivals, 1958–1970*. Oxford University.

2 紛争

江﨑智絵

なぜ中東では紛争が起こるのか

本章では、中東における武力紛争に着目する。多くの人が抱く、最も素朴な疑問として想定されるのは、「なぜ中東では紛争が起こるのか」ではないだろうか。たしかに中東については、常に紛争をしているというイメージがつきまとっている。

ウプサラ紛争データプログラム〔ＵＣＤＰ〕によると、中東地域は、二〇一〇年代の世界で武力紛争が最も発生しているとされている。同プログラムにおいて、紛争のなかでも武力を伴う「武力紛争」は「政府または領域に関する紛争で、少なくとも一方が政府である二者が軍隊を伴い戦うもので、戦闘に関連するその年の死者が少なくとも二五人に上るもの」と定義されている。武力紛争は、この定義のもとに「国家を基盤とする紛争（state-based conflict）」と同義であるとされている。つまり、この紛争の少なくとも一方の当事者は国家である。ゆえに、具体的なケースとしては、国際法上で「戦争」と定義される国家間戦争、紛争発生地国内での政府と反乱団体（反乱軍や組織された武装集団など）との内戦、そこに国外勢力の関与が見られる国際化された内戦、に区分されている。

本章では、紛争の原因を理解する一つの視座として、当事者の意図や目的に着目してみたい。それは、紛争が当事者の意図もしくは目的に基づく相手側への政策そのもの、もしくはそうした政策への相手側の反応として当事者に選択されるものであると考えるからである。以下では、こうした観点から中東の武力紛争を時代ごとに整理してみたい。

二〇世紀の国家間戦争

中東では実際に、どのような紛争が発生してきたのであろうか。第一に、国家間戦争である。当事者に着目すると、次に示すような区分が可能となる。まず、イスラエルを一方の主体とする戦争である。この具体例は、一九四〇年代から七〇年代前半にかけて発生した四度にわたる中東戦争である。中東戦争については4-3「パレスチナ問題」で詳述されるため、ここではごく簡潔に記述するに留める。争点は、歴史認識や宗教と深く結びついたパレスチナという領土をめぐるアラブ人（パレスチナ人）とユダヤ人との民族自決権である。イスラエルは、その地における自国の主権と独立を守る必要があった。その建国に反対していたアラブ諸国の指導者は、イスラエルの壊滅を訴え「アラブの大義」であったパレスチナ問題に関与することで、自身こそがアラブ民族を率いるに相応しいというイメージを植えつけ、国内および国外での支持を得ようとした〔Bernett 1998〕。

次に、イラクを一方の当事者とする戦争である。具体的には、一九八〇年から八年間続いたイラン・イラク戦争と一九九一年の湾岸戦争である。また、一九八七年にペルシア湾に艦隊を派遣してイラン・イラク戦争に関与することになったアメリカは、湾岸戦争ではもう一方の主体となった多国籍軍の中核であった。こうして、一九八〇年代以降の国家間戦争には、アメリカを中心とする域外大国が関与するようになったという共通点もある。

歴史的に国際河川における国境線の策定をめぐり対立していたイランとイラクとの戦争は、イラクが開戦したものであった。一九七九年のイラン革命を機に、シーア派のイランは、「革命の輸出」というスローガンのもと、国民の大半がシーア派である隣国イラクにおいて、同国を支配していたスンナ派の体制を打倒し、イランと同様の政権を打ち立てたいという意図を示し始めた。サッダーム・フサイン（フセイン、一九三七〜二〇〇六年）大統領はこのことに脅威を抱き、革命の発生がイラン国内を不安定化させたことに勝機を見出し、イランに予防的な先制攻撃を行ったのであった〔高橋 一九九五〕。イラク側には、イランに勝利することで地域的な覇権を獲得したいとの思惑もあった〔Gause 2010〕。

湾岸戦争は、イラクがクウェートを軍事占領したことを契機とする。八年に及ぶイランとの戦争で疲弊したイラクは、クウェートを中心とする湾岸アラブ諸国の石油産出量が石油輸出国機構（ＯＰＥＣ）の割り当てを上回っていたことが油価の低迷を招き、自国の経済再建を妨害していると認識していた。また、イラクは、イギリスによる恣意的な国境の画定ゆえにクウェートに対する失地意識を有するとともに、クウェートがペルシア湾に領有する領域（ワルバ島とブビヤン島）の獲得を目論んでいたという〔Gause 2010〕。

これらの事例から読み取ることができるのは、二〇世紀における中東の国家間戦争の争点には領土をはじめとする資源をめぐるもの（中東戦争、湾岸戦争）、イデオロギーおよび政治的影響力をめぐるもの（中東戦争、イラン・イラク戦争）、経済発展に関するもの（湾岸戦争）があるということであろう。イラン・イラク戦争については、国際河川をめぐる国境紛争という側面が過去に繰り返されてきたと述べたが、間接的には領土の画定と水資源をめぐる紛争の延長上にあると位置づけることも可能であろう。

ここに挙げた領土、イデオロギー、政治的影響力および経済発展という項目は、パワーの構成要素である〔村田ほか 二〇二三〕。パワーは、国家が国益を追求する手段として重要であり、国家は、敵国や潜在敵国と比べて自国のパワーが劣ることを恐れるという。これを踏まえると、たとえば中東戦争のイスラエルやイラン・イラク戦争のイラクに顕著であるように、敵国に対する脅威認識が戦争という対外政策を国家の意思決定者に選択させる、もしくは戦争に自国のパワーを強化するという機会を見出させるという側面があるように思われる。

一方、アラブ諸国を中心とする中東の権威主義的な国家にとっての脅威は、決して対外的なものだけではない。たとえば中東戦争のエジプトやシリアといったアラブ諸国や湾岸戦争のイラクは、対外的な脅威よりもむしろ、あるいはそれとともに、自身の政権の存続を目指していた節がある。そうした国々にとっては、政権の存続を脅かす国内の組織や個人が脅威として認識される。このため、アラブ諸国がパレスチナ問題に関与し続けたのは、国外での支持の獲得を国内での支持基盤の維持や強化に利用するためであった。また、湾岸戦争直前のイラクでは、経済状況の悪化などを背景に、クーデター未遂や大統領への暗殺の企てが明るみに出ていた。アラブ諸国の政権は、正統性の問題に直面していたのである（4-4「宗教と政治」参照）。

二〇世紀の内戦および国家・非国家主体間の戦争

中東では、内戦も繰り返し発生してきた。たとえば、レバノン（一九五七年、一九七五～九〇年）、イエメン（一九六二〜七〇年：北イエメン、一九八六年：南イエメン、一九九四年）、ヨルダン（一九七〇年）およびアルジェリア（一九九一〜二〇〇二年）、といった国々である。このほかにも国民の一部にクルド人を含むトルコ、イラクおよびイランでは、断続的にクルド人による分離独立闘争が発生してきた。

具体例として、一九七五年から始まる第二次レバノン内戦を見てみよう。引き金となったのは、パレスチナ解放機構（ＰＬＯ）が一九七〇年の内戦勃発に伴いヨルダンを追われ、レバノンに拠点を移したことである。レバノンは、さまざまな宗教・宗派が混在し、それら集団間の勢力バランスの上に国家体制が維持されてきた〔青山・末近 二〇〇九〕。信徒の人口比では、マロン派キリスト教、イスラーム・スンナ派およびイスラーム・シーア派の順で多いとされていた。しかし、スンナ派であるＰＬＯ傘下のパレスチナ諸組織のレバノン流入は、それまで維持されていた宗派間の人口比率が崩れる恐れを、レバノンという国家の生い立ちを背景として、最も優遇されてきたマロン派に抱かせることになった。最終的に、一九七五年、マロン派の民兵とパレスチナ諸組織との対立が激化し、内戦が発生した。レバノンの不安定化に伴い、一九七六年からはシリア軍がマロン派の民兵を支援すべくレバノンへの駐留を始め、ＰＬＯを弱体化させようとした〔Rabinovich 1984〕。

また、このレバノン内戦の過程では、第一次レバノン戦争とも言われるイスラエルによるベイルートへの軍事侵攻も発生した。一九八二年のことである。イスラエルは、敵であるＰＬＯを排除しようとしたのである〔Rabinovich 1984〕。その際にイスラエルが手を組んだのは、ともにＰＬＯを敵視するマロン派キリスト教民兵であった。この連携により、パレスチナ難民キャンプでは虐殺事件が発生し、ＰＬＯは再度チュニジアへと移動することになった。

この事例が示すように、一方が正規軍もしくは政権を構成する一派の民兵である内戦には、他方の当事者に対する脅威認識を共有する国家の関与も見られる。ゆえに、第二次レバノン内戦には「国際化した」側面があるとも言えるが、それらは厳密に線引きできるものではない〔今井 二〇二二a〕。

一方、一九七〇年代までは国家間戦争の当事者となっていたイスラエルは、一九八〇年代以降、非国家主体との戦争に直面するようになった。これは、イスラエルの脅威認識が国家と非国家主体に対するものに二極化していくことを意味する。

加えて、戦争とは普通、その担い手として国家が想定されるが、理論的には内戦やゲリラ戦、対テロ戦争という形態に見られるように、非国家主体が担い手となることも考えられる〔小笠原ほか 二〇一七〕。実際に国連憲章五一条は、武力行使禁止原則の例外の一つとされる国家の自衛権行使について定めているが、国連加盟国に対する武力攻撃がほかの国によるものに限られるか、反徒やテロ集団のような非国家主体によるものも含むのかという点は明確にしていないと指摘されている〔黒﨑ほか 二〇二一〕。こうした観点から、一九八二年の第一次レバノン戦争を中東戦争に加える見方もある〔Halliday 2005〕。

多様化する二一世紀の戦争

二一世紀に入ると、中東では多様な形で内戦が発生することになる。ここではそれらを、①「テロ＋非国家主体」型、②「社会運動＋政権交代」型、③「社会運動＋政権存続」型、の三つに分け、それぞれを見ていきたい。

①「テロ＋非国家主体」型の内戦については、イラク戦争後のイラクが該当する。この戦争の経緯を振り返ると、その出発点は二〇〇一年九月一一日にアメリカで発生した同時多発テロ事件（九・一一事

件）であった。「テロとの戦い」を掲げたアメリカは、九・一一事件の実行犯であったアル＝カーイダ（アルカイダ）首領らの引き渡しを拒んだアフガニスタンのターリバーン政権に対し、二〇〇一年一〇月から軍事侵攻を開始した。翌一一月にターリバーン政権が崩壊すると、アメリカは、テロ組織が大量破壊兵器を入手することへの脅威認識を強め〔酒井 二〇〇二〕、二〇〇三年三月、アメリカおよびイギリスを中心とする有志連合がフサイン政権の打倒を目指してイラク戦争を開始した。

アメリカは、二〇〇三年五月に勝利を宣言し、イラクを占領した。占領当局が掌握していた権限は、二〇〇五年末の選挙を経て二〇〇六年にイラクのシーア派政権に移譲された。戦後のこうした政治体制のもと、イラクでは、スンナ派とシーア派との宗派対立を特徴とする内戦が起こったのであった。

この内戦はイラクにイスラームの二大宗派が存在するがゆえに避けられなかったのではなく、あくまでシーア派のイスラーム主義勢力が新しい国造りの中枢を占め、スンナ派勢力を排除していったことで勢力間の権力闘争が激化した結果であった〔山尾 二〇一三〕。排除されたスンナ派の一部は、アル＝カーイダのイラク支部である「イラクのアル＝カーイダ」とともに政権に対するテロを実施していった。

イラクのアル＝カーイダは、二〇〇六年に米軍の攻撃より首領のザルカーウィー（一九六六～二〇〇六年）を殺害されると「イラクのイスラーム国（ＩＳＩ）」へと改名したが、さらなる米軍の攻撃を受け、壊滅状況に追い込まれた。それを立て直したのが後に「イスラーム国（ＩＳ）」を率いるバグダーディ（一九七一～二〇一九年）であった。バグダーディが影響力拡大を狙ってシリアに派遣した先遣隊が「ヌスラ戦線」で、二〇一三年までにシリアの反政府勢力として頭角を現した〔Cheterian 2015〕。これを受け、バグダーディは、二〇一三年四月、ＩＳＩとヌスラ戦線を統合して「イラクとシャームのイスラーム国（ＩＳＩＳ）」を結成し、アル＝カーイダと袂を分かったが、ヌスラ戦線はアル＝カーイダの一部に留まった。ＩＳＩＳは、二〇一四年六月、イラクへと再侵攻し、同国第二の都市モースル（モスル）を制圧した。そして、バグダーディは組織名をＩＳへと改称し、既存の国境線を否定したうえで、イラクおよびシャーム（シリアを中心とする地域）にイスラーム共同体の最高指導者カリフのもとに政治を行うカリフ制国家の樹立を宣言した。

②「社会運動＋政権交代」型の内戦の具体例は、リビアである。リビアでは、チュニジアでの若者らによる民主化要求運動とされる「アラブの春」が近隣のアラブ諸国に波及するなか、二〇一一年二月半ばに反体制派による抗議活動が発生した。カッザーフィー（カダフィ、一九四二〜二〇一一年）政権は、それに徹底抗戦する姿勢を示した。政権側は、革命評議会およびカッザーフィーの息子が指揮する軍の部隊を中心に、抗議活動を抑圧していった。しかし、軍には離反者が相次いだ〔Gaub 2014〕。反体制派は、八月に首都トリポリを手中に収め、一〇月にカッザーフィーが死亡した。

リビア東部で発生した反体制派の抗議活動が同国西部に位置するトリポリへと進む過程では、北大西洋条約機構（ＮＡＴＯ）による空爆が実施された。これには、カタルなどのアラブ諸国も後方支援を提供した。

その後、リビアでは、憲法を制定するための制憲議会選挙などが実施され、政治プロセスが動き出したかに思われた。しかし、議会選挙の議席配分をめぐって首都トリポリを中心とする西部と反政府抗議活動が発生した東部との対立が生じ、政府が二分されてしまった。二〇一四年頃からは、イスラーム勢力を中心とする西部をトルコやカタルが、世俗的な武装勢力を中心とする東部をエジプト、アラブ首長国連邦（ＵＡＥ）やロシアが支援するという構図が生まれ、内戦が国際化することになった〔Wehrey 2014 ; Souleimanov and Abbasov 2020〕。さらに、その過程では、ＩＳの支部がリビアに結成され、国内の治安をより悪化させることになった。

③「社会運動＋政権存続」型の内戦の具体例は、シリアである。二〇一一年三月、シリアでも反政府抗議活動が発生した。政権による改革を要請する抗議デモに対し、バッシャール・アサド（一九六五年〜）政権は警察による取締りを実施しながらも国民の要望に沿う姿勢を示した。しかし、七月頃から反体制派による武装闘争は激しさを増し、一二月末にはアサド政権が反体制派の実存的な脅威に直面していると思われるようになり、二〇一二年半ばまでに、シリア情勢は内戦の様相を呈することになった。

シリア内戦には、さまざまな国家および非国家主体が関与するようになった。非国家主体のＩＳについてはイラク内戦で述べたので、ここでは国家に注目しよう。まず、サウディアラビアである。イランを敵視するサウディアラビアは、イランの戦略的パートナー国であるシリアのアサド政権の崩壊を、自国にとって好ましい地域情勢を作り出す好機と見なした〔Hokayem 2014〕。そこでサウディアラビアは、シリアで多数派を占めるスンナ派勢力を支援し始めた。しかし、シリアのスンナ派エリートおよび中間層には、政権を支持する人々が少なからず存在した。また、それ以外の多くは、アサド政権と反体制派のどちらが優勢なのかを見極めたうえで、自らの立場を決めようとした。このため、サウディアラビアの政策は目的を達することができなかった。

対するイランは、シリアのアサド政権との戦略的同盟関係を維持するために、レバノン南部に拠点を置くシーア派のイスラーム組織、ヒズブッラー（ヒズボラ）戦闘員を派遣するなどした。また、アサド大統領を守るという目標を共有していたシリア国内のシーア派コミュニティーが、イランに戦力を提供した〔Harel 2012 ; Reynolds 2012〕。

このほか、たとえばトルコが二〇一六年八月、ＩＳに対する「テロとの戦い」を名目としてシリア北部に軍を進駐させた。その真の狙いは、二〇一三年一一月にシリア北部での自治を初めて宣言したクルド人勢力による実効支配地域の拡大阻止であった〔今井 二〇二二b〕。また、イスラエルは、シリア内戦に関与するイランを牽制すべく、シリア国内のイランの軍事拠点などに対し、限定的な空爆を実施するようになった。域外大国ではアメリカがＩＳへの対処として、二〇一四年八月にまずはイラクで、九月にはシリアでＩＳ拠点への空爆を始めるとともに、ロシアもアサド政権の要請に応える形で二〇一五年九月、シリアでＩＳを含む反政府勢力への空爆を始めた。

このように、二一世紀の内戦には、ＩＳという非国家主体の躍進が深く関わっている。また、リビアとシリアについては抗議デモに直面した政権の存亡に違いはあるが、ともに国際化したと言える。

二一世紀の国家・非国家主体間戦争については、一方の当事者である国家側をイスラエルとする事例が多い。たとえば、ヒズブッラーをもう一方の当事者とする二〇〇六年の第二次レバノン戦争、ハマース（ハマス）をもう一方の当事者とする二〇〇八年末から二〇二三年の間の五回に及ぶ戦争などである。

ヒズブッラーおよびハマースはともに、イスラエルを敵と見なすイスラーム的な組織である。そのため、イスラエルにとってはどちらの組織も安全保障上の脅威である。二つの組織はともに、イスラエルに対するミサイル攻撃を行っているからである。一方、イスラエルは、ヒズブッラーをはるかに上回る軍事力を保有するとして、前者の存在がより脅威であると見なしている。ただし、イスラエルが、軍事力の違いからヒズブッラーをハマース以上に脅威と認識し、ハマースに対する抑止力の効果についての判断を誤らせたことが、二〇二三年一〇月七日に起きたハマースによるイスラエルへの襲撃事件の一つの背景にある、とも指摘されている〔Harel 2023〕。イスラエルは、過去の戦争を通じて、ハマースに対する抑止が機能していると捉えていたのであった。

武力紛争の原因をどう考えるか

本章では、中東で起きた武力紛争の概要を時代およびタイプ別に整理してきた。それにより、武力紛争としては国家間戦争、内戦および国家・非国家主体間の紛争、の三タイプが確認できた。では、冒頭の問いにはどのように答えられるであろうか。本章が着目してきた武力紛争の当事者の意図もしくは目的を踏まえると、以下の点が浮かび上がる。

第一に、当事者が直面する脅威認識のもと、武力紛争が発生していたということである。たとえば、国家間戦争としてのイラン・イラク戦争では、イランによる体制転換の恐怖にさらされたイラクが、それを回避しようとしてイランへの先制攻撃を行ったことで開戦となった。イラク側の国益には地域的な覇権を確保するということも含まれるが、脅威認識への対処は、国家のみならず政権の安全保障に直結する点で重要な国益であると言える。

アメリカ主導の「テロとの戦い」も、九・一一事件の発生によってアメリカが大量破壊兵器を開発する国とテロ組織との結びつきを恐れるようになったことが背景に存在する。国家間戦争に限らず、イスラエルと、ヒズブッラーおよびハマースとの間で発生してきた戦争も、二つの組織に対するイスラエルの脅威認識が相手への抑止を機能させるための軍事力の行使として表れたものであった。

第二に、領土や石油といった資源をめぐり、武力紛争が起きてきた。たとえば、湾岸戦争は、クウェートの領土に対する野心に加え、クウェートの石油生産体制への反発がイラクによるクウェートへの軍事侵攻および占領の理由となっていた。本章では最低限の言及に留めているが、中東紛争およびイスラエルとＰＬＯとの対立には、パレスチナという一定の領域をめぐる領有権争いの側面も強い。そこには水資源も関わってくる。

第三に、内戦をめぐる国家の統治能力の低さである。この点は、二〇一〇年代以降により顕著となったように、ＩＳに代表される武装非国家主体の台頭の背景であるとも言える。具体的には、「アラブの春」を契機として国家が統治機能を喪失・低下させ、アラブ諸国間の国境の浸透性が高まるとともに、中央政府の統治が及ばない「統治なき領域（ungoverned territories）」が拡大したことであった〔立山 二〇一五〕。

このように、中東における紛争を考える際には、紛争の定義を踏まえたうえで、実際に中東で起こってきたそれぞれの紛争において、国家や非国家主体といった当事者の特性や、当事者の意図・目的を丁寧に見ていく必要があろう。

参照文献

青山弘之・末近浩太『現代シリア・レバノンの政治構造』岩波書店、二〇〇九年。

今井宏平編『教養としての中東政治』ミネルヴァ書房、二〇二二年a。

――編『クルド問題――非国家主体の可能性と限界』岩波書店、二〇二二年b。

小笠原高雪・栗栖薫子・広瀬佳一・宮坂直史・森川幸一編『国際関係・安全保障用語辞典 第二版』ミネルヴァ書房、二〇一七年。

黒﨑将広・坂元茂樹・西村弓・石垣友明・森肇志・真山全・酒井啓亘『防衛実務国際法』弘文堂、二〇二一年。

酒井啓子『イラクとアメリカ』岩波新書、二〇〇二年。

高橋和夫『燃えあがる海――湾岸現代史』東京大学出版会、一九九五年。

立山良司「序論：変化する中東の安全保障環境」『国際安全保障』四三巻三号、二〇一五年。
村田晃嗣・君塚直隆・石川卓・栗栖薫子・秋山信将『国際政治学をつかむ　第三版』有斐閣、二〇二三年。
山尾大『紛争と国家建設——戦後イラクの再建をめぐるポリティクス』明石書店、二〇一三年。
Bernett, Michael N. 1998. *Dialogues in Arab Politics : Negotiations in Regional Order*. Columbia University Press.
Cheterian, Vicken. 2015. "ISIS and the Killing Fields of the Middle East," *Survival*, 57(2).
Gaub, Florence. 2014. "A Libyan Recipe for Disaster," *Survival*, 56(1).
Gause, F. Gregory III. 2010. *The International Relations of the Persian Gulf*. Cambridge University Press.
Halliday, Fred. 2005. *The Middle East in International Relations : Power, Politics and Ideology*. Cambridge University Press.
Harel, Amos. 2012. "Iran, Hezbollah Significantly Increase Aid to Syria's Assad," *Haaretz*, April 6.
——. 2023. "Over a Year Before October 7, Israel's Army Had Insight Into Hamas' Plan to Attack Israeli Towns, IDF Bases," *Haaretz*, November 24.
Hokayem, Emile. 2014. "Iran, the Gulf States and the Syrian Civil War," *Survival*, 56(6).
Rabinovich, Itamar. 1984. *The War for Lebanon, 1970–1983*. Cornell University Press.
Reynolds, James, 2012. "Iran and Syria : Alliance of Shared Enemies and Goals," *BBC*, June 8.
Souleimanov, Emil A. and Namig Abbasov. 2020. "Why Russia Has Not (Yet) Won over Syria and Libya," *Middle East Policy*, 27(2).
UCDP. (https://ucdp.uu.se/　二〇二三年一一月一一日閲覧)
Wehrey, Frederic. 2014. "Is Libya a Proxy War?" *The Washington Post*, October 24.

3 パレスチナ問題

山本健介

紛争の形成と外部勢力の関与

「パレスチナ問題」と聞いて、民族や宗教の違いに基づく千年来の戦いをイメージする人は少なくないだろう。たしかに、パレスチナをめぐる紛争の主人公はユダヤ人とアラブ人であり、前者はユダヤ教徒で後者は大多数がムスリムである。いずれの紛争主体もしばしば民族的・宗教的な熱情を誇示して自身の主張を強化してきた。この紛争に関与する外部勢力が民族や宗教の紐帯をその行動理由に挙げることも多い。なにより、幾度となく繰り返される武力衝突と解決の糸口さえ見えない紛争の現状から、民族的・宗教的な憎悪に由来する宿命的な争いを想像してしまうのも無理はない。

しかし、パレスチナ問題を民族対立や宗教対立として単純に捉えることには問題がある。その一つは、争いの原因が民族や宗教の違いにあるという誤解に結びついてしまうことである。実際には、あくまでもパレスチナという領土への政治的な権利をめぐる対立がこの紛争の根幹にある。また、民族や宗教という単位が強調されると権力関係の側面が捨象され、対等な立場にある文化集団同士の対立のように映ってしまう。その場合、パレスチナ問題が外部勢力のさまざまな関与を伴いつつ、非対称な構図で展開してきた事実がかすんでしまう。さらに民族対立や宗教対立と言うと、一枚岩的にまとまった集団の対立が思い浮かぶが、各当事者のなかには、理想の国家像や政治戦略などに関してさまざまな意見対立が存在してきた。

このように通俗的なイメージに基づくパレスチナ問題の過度な単純化は、紛争の正確な理解を妨げてしまう。しかし、その一方、歴史的な展開を細やかに追うだけでは、紛争の全体的な特質を摑むことができない。安易な単純化でも単なる歴史の叙述でもこの紛争への理解は不十分に終わってしまう。本章では、パレスチナ問題の軌跡を捉えるうえで有用な着眼点として、①紛争主体の非対称な関係性、②外部勢力の関与、③紛争当事者内の多様性という三点に注目して、この問題の要諦を把握し、未来を見据えるために必要な歴史的前提を提供したい。

パレスチナ問題の形成を考えるにあたっては、ユダヤ人の入植者とアラブ人の先住者という二者の関係性とイギリスの果たした役割に注目する必要がある。

ロシアや東欧などから訪れたユダヤ人の入植者はシオニズムというユダヤ・ナショナリズムに支えられていた。シオニズムは、反ユダヤ主義からの解放を求めて一九世紀に生まれた。聖書でエルサレムやパレスチナを意味した「シオンの丘」へ帰還するという理念を掲げつつ、世俗的な立場から、ユダヤ教徒を近代的なユダヤ民族に昇華させようと試みた。一九世紀末からテオドール・ヘルツル（一八六〇〜一九〇四年）を中心として組織化が進み、離散した民族の根拠地を打ち立てる運動が開始された。

しかし、パレスチナには、数百年にわたって生活を営んできたアラブ人がいた。彼らは農民と都市エリートから構成され、宗教的に言えば、大多数がムスリムだったが、キリスト教徒やユダヤ教徒も社会に深く根づいていた。パレスチナのアラブ人は、宗教や氏族などへの帰属意識を持ちつつ、二〇世紀に入ると祖国パレスチナへの愛着を徐々に育んでいった〔Khalidi 1997〕。彼らから見たパレスチナ問題は、ユダヤ国家を建設するために入植してきたシオニストが父祖の地を奪い取り、先住者である彼らに取って代わろうとする物語だった。

シオニストは外交工作の末にイギリスと手を結び、自らの計画を支える強力な後援者を得た。イギリスはシオニストへの協力が他国のユダヤ共同体との関係構築やスエズ運河の権益死守などにおいて有用だと判断した〔Smith 2021〕。

一九一七年、イギリスは外相のバルフォアから著名な在英ユダヤ人への書簡のなかで、パレスチナにおけるユダヤ人のための民族的郷土の建設を支持すると表明した（バルフォア宣言）。パレスチナ住民の九割を占めていたアラブ人はこの文書で「非ユダヤ人」と矮小化され、政治的権利を備えた民族とは見なされなかった。さらにイギリスは、一九二〇年から始まるパレスチナ委任統治の綱領にバルフォア宣言を挿入し、人口の一割ほどにすぎなかったユダヤ人に将来的な民族自決権を付与した。

イギリスによる委任統治のもとでシオニストは国家建設の準備を進め、パレスチナのユダヤ人口は一九三〇年代後半には全体の約三割にまで増加した。アラブ住民は自ずとイギリスやシオニストに強い反感を抱くようになり、しばしば暴動や抗議運動を起こしたが、アラブ側の政治勢力は氏族などの単位で内部対立を抱え、十分に協力することができなかった。また一九四〇年代には、従来の親シオニスト政策を変更したイギリスに対して一部のユダヤ人が攻撃を仕掛けるようになり、パレスチナ情勢は混迷を極めた。こうしてイギリスは問題の解決を国際連合に委ねることを決めた。

一九四七年一一月に国連総会で可決された決議一八一号（パレスチナ分割決議）は、パレスチナをユダヤ国家とアラブ国家に分割し、エルサレムを国際管理下に置くと定めた。ユダヤ人はこの段階でもパレスチナ住民の三割ほどだったが、彼らに割り当てられた国土は全体の約六割に及んだ。シオニストは独立国家を確約する分割決議をおおむね歓迎したが、アラブ側は分割という発想自体や不均衡な領土配分に反発した。このシオニスト寄りとも言える決議が採択された背景には、欧州でのユダヤ人迫害に対する贖罪意識や、アメリカ政府に対するシオニストの働きかけがあったと言われる〔Smith 2021〕。

ユダヤ国家の樹立とアラブ・イスラエル紛争

パレスチナ問題の最大の分岐点は間違いなく一九四八年のイスラエル建国である。それはシオニストにとって、イギリスの背信やアラブ諸国の攻勢を乗り越えて独立を勝ち取った歴史的な偉業であり、民族的な悲願の達成だったが、パレスチナのアラブ人にとっては祖国の喪失と民族の離散という悲劇の幕開けだった〔パペ 二〇一七〕。

シオニストは国連で分割決議が発表された直後から、ユダヤ国家の基盤を固めるべくアラブ住民への攻勢を開始した。そして、一九四八年五月の委任統治終了とともに、イスラエルの建国を宣言した。その後、建国を認めないアラブ諸国との間で戦争が勃発したが（第一次中東戦争、一九四八～四九年）、結果的にイスラエルは分割決議での予定地よりも多くの領土を獲得し、パレスチナ全土の七七％を支配下に収めた。残されたヨルダン川西岸とガザもそれぞれヨルダンとエジプトの支配下に置かれ、委任統治領として存在したパレスチナという名称は地図上から姿を消した（図1）。

一連の戦闘で五百以上のアラブ村落が破壊され、当時のアラブ住民の半数にあたる約七〇万人が難民

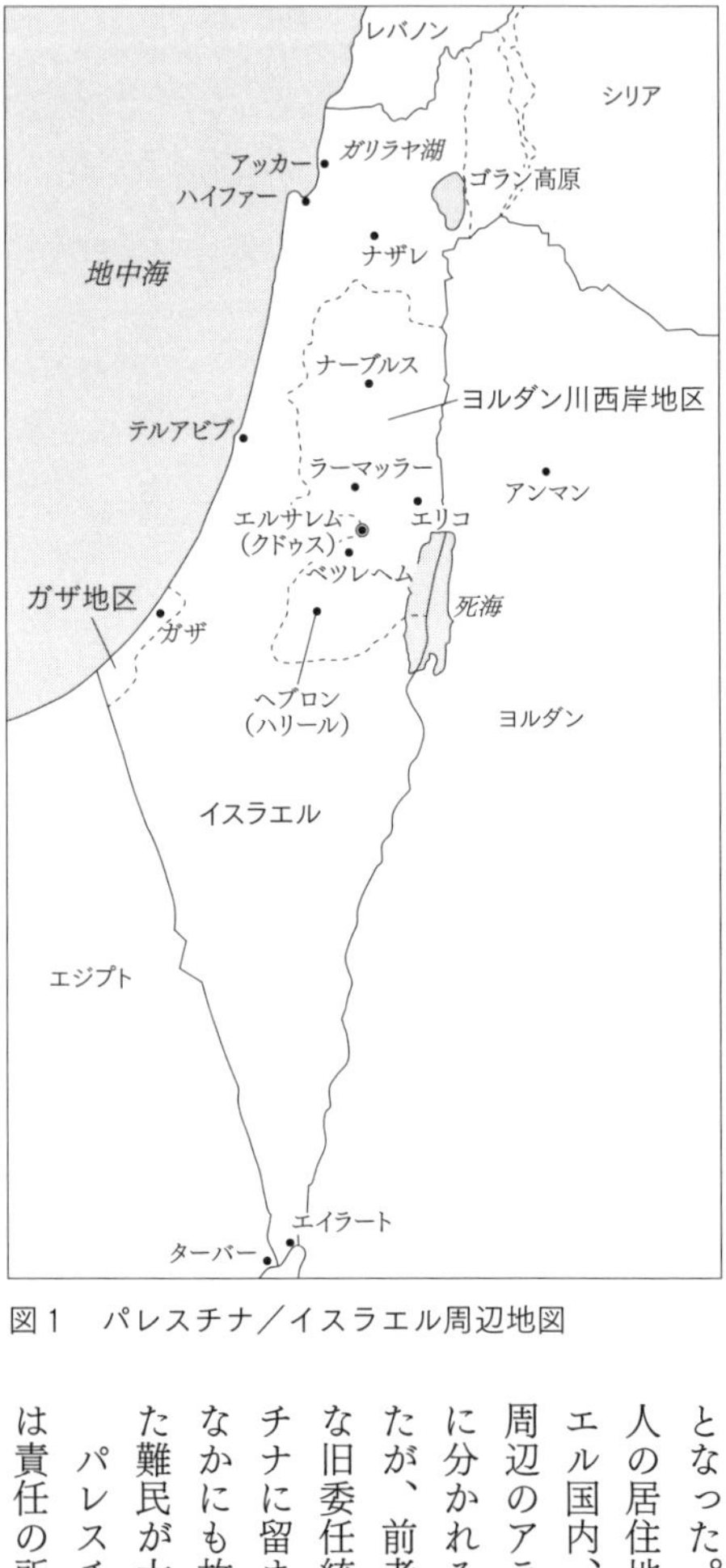

図１　パレスチナ／イスラエル周辺地図

となった。パレスチナ人の居住地は、イスラエル国内、西岸・ガザ、周辺のアラブ諸国などに分かれることとなったが、前者二つのような旧委任統治領パレスチナに留まった人々のなかにも故郷を追われた難民が大勢含まれる。

パレスチナ難民問題は責任の所在や帰還の権利、財産の補償といった数々の論点を生み出した。しかし、イスラエルは難民のあらゆる権利保障の責任を否認したうえに、国内に残された土地や財産を接収していった。パレスチナ・アラブ人の離散と祖国の喪失は「ナクバ」（アラビア語で「大災厄」の意）と呼ばれ、パレスチナ人という民族意識の形成に大きな影響を与えた。

イスラエル建国により、シオニストとパレスチナ人の対立は、主権国家と離散民が対峙する構図に変化した。さらに、戦後の混乱のなかでパレスチナ人は一つの民族としての地位を確立することができず、一九五〇年代から六〇年代の紛争は、パレスチナ人の手を離れ、イスラエルとアラブ諸国の国家間対立として進展した。たとえば、第二次中東戦争は、エジプト大統領のナーセル（ナセル、一九一八〜七〇年）によるスエズ運河国有化宣言を直接的な契機として、一九五六年にエジプトとイスラエル、イギリス、フランスの三国との間で戦われた。三国はスエズ運河の近郊にまで軍を進めたが、最終的にはアメリカとソ連の圧力によって撤退を余儀なくされ、この戦争はナーセルが第三世界のリーダーとして威信を高める第一歩になった。国有化宣言の数年前から、パレスチナ難民がイスラエルにゲリラ攻撃を仕掛けており、それが第二次中東戦争の遠因をなしていたが、この戦争をめぐる動きのなかにパレスチナ人の出番はなかった。彼らが政治的な組織化を遂げるのは、一九六七年六月に起こった第三次中東戦争以降である。

第三次中東戦争はイスラエルの圧勝に終わり、わずか六日間でシナイ半島、ゴラン高原、ヨルダン川西岸、ガザが占領された。今やパレスチナ全土がイスラエル支配下に置かれ、戦闘の過程では新たに四〇万人以上のパレスチナ人が難民となった。電光石火の戦勝を誇り、イスラエルはこの戦闘を「六日間戦争」と呼ぶが、パレスチナ人はナクバに次ぐ悲劇「ナクサ」（アラビア語で「挫折」の意）として記憶している。

第三次中東戦争を受けて国連安保理決議二四二号が採択され、イスラエルがアラブ諸国に占領地を返還するのと引き換えに両者の国交を樹立するという「土地と平和の交換原則」が生み出された。この決議は返還されるべき占領地を特定しておらず、パレスチナ人の自決権にも触れていないという欠陥を持っていたが、現実的な問題解決の土台として国際的に認知されるようになった。

この頃から、アメリカは、域内大国となったイスラエルを冷戦上の戦略的資産として重要視し、イスラエルを支える最大の外部勢力としてふるまい始める。アメリカは国内でイスラエル寄りの広報活動を行うロビー団体の後押しもあり、潤沢な援助や外交政策を通じてイスラエルを支え、冷戦終結後も親密な関係を維持した〔立山 二〇一六〕。

「国なき民」の解放闘争

第三次中東戦争以降、パレスチナ解放機構(PLO)を中心に、パレスチナ人がアラブ諸国に代わる独立した紛争主体として存在感を示し始めた。PLOは一九六四年にナーセルの後押しで設立された官製機関だったが、第三次中東戦争を契機にパレスチナ難民主導の武装政治組織が中軸を担うようになり、一九六九年には主力党派であるファタハ(パレスチナ祖国解放運動)のヤースィル・アラファート(一九二九〜二〇〇四年)がPLO議長に就任した。パレスチナ人の「亡命政府」として生まれ変わったPLOは、武装闘争によるパレスチナ全土の解放と「世俗的・民主的パレスチナ国家」の樹立を目標に掲げた〔Sayigh 1997〕。

当時PLOにとって懸案事項だったのは、非国家主体という立場ゆえに安定的な活動拠点を持てないことだった。PLOは、ヨルダンやレバノンで、軍事作戦の拠点を形成しただけでなく、パレスチナ人の居住地域を対象に公共サービスなども提供し、「国家内国家」を作り上げていった。しかし、こうした動きは自ずと現地政府との間に軋轢を生んだ。一九七〇年には、増長するPLOに警戒感を強めたヨルダン政府が掃討作戦を実施し、PLO関係者を国外へ退去させた(ヨルダン内戦)。次に一大拠点となったレバノンでは、一九七〇年代からPLOの伸長が隣国シリアの介入を伴う内戦を招き(レバノン内戦)、一九八〇年代にはPLOの殲滅を目的とするイスラエル軍の侵攻を生んだ。PLO関連施設は壊滅的な損害を受け、拠点はチュニジアに移された〔Sayigh 1997〕。

ＰＬＯは武装闘争を展開するかたわら、外交にも強い関心を向けていた。一九七〇年代にＰＬＯは早くもパレスチナ全土の解放に留保を付けるようになり、関係各国との交渉を通じて、一九六七年の占領地に国家を樹立する可能性を示した。これにはＰＬＯ内部でも全土解放にこだわる勢力から強い反発があったが、こうした立場の軟化により「パレスチナ人の唯一正統な代表機関」として国際的な承認を受け、一九七四年に国連でオブザーバー資格を得るに至った。

ＰＬＯがパレスチナの部分解放と独立国家を志向していく背景には国際的な力学も働いていた。一九七三年にエジプトとシリアが自国の失地を奪還するべく、イスラエルに奇襲攻撃を仕掛けて開戦された第四次中東戦争は、緒戦においてエジプトとシリアが善戦し、湾岸アラブ産油国も石油戦略を発動して後援したが、最終的にはイスラエル軍の勝利で幕を下ろした。戦後、国連安保理は決議二四二号の「土地と平和の交換原則」を踏襲する決議三三八号を採択し、同年末には両決議を土台とした中東和平会議が米ソを共同議長として開催された（イスラエル、エジプト、ヨルダンが参加）。一九七九年にエジプトがイスラエルと和平条約を結ぶと、イスラエルの存在を前提とした域内秩序の構築がさらに促進されていった〔Khalidi 2013〕。

占領地をめぐる政治

一九六七年以降、イスラエルがヨルダン川西岸とガザを支配下に置いたことで、主権国家イスラエルと非国家主体ＰＬＯという非対称戦に加えて、占領国のイスラエルと被占領民のパレスチナ人という権力関係が生まれた。

占領下のパレスチナ人は、日常的な移動の自由を認められ、イスラエルでの出稼ぎを通じて経済状況を好転させることもできた。しかし、彼らはあくまでも単純労働力としてイスラエル経済に取り込まれており、占領地におけるユダヤ人入植地の建設や土地の接収、水資源の利用規制でパレスチナ社会の自律的な発展は阻害されていた。また、占領政策に反抗するパレスチナ人に対しては、令状なしの行政拘禁や追放処分などが行われた。

こうした状況下で一九八七年に起こったのがインティファーダと呼ばれる民衆蜂起である。これは占領地のパレスチナ人がPLO支持を掲げ、占領からの解放と独立国家の樹立を求めて立ち上がった反乱である。この蜂起は、デモやストライキ、税金の不払いといった市民的抵抗の特徴を強く帯びていたが、イスラエルは、大規模な部隊を送り込んで鉄拳制裁を試みた〔鈴木 二〇二〇〕。それでもこの蜂起を容易に鎮圧することはできず、力による占領は限界を露呈しつつあった。この経験は後の和平プロセスを生み出す一つの背景要因になる〔立山 一九九五〕。

そしてインティファーダを追い風として、PLOは一九八八年に国連安保理決議二四二号と三三八号を受諾し、占領地におけるパレスチナ国家の独立を宣言した。さらに、PLOは紛争の平和的解決を尊重すると表明し、テロリズムの拒絶を言明した。ここでPLOは武装闘争という手段とパレスチナ全土の解放という大目標を正式に放棄したのである。これを受けてアメリカはPLOとの接触を開始したが、右派政権下にあったイスラエルは依然としてパレスチナ人という民族の認知を避け、PLOとの和平交渉を拒み続けていた。

当時PLO指導部は、インティファーダで名を上げた新出の若手指導者や、武力によるパレスチナ全土の解放を掲げたイスラーム主義組織ハマース（ハマス）の台頭に危機感を抱いていた。また、一九九一年の湾岸戦争でイラク支持の立場をとったＰＬＯはアメリカとの関係を悪化させたうえ、湾岸産油国からの財政援助も失い、存続の危機に追い込まれていた。こうした苦境のなか、ＰＬＯはイスラエル政府関係者との秘密交渉を進め、一九九三年に「暫定自治協定に関する原則宣言」（通称オスロ合意）を結んだ。この合意はイスラエルとＰＬＯの相互承認を土台とし、占領地からのイスラエル軍の撤退とパレスチナ人による自治の開始を骨子としていた。

非対称な当事者の和平プロセス

オスロ合意でイスラエルとＰＬＯが相互の正統性を承認したことは、互いの権利要求を真っ向から否定してきた紛争の歴史において大きな意義があった。その一方で、和平プロセスにおいてもイスラエルとＰＬＯ（パレスチナ人）が国家主体と非国家主体、占領国と被占領民という非対称な関係にあることは変わらなかった。そのため、強者であるイスラエルの意向で和平プロセスの進展が左右されうるという脆弱性を抱えていた。

オスロ合意の一つの特徴は、イスラエルとパレスチナ人の間で認識が異なるという同床異夢の側面である。イスラエルにとってオスロ合意は、占領地の部分的返還によって安全保障環境を改善するとともに、占領継続の外交的・軍事的なコストを軽減するための取り決めだった。実際に、イスラエルは、和平プロセスで結成されたパレスチナ自治政府（ＰＡ）との間で武装勢力や反乱分子に対抗する安全保障協力を結び、共同で占領地の治安維持に取り組むようになった。一方、パレスチナ人の間では、しばしばオスロ合意が占領からの解放と独立国家の樹立をもたらすものと理解された。イスラエルは占領体制の完全な撤廃を想定してはいなかったが、オスロ合意を推進したパレスチナ人の指導者たちは、暫定自治の先に独立国家が待ち受けていると喧伝した〔Eisenberg and Caplan 2010〕。

さらに、オスロ合意に対しては根強い反対勢力が存在した。イスラエル国内には、安全保障の面から全占領地の保持を要求する右派や、ヨルダン川西岸に宗教的・民族的な思い入れを抱く宗教右派がいた。一九九五年には宗教右派の青年が、オスロ合意を締結した労働党所属のイスラエル首相イツハク・ラビン（一九二二〜九五年）を殺害する事件が起こった。他方、パレスチナ人の間では、難民の帰還権やパレスチナ全土の解放を事実上放棄したこと、独立国家の確約を欠いていたことなどに批判が浴びせられた。反オスロ合意の最先鋒に立ったのはハマースだったが、ＰＬＯやファタハの内部からも不満が続出した〔Eisenberg and Caplan 2010〕。

こうした問題を抱えつつスタートした和平プロセスは、暫定自治に関わる協議と解決困難な事案（入植地の処遇や国境の画定など）を議論する最終地位交渉の二段階に分かれていた。

一九九四年から九九年までに結ばれた一連の協定でイスラエル軍の段階的な撤退とパレスチナ人の自治の拡大が進められた。一九九四年にはＰＡが結成され、九六年にアラファートが初代大統領に選出された。だが、暫定的な自治機構であるＰＡの主権は大幅に制限され、国境管理や徴税などはイスラエルの所掌事項とされた。さらに、イスラエルは安全保障上の懸念を理由に占領軍の撤退を渋り、暫定自治の予定期間が終了しても、占領地の六割を完全な支配下に置いていた。そのうえ、パレスチナ人がある程度の権限を掌握した地域も入植地などで地理的に分断されていた。

暫定自治も整わないまま、二〇〇〇年には最終地位交渉が開始された。アメリカのビル・クリントン政権が仲介したこの会談では、労働党所属のイスラエル首相エフード・バラク（一九四二年〜）が、占領地からの大規模な撤退を提案し、一定の譲歩を示した。それでもエルサレムの領有権などをめぐってアラファートとの溝が埋まらず、和平合意の締結は見送られた。その後、二〇〇一年に再び和平交渉の機会が持たれ、合意形成まであと一歩のところに辿り着いた〔Eisenberg and Caplan 2010〕。

しかし、その頃には、和平プロセスへの不満を背景として二〇〇〇年九月に始まった、パレスチナ人の民衆蜂起アクサー・インティファーダが全土に拡大し、武力衝突が頻発していた。そして、右派政党リクードのアリエル・シャロン（一九二八〜二〇一四年）が二〇〇一年三月にイスラエル首相に就任すると、パレスチナ人に強硬な姿勢を示す党の方針から、和平の好機は再び遠のくこととなった。これ以降、和平交渉を推進した労働党は凋落し、今日まで右派のリクードがイスラエル政治の中心を占めている。

◆ポスト和平プロセスの混迷

二〇〇一年に和平プロセスが崩壊して以降、交渉による紛争解決の見通しが立たないまま、双方の紛争当事者は単独行動主義の傾向を強めていった。

民衆蜂起の激化を受けて、二〇〇二年にシャロン首相はパレスチナ自治区の再占領に踏み切った。その過程で検問所が増設され、移動規制が厳格化されたことで、パレスチナ自治区の分断はさらに進行した。シャロンは、パレスチナ人の軍事拠点に集中的な攻撃を仕掛けるとともに、武装組織の行動を抑止できないアラファートを攻め立て、大統領府を複数回にわたって包囲した。シャロンが抑圧的な政策を実行していく際には、アメリカ同時多発テロ事件（九・一一事件）以降の反テロ言説やアメリカのジョージ・W・ブッシュ政権との蜜月関係が有用な後ろ盾となった〔臼杵 二〇〇九〕。さらに同年、イスラエルは安全確保のための措置として分離壁の建設に着手した。壁の建設は独断で決定され、西岸にある大型入植地やその周辺区域がイスラエル側に組み込まれた。イスラエルは、本来ならばパレスチナ側と協議して決めるはずの国境策定に等しい作業を自らの思い通りに実行したのである。

この頃、和平プロセスの頓挫を受けて、反オスロ合意の立場を堅持してきたハマースがパレスチナ人の間で人気を得つつあった。さらに祖国解放運動の象徴だったアラファートが二〇〇四年に逝去すると、ファタハの権勢に陰りが見えるようになった。PAの権威主義的な統治手法や腐敗、機能不全などの問題もファタハの印象を悪化させていた。

こうした背景から二〇〇六年のPA議会選挙でハマースは第一党に躍り出た。これに対し、欧米諸国やイスラエルは、ハマースが国連安保理決議二四二号などを受諾し、武装闘争を放棄しない限り、PAの政権を担うことは認められないと主張した。そしてハマースがこれを拒否するとPAの生命線である海外援助が停止された。混乱のなかハマースとファタハの軋轢は武力衝突に発展し、二〇〇七年以降、西岸とガザにそれぞれファタハとハマースの政権が分立することとなった。イスラエルはこの頃からハマース政権下のガザを封鎖し、人や物資の出入りを厳しく制限し始めた〔錦田 二〇一四〕。

ファタハとハマースの国民和解はこれまで何度も試みられてきた。だが、非暴力の外交路線を通じて、国家の体裁を整え、既成事実を作ろうとするファタハと、強硬路線を捨てずに武装闘争を続け、イスラエルから政治的譲歩を引き出そうとするハマースが完全に歩みをともにすることは容易でない。また両者の長年にわたる対立は、パレスチナ人の間に公的政治への不信感を生んでおり、二〇一〇年代以降に占領地で見られる抗議運動や蜂起においては非党派的な動員のあり方が目立つようになっている〔山

本 二〇二二〕。祖国解放の試みが一向に前進せず、暮らし向きもよくならない状況で、パレスチナ人は包括的な政治戦略を再建する必要に迫られている。

膠着する紛争の現在と未来

今日パレスチナ問題が解決に向かう道筋を描くことは極めて困難である。長らく既定路線とされてきた二国家共存案も批判的な再検討を迫られつつある。かねてから、パレスチナ人のなかには、二国家共存を基盤とするオスロ合意が、難民の帰還権やイスラエル国内の土地への権利要求など、一九六七年以前に根を持つ重要課題を等閑視してきたことへの批判があった〔Said 2001〕。和平プロセスの失敗が明白になってからは、二国家解決案で対処できない問題をカバーしうる一国家案がパレスチナ人のみならず多くの人々から注目を集めたが、それも一種の理想論に留まっている〔錦田 二〇二二〕。

また、とりわけ二〇一〇年代からは、イスラエル政治の右傾化とともに占領体制の固定化が進み、パレスチナ国家の樹立がますます遠のいたことで、二国家共存の熱心な支持者でさえもその実現可能性を疑問視し始めている。今や東はヨルダン川から西は地中海に至る歴史的パレスチナの全域は事実上イスラエルが支配する一つの国家をなしており、そこにはユダヤ人を頂点とする階層的な民族統治が敷かれている〔Lustick 2019〕。

イスラエルが圧倒的な優位性を確立するうえでアメリカが果たしてきた役割は決して小さくない。パレスチナ人に対する過剰な暴力の行使や占領地での入植地建設、土地の押収などは、アメリカが国連安保理で再三にわたり拒否権を発動してイスラエルに対する非難決議を阻んできたことで温存されてきた。

とくに親イスラエル傾向が強かったドナルド・トランプ政権は、パレスチナ難民の帰還権を否定し、占領地の一部である東エルサレムやゴラン高原のイスラエル主権を認めた。そのうえ、入植地などで分断された占領地の現状をそのまま追認するような「和平案」を提起した。たしかにアメリカ国内で伝統的な親イスラエル路線に見直しを求める声は高まっているが〔立山 二〇一六〕、対外政策に明らかな変化が生まれる兆しはまだ見られない。アメリカの態度に変化が見られない限り、パレスチナ問題の非対称な構図が是正されていく望みは薄いままである〔Barnett et al. 2023〕。

二一世紀に入って以降、イスラエルとパレスチナ人による和平への政治的な取り組みが完全に破綻し、西岸やガザでは凄惨な武力衝突が繰り返されている。そのなかで、二国家案や一国家案といった将来像の考案以前に、和解や平和共生の機運そのものが低下しつつある。しかし、パレスチナ問題の本質的な解決を置き去りにしたまま中東や世界の平和と安定を望むことはできない。これは紛れもない事実である。ならば、日本に住む私たちも「自分事」として、パレスチナ問題の公平・公正な解決のため、これまでとは異なる関与のあり方を粘り強く模索していく必要があるだろう。

参照文献

臼杵陽『イスラエル』岩波書店、二〇〇九年。

鈴木啓之『蜂起〈インティファーダ〉——占領下のパレスチナ1967–1993』東京大学出版会、二〇二〇年。

立山良司『中東和平の行方——続・イスラエルとパレスチナ』中公新書、一九九五年。

——『ユダヤとアメリカ——揺れ動くイスラエル・ロビー』中公新書、二〇一六年。

錦田愛子「パレスチナ／イスラエル 一国家案の再考——国家像をめぐる議論の展開とシティズンシップ」『経済

志林』七九巻四号、二〇一二年。
――――「パレスチナ――ハマース否定が導いた政治的混乱」青山弘之編『「アラブの心臓」に何が起きているのか――現代中東の実像』岩波書店、二〇一四年。
パペ、イラン『パレスチナの民族浄化――イスラエル建国の暴力』田浪亜央江・早尾貴紀訳、法政大学出版局、二〇一七年。
山本健介「パレスチナ人の現在地――分断と団結のあいだ」『αSYNODOS』二九五号、二〇二二年。
Barnett, Michael, et al. eds. 2023. *The One State Reality : What Is Israel/Palestine?* Cornell University Press.
Eisenberg, Laura Zittrain and Neil Caplan. 2010. *Negotiating Arab-Israeli Peace : Patterns, Problems, Possibilities (Second Edition).* Indiana University Press.
Khalidi, Rashid. 1997. *Palestinian Identity : The Construction of Modern National Consciousness*. Columbia University Press.
――――. 2013. *Brokers of Deceit : How the U.S. Has Undermined Peace in the Middle East*. Beacon Press.
Lustick, Ian S. 2019. *Paradigm Lost : From Two-State Solution to One-State Reality*. University of Pennsylvania Press.
Said, Edward W. 2001. *The End of the Peace Process : Oslo and After (Updated Edition)*. Vintage Books.
Sayigh, Yezid. 1997. *Armed Struggle and the Search for State : The Palestinian National Movement, 1949–1993*. Oxford University Press.
Smith, Charles D. 2021. *Palestine and the Arab-Israeli Conflict : A History with Documents (Tenth Edition)*. Bedford/St. Martin's.

4 宗教と政治

高尾賢一郎

なぜ、宗教と政治なのか

宗教と政治の関係は、現代の国家あるいは社会のあり方を問うに際して、絶えず重要な問題として議論されてきた。この際に争点となるのは宗教と政治が結びついているか、分かれているかである。この背景にあるのは、両者が結びつきを断つことで健全な国家運営が行われ、諸宗教の平等も実現するという、西洋近代に由来する国家と社会の統治に対する認識だ。現代日本であれば、明治期から太平洋戦争にかけての国家神道体制への反省がその中心にあるのは言うまでもなく、二〇二二年七月の安倍晋三元首相銃撃事件もまた、世界平和統一家庭連合（旧統一教会）と自由民主党、すなわち宗教と政治の結びつきが招いた悲劇と捉えられる向きがある。

さて、中東諸国に関しては宗教と政治が分かちがたく結びついているとしばしば指摘される。そのうえでさまざまな対立や戦争、また社会問題の原因をその結びつきに求める説明――「宗教戦争」や「宗派対立」といった表現とともに――がとくに日本では定番だ。こうした言説には、宗教を過度に問題の元凶と見る誤解や偏見が見られる一方、争いの当事者が自派の正統性のアピールや競合相手への誹謗中傷で宗教的要素に言及することもままあるため、宗教と政治の関連を必ずしも否定できないのが実情である。

ところで、宗教と政治が「結びつく」とは具体的にどういう状況を指すのか。たとえば街中に寺院があったり、祭祀などの行事があったりといった、宗教が文化的要素として社会に浸透している状況、また宗教の教えに基づいた生活困窮者救済のための政策を問題視する人はそういないだろう。問題となるのは、市民が平等に享受するべき公的なサービスや諸権利が信仰の有無や違いによって異なるといった、宗教を基準に生まれる世俗内格差である。本章では、現代の中東諸国の状況について俯瞰を試みつつ、宗教と政治の結びつきが理念や制度のうえでどのように成り立っているか（いないか）を論じる。

政教一致の中東諸国

二〇二三年一月、イスラエルのネタニヤフ政権は、最高裁判所の権限を縮小する一方、政府の司法介入の権限を拡大する司法制度改革案を発表した。これは法曹界、学生、市民、また政府内の一部からも反発を招き、国内各地での大規模なデモにつながった。並行して活発化したのが、性的少数派（LGBTQ）の権利確保を訴える運動だ。一九八〇年代以降、LGBTQの各種権利（結婚、養子縁組、相続など）が法制化されたイスラエルは、中東における性的多様性の先進国と位置づけられてきた〔保井 二〇一八〕。しかし司法制度改革案によってイスラエルがLGBTQ先進国ではなくなるという懸念が一部の人々の間に広まった。この背景には、LGBTQに批判的な保守的なユダヤ教勢力を支持基盤とするネタニヤフ政権が、彼らの意見を政策に反映させているという認識がある。実際、司法制度改革案の議論と並行して一部閣僚は、ＬＧＢＴＱの権利縮小につながる政策を進める意向を示した。

この種の政教一致、つまり政策に宗教的価値観が反映されることで市民の基本的権利が侵害されたり、社会の多様性が否定されたりする様子は、多くの日本人が中東諸国の政治・社会情勢に対して抱く、前近代的で後れたあり方といったイメージにおおむね沿ったものではないだろうか。イスラエルの場合、宗教的価値観とはユダヤ教のそれだが、中東諸国の宗教的マジョリティといえばイスラームである。そしてそれは、ユダヤ教以上に政治と結びついた宗教と捉えられてきた。その理論を丁寧に説明した小杉〔一九九四〕によるイスラーム政教一元論は、政治と宗教が分化した世界観で確立したキリスト教に対して、イスラームが初期のマディーナにおける共同体（ウンマ）のあり方を元に、政治と宗教が未分化な性質を備えたことを強調する。すなわち今日の私たちが考える、社会の一領域としての狭義の宗教では収まらない、政治、経済、そのほかのあらゆる領域を包摂するものとしてのイスラーム理解――言うなればイスラーム非宗教論――を提示し、それは今日に至るまで説得的なものとして普及している。

もっとも、イスラームの政教関係のあり方を特殊と見ることには、宗教と政治を分ける、厳密に言えば宗教を特定の領域に留める西洋近代の理解の枠組みがいかに支配的であるかの裏返しといった面もある。言い換えれば、宗教と政治をめぐるイスラームの理解について洞察することは、現代世界がときに無自覚に受容してきた西洋近代を見つめ直す取り組みにもつながる。これは日本の政教関係について考える場合も同じである。

さて、私たちはどのような事例を通して、中東諸国で宗教と政治が結びついていると認識するのか。イスラームの場合を例にとれば、最もわかりやすいのはヴェラーヤテ・ファギー（法学者の統治）と呼ばれるイランの体制だろう。民選の大統領とは別に、イスラーム学者によって選出される「最高指導者」は、国軍司令官であり、司法権長の任命権や大統領の解任権を有する。高位なイスラーム学者としての彼の判断は政治領域にも及ぶため、国家の最高意思決定者と位置づけられる〔吉村 二〇〇五〕。またサウディアラビアでは、国王自身は世俗的な権威だが、社会のあらゆる規範は少なくとも建前としてイスラームの教えに抵触しない形をとり、このため政治、経済、また個々人の生活のすべては宗教的価値観を反映したものと解釈されてきた〔高尾 二〇二二〕。

国民国家である以上、各国においてイスラームと政治との結びつきを合法化するのは基本的に憲法をはじめとした成文法、すなわち世俗の法律である。中東ではトルコとレバノンが憲法で明確に政教分離を掲げているが、ほかの国々ではおおむね国教ないし公認宗教といったなんらかの法的地位がイスラームに与えられている〔末近 二〇二〇〕。先述したイランでは国家の公式な信仰がイスラームのシーア派十二イマーム派と憲法で定められ、サウディアラビアでも最上位の成文法である統治基本法で聖典クルアーンと預言者ムハンマドの慣行スンナというイスラームの二大典拠が「憲法」と位置づけられる。つまり中東におけるイスラームの政教一致は、イスラーム自体の政教一元的な性格に加え、これを統治原理ないし政治的イデオロギーとして活用し、社会秩序を維持しようとの各国の体制側の思惑の双方によって実現していると言ってよい。

なお、イスラエルに関してはサウディアラビア同様に成文憲法がなく、ほかの法律にも国教を定める条項は存在しない。しかし、事実上の憲法である基本法および独立宣言において「ユダヤ教（人）国家」を標榜している点で、ユダヤ教に特定の地位が与えられていることは自明である〔ラブキン 二〇一二〕。

政教分離の中東諸国

ところで、特定の宗教になんらかの法的地位が与えられる状況が中東固有かというと、決してそうではない。たとえばイギリスでは国王がイギリス国教会の首長を兼ね、北欧諸国は国教制度を敷いている。またドイツでは宗教教育が公立学校の正規科目となるなど公認宗教制度をとっており、イタリアやスペインも同様だ。アメリカでは、近代的な宗教理解とピューリタニズムの伝統が融合した「見えざる国教」に統治原理、道徳秩序としての役割が与えられている〔森 一九九六〕。もとより政教分離には、大雑把に言って宗教による政治への関与の禁止と、政治による宗教への関与の禁止という、ベクトルを異にする二つのパターンがあり、それぞれが逆のベクトル——前者であれば政治による宗教への関与——を理論的に許しうる点からも、宗教と政治の完全な分離は難しい。なお日本の政教分離は後者のパターン（憲法第二〇条および第八〇条）に該当し、公金の宗教活動への使用は認められないが、宗教団体による政治活動は可能である。

逆に言えば、中東諸国でも宗教の地位が法的に保証されているからと言って、ただちに政教一致が成り立つわけではない。むしろ多くの国々では第二次世界大戦後の独立ないし誕生を経て、両者が結びつくことへの政府による強い警戒が見られた。これは西欧諸国の支配下で世俗教育を受けた新しいエリート層、また特権を享受した少数派が、イスラーム学者（ウラマー）をはじめとする宗教知の担い手や名望家を排除する形で、独立・誕生後に政治的実権を握ってきたためである。なかでも、イスラームにとって代わる新しい政治イデオロギーとして普及したアラブ・ナショナリズムは、たとえばエジプト大統領のナーセル（ナセル、一九一八〜七〇年）のような旗手と呼べる指導者を通じて地域全体に影響力を及ぼした。イスラームを後進性の象徴と見なして世俗主義を掲げたトルコは極端にしても、多くの国でイスラームは文化的な豊かさを裏づけ、家族観を含めた社会の倫理・道徳規範の基底をなすものとして重要視される一方、基本的には政治が管理すべき対象と位置づけられたのである。二〇世紀後半、日本を含む世界各国からムスリム留学生を受け入れ、アフリカにおけるイスラーム宣教の中心となったリビアであっても、それを可能にしたのは社会主義的な指導者のカッザーフィー（カダフィ、一九四二〜二〇一一年）によるソフトパワー戦略だ〔小林 二〇二一〕。

こうした状況で、宗教が文化や生活上の価値観の枠を超えて、逆に政治を管理すべきだと訴える思想や運動が起こるとどうなるのか。それは腐敗した世俗主義政権に不満を抱く市民から一時的に共感を寄せられることはあっても、現代史を振り返れば、多くが社会の秩序安寧を脅かす過激主義やテロリズムとして断罪されてきた。宗教に許されるのが、せいぜい今ある社会をよりよくするための知恵を提供することであり、社会のシステムそのものにとって代わるべきではないと考えるのは、欧米も中東も、また日本でも同じだ。

ただし中東において、秩序安寧を脅かした責任を問われるのは必ずしもイスラームそのものではない。一部の人々がイスラームの名のもとに暴力を行使して社会の治安を乱しているが、それは本来のイスラームとは真逆の姿だ——過激主義やテロリズムの発生に際して政府はしばしばこうした声明を用意する。これは、事実上の政教分離体制をとる中東諸国であっても、イスラームを一種の錦の御旗として所有し続けようとする思惑が政府側にあることを示す。つまり中東諸国における政教分離の本懐は、宗教と政治を完全に分けるというより、政府の管理によって公式な宗教言説を形成し、それ以外の宗教言説や体制に従わない宗教勢力は認めない、場合によっては非合法化することにある。これによって、一方でイスラームを国教とし、他方ではイスラームを徹底して管理あるいは弾圧するといったある種のアンビバレンスも成り立つ。こうした状況は政教一致国家と見なされるイランやサウディアラビアでもそう大きくは変わらないか、むしろ公式な宗教言説の形成に意欲的であるため、より顕著である。

世俗主義体制のもとでいかに宗教が管理ないし弾圧されてきたか、また一部の宗教勢力がそれに抵抗してきたかは、中東現代史を対象とした研究において主たる関心の一つであり続けた。とりわけイスラーム政治運動団体であるムスリム同胞団の伸長と、これを受けた政府の弾圧に関しては多くの研究蓄積がある〔Mandaville 2014〕。先述のアンビバレンスを踏まえれば、ここで求められるのは同胞団と政府の関係を宗教と政治の対立と単純化しないことであろう。たとえばエジプトやシリアにおいて、同胞団は世俗的な体制下での政治的実権の獲得を目指し、政府は自派にとって望ましい公式な宗教言説を同胞団の手によって瓦解させまいとした。ここからわかるように、宗教と政治の関係は二項対立に基づいて読み解けるものではなく、中東諸国ではあらゆる主体がその両面を兼ね備えていると考えるのがよい。

中東諸国と世俗化

ではここで、宗教と政治の関係を少し別の角度から眺めてみよう。欧米であれ中東であれ、近代以降の政治による管理を通して宗教がかつての影響力を失ったことは間違いない。一般に世俗化（secularization）と呼ばれる現象である。宗教が政治から分化し、公的な影響力を失うことで人々がそれに費やす時間、労力、金銭、情熱なども減少していく——以上を世俗化論は近代化に伴う普遍的なプロセスと見なしてきた〔ウィルソン 二〇〇二〕。
しかし、こうした現象は同時に宗教の新たな展開とも捉えられてきた。公的な領域から排除され、不可視化、私事化することで宗教は逆にすそ野を広げ〔ルックマン 一九七六〕、今日では交換や選択が可能なものとして商品化し、消費され、さらには特定の教義や組織に縛られない霊性文化（スピリチュアリティ）として幅広い需要を獲得するに至った。世俗化をただちに宗教の衰退とする理解は、今やほとんど有効性を持たないと言ってよい〔カサノヴァ 二〇二一〕。

これに対して、イスラーム諸国を対象とする研究では、主に西洋キリスト教社会を舞台に展開してきた世俗化論を適用する試み自体が限られてきた〔大塚 二〇〇四〕。というより、イスラーム諸国を対象とする研究の多くは世俗化論に対して二重の拒否で臨んできた。一つ目は、いわゆる近代化へのアンチテーゼとしての意味も含め、宗教の社会的影響力の低下や人々の「宗教離れ」を否定するものだ〔ケペル 一九九二〕。もっともこの点については、世俗化論自体も宗教の衰退を全肯定してきたわけではないことをすでに述べた。

その意味で、より重要なのは二つ目の拒否であろう。それは世俗化以後の西洋や日本で見られる宗教実践の多様化が、世俗化を経た宗教の変容と捉えられるのに対し、イスラーム社会の宗教実践は、仮に従来とは異なる形で現れても基本的に既存のイスラームの枠内で語られる点だ。たとえば前者がしばしば従来の宗教とは異なる、「宗教的なるもの」と捉えられてきたのに対し、大塚〔二〇〇〇〕が言い表した「イスラーム的なるもの」があくまでもイスラームの時代ないし地域的な多様性として議論されてきたことは、この問題を考えるうえで示唆的である。

さて、視点を再び現実の中東諸国に向けたい。理論としての世俗化が中東諸国（イスラーム社会）と相性が悪いのは別として、「宗教離れ」と呼べる状況は確認できるのか。アラブ首長国連邦（ＵＡＥ）の調査機関アスダー（Asda'a BCW）が実施した、アラブ・イスラーム諸国の若年層（一八カ国の一八〜二四歳の自国籍保有者三六〇〇人への対面インタビュー。男女比均等）を対象とする二〇二三年の調査によれば［Asda'a BCW 2023］、自身の最も重要なアイデンティティとして「宗教」を挙げた人は全体の二七％を占め、これは「家族・部族」と並んで最多である（なお、ほかの回答の選択肢については、「国籍」一五％、「言語」一一％などがあり、最少は「政治信条」の四％）。また国家の法律がイスラームの定める生活規範に基づくべきだとの回答は六二％と、過半数に上る。ただし、一方では六五％が中東における宗教の役割を「大きすぎる」と回答し、五八％が宗教機関に対してなんらかの改革が「必要」と判断した。

ここからうかがえるのは、宗教（イスラーム）に基づいた価値観を重視し、それが社会通念として共有されることにやぶさかでないが、同時に限度もあるといった加減への思いだ。この背景にあるのは、まずもって先述した過激主義やテロリズム、すなわち宗教が社会で強制力や権力を獲得すべきだと主張する思想・運動に対する強い警戒だと思われる。加えて本調査は若年層を対象としたものであるため、仮に政府主導で宗教的規範が強まれば自分たちが標的になるといった不安を彼らが抱いていることも想像できる。

信仰は広く個々人のなかで今日も維持され、また宗教が統治原理として機能することへの一定の期待もある一方、多くの人々が宗教に求めているのは中庸なあり方だと言うことができよう。これはすでに述べたイスラエルでの抗議運動に関し、保守的な勢力の主張に反対する人々も世俗的とはいえ同じユダヤ教徒であることにも通じる。

中東における宗教と寛容

先に、過激主義やテロリズムを批判する際に体制側がしばしば「本来のイスラーム」といった表現を用いることに言及した。体制側が称揚する以上、ここで言う「本来のイスラーム」とはまずもって体制に協力的な、あるいは脅威とはなりえないノンポリティカルなあり方を指す。これを原則として国家が形成を試みる公式なイスラーム言説には、西洋近代が掲げてきたあるべき宗教の姿との共通点をいくつか見出すことができる。

なかでも今日、最も目立つのは「寛容」というキーワードだ（「穏健」や、先に指摘した「中庸」もこの文脈では類語として扱うことができる）。寛容はジョン・ロック、ヴォルテール、ルソーといったいわゆる啓蒙思想家たちが主張したように、宗教からの解放を目指す近代国民国家のもとで宗教に求められた姿の一つである。同時に寛容は、体制を脅かすものを「不寛容」と断罪し、合法的に排除するための権力、あるいは暴力としても機能してきた〔高尾二〇二二〕。

中東諸国では、寛容なイスラームという標語がとりわけ後者の役割を担っている。この始まりがいつかを特定するのは難しいが、エジプトやシリアでは一九七〇年代、スーフィズム（イスラーム神秘主義）が寛容なイスラームを謳い、イスラーム政治運動や過激主義のオルタナティブ、ないし対抗馬としての役割を負った。この時に見られたのは、スーフィズムが個々人の霊性の涵養を趣旨としており、政治には関与しないという、体制の望む政教分離に協力的な姿勢であった。

二〇〇〇年代以降になると、体制側が積極的に寛容なイスラーム言説を作り上げようとする動きが目立ち始める。これを牽引してきた国の一つがサウディアラビアだ。サウディアラビアと言えば、宗教的価値観を保護、推進することで体制の正統性を維持してきた点で、先述の世俗主義、社会主義、アラブ・ナショナリズムを下地とする非宗教的な体制の国々とは異なる。ここでは寛容なイスラームが政教一致の推進力になってきた。

ところで、宗教が政治に管理される以上、寛容であれ不寛容であれ、その影響を市民は恒常的に受けることになる。宗教が市民にとって不寛容なものとして現れる事例は、日常生活に関わる社会規範、とりわけ女性のそれをめぐって多く指摘されてきた。近年で言えば、二〇二一年にアフガニスタンを支配したターリバーン政権による、女性の就労や教育の制限につながる政策が有名だ。中東イスラーム諸国は、ターリバーンの台頭が地域全体を不安定化させる可能性は低いことや、アフガニスタンに介入する負担の大きさも考慮して、同政権のアフガニスタン支配を事実上黙認したものの、女性に対する規制については過剰な措置と見なして非難する声明を発した。

たしかにターリバーン政権による宗教規範の適用は、世界のイスラーム諸国におけるそれを程度・範囲のいずれの面でも超えている点で不寛容と評されよう。ただし、それをイスラーム諸国が批判するのは、ターリバーンの実践が「本来のイスラーム」ではないという、本質的な観点からではない。各国にとっては、ターリバーンが「本来のイスラーム」という話になると、自国の掲げる「寛容なイスラーム」が「本来のイスラーム」でなくなってしまうことが問題なのである。この点は、二〇一四年から二〇一八年頃にかけてイラク・シリアを中心に猛威を振るった武装組織「イスラーム国（ＩＳ）」の場合も同様だ。もとより「本来のイスラーム」とは何かについての統一見解などはなく、「寛容なイスラーム」といっても、それは体制が掲げるイスラームの正統性の維持を優先した政治的判断・標語にすぎない。そうした事情を踏まえつつ現実の中東の政教関係を眺めると、今日の寛容とは、宗教と政治の結びつきを可能にする一種の免罪符としての面を持ち合わせていると言うこともできる。

二項対立からの脱却

以上に説明したように、宗教と政治が結びついているか、分かれているかに着目した時、中東諸国は決して政教一致ではないが、政治的な宗教と宗教的な政治が混在しているため、政教分離とも言えない状況にある。むしろ本章では、そうした事情を踏まえつつ、結びつくか分かれるかといった二項対立が不可能、あるいは無意味であることを述べてきた。

さらにその前段階の議論として、そもそも宗教と政治を厳密に分けることができるのか、つまり宗教か政治かというもう一つの二項対立の問題も挙げられる。改めて、本章でも紹介した政教一元論に基づいたイスラーム理解が説得力を増すわけだが、それが暗黙裡に対立軸としてきた世俗化論（あるいは宗教学や社会学）もまた、宗教と政治を必ずしも明確に分けられるものとは捉えておらず、宗教とそうでないものとの境界が極めて曖昧であるという理解に立つ。

言い換えれば、世俗化論——正確には、近代化に伴って宗教の影響力が低下するという、世俗化論支持者であっても今や文脈を限定してしか用いない言説——を否定することでイスラームの特殊性が明確になるわけでは必ずしもない。このことは、中東諸国の政教関係を、欧米諸国（あるいは日本）のそれとの差異から描き出そうとする取り組みに関しても同様だ。中東か欧米かといった、いわば三つ目の二項対立が浮上する。

近代国家において、宗教と政治はいずれもその領域を明確にし、決別することが求められてきた。これを背景に、政教の二項対立が有効な理解枠組みと信じられてきたわけだが、今日では逆にそれを特殊な状況と捉える視座も必要であることは、先の世俗化論の説明で触れた点であり、また中東諸国の政教関係を読み解くうえではなおさらだと言えよう。

参照文献

ウィルソン、ブライアン『宗教の社会学――東洋と西洋を比較して』中野毅・栗原淑江訳、法政大学出版局、二〇〇二年。

大塚和夫『イスラーム的――世界化時代の中で』日本放送出版協会、二〇〇〇年。

――「イスラーム世界と世俗化をめぐる一試論」『宗教研究』七八巻二号、二〇〇四年。

カサノヴァ、ホセ『近代世界の公共宗教』津城寛文訳、ちくま学芸文庫、二〇二一年。

ケペル、ジル『宗教の復讐』中島ひかる訳、晶文社、一九九二年。

小杉泰『現代中東とイスラーム政治』昭和堂、一九九四年。

小林周「プラットフォームとしてのイスラーム研究・教育機関――リビアにおける世界イスラーム・ダアワ協会の役割」『アジア・アフリカ言語文化研究』一〇二号、二〇二一年。

末近浩太『中東政治入門』ちくま新書、二〇二〇年。

高尾賢一郎『サウジアラビア――「イスラーム世界の盟主」の正体』中公新書、二〇二一年。

――「現代イスラーム世界をめぐる寛容のリアルポリティクス」『哲学・思想論集』四七号、二〇二二年。

森孝一『宗教からよむ「アメリカ」』講談社、一九九六年。

保井啓志「「中東で最もゲイ・フレンドリーな街」――イスラエルの性的少数者に関する広報宣伝の言説分析」『日本中東学会年報』三四巻二号、二〇一八年。

吉村慎太郎『イラン・イスラーム体制とは何か――革命・戦争・改革の歴史から』書肆心水、二〇〇五年。

ラブキン、ヤコヴ・M『イスラエルとは何か』菅野賢治訳、平凡社新書、二〇一二年。

ルックマン、トーマス『見えない宗教――現代宗教社会学入門』赤池憲昭訳、ヨルダン社、一九七六年。
Asda’a BCW. 2023. *My Identity : Guided By Faith.* Arab Youth Survey. (https://arabyouthsurvey.com/en/findings/ 二〇二三年九月三〇日閲覧)
Mandaville, Peter. 2014. *Islam and Politics (2nd Edition)*. Routledge.

コラム

権威主義と民主主義

民主主義体制とは統治者が競争的な選挙を通じて選ばれる体制をいい、そうではない体制を権威主義体制という。日本のほかイギリスやアメリカといった西側の国々は民主主義体制をとっているが、中国やロシアを代表例に、権威主義体制をとる国々の数は少なくない。むしろ、今日の世界の状況を見ると権威主義体制のほうが民主主義体制よりも数が多く、しかも、権威主義体制の数は増加傾向にある。「多様な民主主義」（Variety of Democracy：V-Dem）指標によれば、二〇一二年に権威主義体制をとる国の数は八五カ国（全体の四五％）であったが、二〇二二年には八九カ国（全体の四七％）まで増加しているとされる。さらに、権威主義体制下に暮らす人口の割合について見れば、二〇一二年には四六％であったが、二〇二二年には七二％にまで増えているとされる。

近年の権威主義化の傾向は中東でも同様に見られる。V-Dem では二〇一二年にはチュニジア、トルコ、イスラエルが民主主義と考えられていたが、二〇二二年ではイスラエルのみとなっている。二〇一一年の「アラブの春」により中東各地で権威主義支配が軟化する傾向が見られたものの、それは一時的なものに止まり、今日では「アラブの春」以前よりも権威主義支配が強まっている。

ただし、今日の中東諸国のほとんどが権威主義体制であるからといって、独裁者が選挙などの制約を受けずに思いのままに統治をしているわけではない。中東でも多くの国で民選の議会が設けられており、権限に制約があるとはいえ、議会が政策決定に一定の影響力を果たしている。筆者が研究してきたヨルダンは君主制であり、世襲の君主が広い統治権限を保持しているものの、議会にも一定の立法権限が認められている。さらに、ヨルダンの君主は首相の任命権限を持ち、民意に沿わない首相任命が可能であり、制度上首相が責任を負うのは君主に対してのみであるが、実際には民意が大きな影響を与えるケースが少なくない。二〇一八年に税制改正問題をめぐった大衆抗議運動の広がりを受けたムルキー首相の辞任はその典型例である。君主制という一見絶対的な支配体制であっても、実際には一定の制度的、社会的な制約を受けているのである。権威主義体制研究においては、権威主義体制がどのような制約を受けており、その制約の中でどのように支配を保っているのかについて、選挙はもちろんのこと、非公式のパトロネージの利用、必ずしも暴力によらない社会統制のあり方など、さまざまな角度から研究が進められている。

権威主義体制は世界に広がっているが、さまざまな類型の権威主義体制が存在するというのが中東地域の特徴である。中東には君主制が八カ国あるが、これほどの権威主義君主制を抱える地域は他にない。その君主制も、サウディアラビアやクウェートのように石油の富に支えられた君主制と、そのような資源に恵まれないヨルダンやモロッコとがあり、それぞれに独特な支配が行われている。共和制の国々の中にも、イスラーム共和制をとるイラン、軍部の影響力の強いエジプト、バアス党の一党支配によるシリアなど、さまざまな形態の体制が含まれる。近年の権威主義体制研究では選挙など共通の機能を通してさまざまな権威主義体制を比較し、その一般的な性質を解明しようとする研究が盛んであるが、選挙がその背景にある政治社会に立脚しており、政治社会が政治体制の形態の違いと深く結びつくことを踏まえるならば、権威主義体制の下位類型の特徴を掘り下げた研究も重要である。この点は中東の権威主義体制研究がフロンティアを開拓しうる研究視角と言える。

体制類型の多様性は中東の民主主義についても同様である。イスラエルは全国一区の比例代表制度による一院制をとっており、少数政党の乱立する議会でダイナミックな政治が展開される。(V-Demでは民主主義と考えられていない国々だが、)レバノンやイラクはさまざまな宗派集団による権力分有体制となっている。自民党の一党優位体制である日本や二大政党制をとる米国とはまた違った形の民主主義が中東では営まれているのである。このように、中東政治研究は、権威主義体制、民主主義体制のいずれについても、政治体制のさまざまなあり方、そしてその背景にある政治社会の多様性を探究しうる研究領域である。(渡邊　駿)

終章　さらなる学びへ

末近浩太
松尾昌樹

中東は、日本から遠い地域である。物理的にはその大部分がヨーロッパよりも近いはずだが、心理的にはそれよりも遠く感じるだろう。国際化やグローバル化の時代の到来が謳われるなか、私たちは外国や世界について「学ぶ」ことを求められている。そして、それは私たちの人生を豊かにする営みでもある。私たちにはまだまだ知らない世界がある。世界は東／南／東南アジア、アフリカ、南北アメリカ、ヨーロッパといった複数の地域から構成されるが、なかでも中東は、心理的に遠いがゆえに、とくに好奇心を掻き立てる地域の一つだろう。それを「学ぶ」ことで、中東という地域を理解するだけでなく、私たちがそれまで当たり前だと思っていた事物が案外そうではない事実に直面する。未知のものを知った時、私たちはそれを知る前の自分とは別の人間になる。

編者らが学生生活を過ごし、また、中東を「学ぶ」ことを志した一九九〇年代初めは、米ソの冷戦が終わったことで、世界を東西に隔てていた壁がなくなり世界が一つになっていく期待に満ちていた。国際化、国際政治、国際経済など「国際」を冠した言葉が並び、そして、それらが今よりもずっと輝いていた時代だった。そうしたなかで、「学ぶ」べき地域の一つとしての中東への関心も高まっていった。そんな当時と比べると、今日では中東を「学ぶ」ことはもっと自然な営みになっているのかもしれない。国際化は今ではグローバル化と呼ばれるようになり、格段に身近になった海外旅行やネット上に溢れる情報を通じて、中東の事物に簡単に触れられるようになった。もはや中東は、かつてのような謎と不思議に満ちた魅惑的な地域ではなくなったのかもしれない。

しかし、「国際」を冠した言葉が陳腐化し、外国や世界を「学ぶ」ことが自然な営みになったとしても、その大切さや楽しさが失われたわけではない。中東はこれからも私たちの前に広がる未知の世界であり、知的欲求に飢えた私たちを惹きつけてやまない奥深く豊かな地域であり続ける。そんななか、私たちは、簡単に集められるようになった情報からそれらしく構成される中東ではなく、自分で触れ、悩み、感動し、試行錯誤した結果を他者と共有しながら立ち現れる中東の理解に努めたいと思っている。ゆえに、私たちは中東を「学ぶ」。

異文化理解の呪い

外国や世界について「学ぶ」ことは、日本では「異文化理解」と呼ばれてきた。その理念は、国際化やグローバル化が進むなかで異なる文化的背景を持つ人々との共存を実現することにある。海外でのビジネスでも留学でも、日本を訪れる外国人への対応でも、「文化の違い」を理解することが、円滑なコミュニケーションの確立や無用なトラブルの回避を可能とする。異質な他者との交流や接触が増えていくなかで、こうした異文化理解の促進が大切であることは論を俟たない。

しかし、異文化理解は万能ではない。この言葉を構成する「異文化」にも「理解」にも弱点があることを、私たちは改めて考える必要がある。それらの弱点は――「呪い」とも呼ぶべきか――、私たちの異文化理解を促進するどころか、反対に停滞させかねない問題を含むからである。

「異文化」という言葉を何度も口にしていくうちに、自文化との違いばかり、あるいは違いだけにフォーカスする認知の癖がついていく。もちろん、それこそが異文化理解の理念であるものの、「同」を等閑視し「異」を求めていくなかで、理解すべき相手を過度に他者化することにつながりかねない。中東や中東の人々を、日本や日本で暮らす人々とは異質な他者と見なすのは容易いが、それゆえに、「私たち」と「彼ら」が何も変わらない同じ人間であるという当たり前の事実が見えにくくなる。中東の人々は、私たちと異なる宗教（イスラームやユダヤ教）を奉じていたり、独特な色やデザインの衣装を纏っていたり、なじみのない言葉を話していたりする。

しかし、彼らにも、たとえば、親として、子として、学生や職業人としてなど、私たちと同じ人間としての生活と人生がある。中東と向き合う時に異文化として構えすぎると、そんな当たり前の事実を見逃してしまう。そして、場合によっては、ニュースの映像に映し出されるパレスチナでの紛争の被害者やシリアからの難民の姿を見ても、私たちとは異質な他者だから、と想像力を欠いたまま納得してしまうかもしれない。

他方、「理解」という言葉にも、私たちが乗り越えなくてはならない問題が含まれている。中東を「理解」できた、とは、どんな状況を指すのだろうか。言い換えれば、中東を最も「理解」している人とは、どんな人のことを指すのだろうか。私たちに思い浮かぶのは、中東に長く滞在した経験を持つ人や、現地に知人・友人、あるいは情報源を持っている人だろう。中東という地域へのコミットメントが強ければ強いほど、その人は深く中東のことを理解できている――それは、自然なイメージである。

たとえば、2-2「移民・難民」でも触れた「アラビアのロレンス」――イギリス（当時は大英帝国）の考古学者・陸軍情報将校のT・E・ロレンス（一八八八～一九三五年）――は、アラブ人の考え方や感じ方を最も深く理解していた人物として評価されている。彼の冒険活劇を描いた同名の古典映画を観た人もいるかもしれない。ロレンスは、イギリスの国策ではあったがアラブの独立運動に自ら参加し、アラブ人たちとともにオスマン帝国軍と戦った。戦争という極限状態のなかで彼らと苦楽をともにし、ロレンスは彼らを深く理解していく。いわばアラブ人になりきることで、彼らの魂に触れたということである。これが中東の「理解」だとすれば、私たちの「学び」はそれに及ぶことはなく、常に不完全なままに終わることが約束される。決して越えられない、あまりにも高いハードルである。

本書が提示しようとしてきた「学び」は、こうした異文化理解の「異文化」と「理解」の問題を乗り越えようとするものである。端的に言えば、学問としての「学び」であり、「異」ばかりではなく「同」への想像力、そして、個人の経験ではなく集団の学知に基づく、いわば開かれた「学び」である。

◆中東を学問として「学ぶ」

学問は、特定の国や地域のためではなく、すべての人々にとっての普遍的真理の探究のために存在してきた。また学問は、集合的かつ体系的な営為である。世界中の何千人、何万人、何十万人もの研究者たちが積み上げてきた知見と磨き上げてきた方法・手法が浮き彫りにしてきた中東の姿がある。本書に収められた各章の執筆者たちも中東研究者であり、そうした膨大な知の蓄積と自身の知的営為を往復しながら、中東をよりよく理解するための言葉を紡ぎ出してきた。それらは、すべての人々が中東を理解するための言葉であり、過去の研究者との議論や対話のなかで生成された言葉である。私たちは、誰もがこの開かれた「学び」に触れることができ、また、介入することが許されている。

もちろん、中東については、それが日本語で書かれていれば、日本語を解する読者が想定されるため、自文化が参照点になることを完全に避けることはできない。たとえば、中東に関する日本語の本をフランス語に翻訳した時、それはどのように読まれるだろうか。フランスで暮らす人たちからすれば、たしかに中東の人たちは異質な他者ではあるが、日本から見たそれとはニュアンスが違うはずである。フランスは日本よりも中東に物理的に距離が近く、歴史的な関係も深く、さらに今日では中東からの多くの移民を抱えているからである。そのため、日本で書かれた中東に関する本は、フランスの人々にとっては簡単すぎたり、場合によっては的外れに感じるかもしれない。どのような中東研究も、書かれた言語やその言語が話されている社会の影響から自由にはなれない。

そうした制約があるにせよ、学問としての中東の「学び」は、すべての人々にとっての普遍的真理の探究の理念のもとに、中東という地域の現実をよりよく理解しようとしてきた。序章でも述べたように、学問は、私たちすべての生活や人生、そして、社会や世界を豊かにするものでなくてはならない。生や死の意味の探究を続けてきた哲学も、病理や治療法の解明に取り組んできた医学も、特定の「私たち」だけでなく、すべての人々のためのものである。本書が論じてきた「学び」は、誰もがアクセスできる学問としての「学び」、そして、普遍的な「学び」である。

日本で中東を「学ぶ」

学問のあるべき姿については、しかしながら、近年の日本では国の立場としても社会のムードとしても、役に立つかどうかが重視されるようになった。この場合の「役に立つ」は、地球温暖化や感染症のパンデミックといった現下の問題群に対する解決を導くという意味に加えて、日本という国の利益、すなわち国益に資するという意味を含んでいる。中東研究も例外ではない。テロリズム対策、エネルギー安全保障、移民政策など、中東研究が「役に立つ」と想定されるイシューや政策は少なくない。しかし、序章でも述べたように、日本という国の利益のみに資する研究は、自身の立場に適合した情報や知識のみで構成された歪んだ中東を構成しやすくなる。そもそも、すぐに役に立つ研究はすぐに役に立たなくなる。なぜなら、役に立つかどうかの事前判断には「想定外」が想定されていない、いや、原理的にされえないからである。

本書が論じてきた普遍的な「学び」は、日本の国や社会に資するように最適化されたものではない。また、研究者自身が中東に存在する研究対象になんらかの思い入れがあるが、だからといってその観察対象を代弁するような主張を展開するようなものでもない。中東をまなざす時に私たちが拠りどころとすべきは、政治的立場ではなく、「学ぶ」ことそのものである。中東研究の学知を自身のなかに蓄えながら、その知識に基づいて中東を解釈し、自身の見解を述べることが、私たちの主張を確かにする。そして、この主張に基づいて批判し、批判され、議論を続けることで新たな理解を作り上げられる。もちろん、その「学び」やそこから得た知見をどのように使うか、使うべきであると考えるか、それらは常に個人の自由へと開かれている。重要なのは、本書の「学び」がその逆ではないことである。

変化する日本と中東との関係

そもそも、日本と中東との関係も時代とともに大きく変化している。「先進国の日本と途上国としての中東諸国」という関係は、すでに時代遅れとなっている。平和と繁栄を築くことに失敗した「紛争と低開発の地域」といったイメージも、もはや現実から乖離しつつある。文化的にも、社会経済的にも、政治的にも、日本と中東との関係は変化を続けてきた。

文化的には、中東は長らく砂漠やラクダのイメージから構成されるエキゾチックな世界であった。こうした古典的なオリエンタリズムに根ざした安易な中東イメージは、今でもマスメディアの報道やサブカルチャーのコンテンツでも頻繁に見ることができる。しかし、中東の人々がそうしたイメージを最も稼げる「商品」として再生産してきた現実にも目を向けなければならない。事実、中東諸国では砂漠ツアーや迷路のような市場が相変わらず外国からの観光客の人気を博している。そこには、日本が一方的に中東を観察・消費するのではなく、中東の側が主体的に関係のあり方を規定しようとしており、それが私たちの中東イメージを下支えしているという一面がある。

社会・経済的には、日本にとって中東諸国、とくに湾岸アラブ諸国は、最大の天然資源の供給源であり、日本の社会と経済にとっての生命線であり続けてきた。今後も中東で生産される原油や天然ガスへの依存は続くと見込まれている。しかし、世界規模での脱炭素社会への移行の取り組みが進むなかで、中東産の原油や天然資源への依存が減っていけば、日本にとっての中東諸国の位置づけも変わってくるだろう。また、多くの中東諸国が経済発展や産業化の停滞に依然として直面しているものの、産油国を中心に一人あたりのGDPにおいて日本を凌駕するような国も現れており、豊富な資金を背景に新たな科学技術や法制度を導入した未来型の社会を築こうとする動きも出てきている。

政治的な面では、相変わらず紛争やテロリズムへの関心、とくに二一世紀まで解決が持ち越されているパレスチナ問題への関心は相変わらず高い。中東での出来事がテレビ、新聞、ネットで大きく取り上げられる際のほとんどは、紛争やテロリズムの発生時である傾向に大きな変化はない。実際、紛争やテロリズムは、発生件数を増減させながらも、中東では依然として深刻な政治的な問題であり続けている。さらに、イラク、シリア、イエメン、リビアなどでの非国家主体の台頭や、国境を越える紛争の拡大や連鎖など、政治的暴力は近年質的にも変化している。日本が中東から受ける影響は量的にも質的にも一定ではなく、それゆえに知識のアップデートを続けながら、中東が長年抱えてきた深刻な課題の解決に日本がどのように貢献できるのか考えていく必要がある。

このように、日本にとって中東の存在は、時代とともに変化し、今後も変化を続けていくだろう。しかし、いや、だからこそ、繰り返しになるが、学問として中東を「学ぶ」ことが重要となる。特定の「私たち」に「役に立つ」ように最適化された痩せ細った知識ではなく、学問を通して生み出される集合的・体系的な学知こそが、こうした変化に対応していくうえでも重要なものになる。

「中東を学ぶ」人のみが見られる中東の風景

中東は変化し続けている。とくに近年の中東は変化のフェーズを迎えており、政治・経済・社会・文化のすべての面において、大きな変化が進行している。こうした変化はさまざまなニュースを通じて読者の目に触れることになるだろうが、これは本書で得た「学び」を活かすよい機会だろう。ニュース解説に対して「それは違うのではないか」「別の解釈もあるのではないか」と、知識に基づいて自分の見解を持つことができるかもしれない。あるいは、各章で提示されているテーマに対する著者の解釈に対しても、それとは異なる考えを持つ読者もいるだろう。あるいは、各章のページが限られているために読者の知的欲求が各章の内容を超えてしまうこともあるだろう。

このような読者に応えるため、巻末には「中東を学ぶ人のための必読文献リスト」が提示されている。ひとまずはこの文献リストを参照いただき、各章の議論の中心となっているもの、あるいは入手しやすいもの、読みやすそうなものを手に取り、さらに知識を増やしてはいかがだろう。あるいは、各章の読書案内に挙げられた文献の著者を訪ねて研究室のドアを叩くのもよい。近年は社会人の大学・大学院入学の制度も整備されているので、学び・学び直しの機会は豊富に存在する。

いっそのこと、ガイドブックと一緒に本書を鞄に入れて中東を訪問するというのもいいだろう。しばしば「まったく知らない場所に行くと新鮮な出会いがある」と言われるが、これは、半分は正しく、半分は間違っている。現地に関する豊富な知識を持ち、それを使って日常的に現地を眺めている中東研究者であっても、現地を訪問するたびに新しい現実に出会い、驚く。もっと別の切り口が必要だ、別の解釈がありそうだと、「学び」を刷新する機会を現地は提供してくれる。編者は現地のカフェや公園のベンチで研究書を開くことを無二の楽しみにしている。ページから顔を上げた時に現れる現実の街並みは、普段とは違って見える。「学び」とは新しい風景を見ることだ。「中東を学ぶ」人のみが見られる中東の風景を、ぜひみなさんにも見ていただきたい。

土屋一樹編『中東アラブ企業の海外進出』岩波書店，2013 年。
Azzam, Henry T. 1988. *The Gulf Economies in Transition*. Macmillan Press.

世界のなかの中東

アントニウス，ジョージ『アラブの目覚め』木村申二訳，第三書館，1989 年。

ウォルト，スティーヴン・M『同盟の起源——国際政治における脅威への均衡』今井宏平・溝渕正季訳，ミネルヴァ書房，2021 年。

小野沢透『幻の同盟——冷戦初期アメリカの中東政策』上・下巻，名古屋大学出版会，2016 年。

溝渕正季「冷戦終結以降の中東における地域秩序の変遷——「アメリカの覇権」の趨勢をめぐって」*NUCB journal of economics and information science*, 59 (2)，2015 年。

レンツォウスキー，ジョージ『冷戦下・アメリカの対中東戦略』木村申二・北澤義之訳，第三書館，2002 年。

紛　争

今井宏平編『クルド問題——非国家主体の可能性と限界』岩波書店，2022 年。

酒井啓子編『現代中東の宗派問題——政治対立の「宗派化」と「新冷戦」』晃洋書房，2019 年。

末近浩太・遠藤貢編『紛争が変える国家』岩波書店，2020 年。

松尾昌樹・岡野内正・吉川卓郎編『中東の新たな秩序』ミネルヴァ書房，2016 年。

Gause, F. Gregory Ⅲ. 2010. *The International Relations of the Persian Gulf*. Cambridge University Press.

パレスチナ問題

臼杵陽『世界史の中のパレスチナ問題』講談社現代新書，2013 年。

シュライム，アヴィ『鉄の壁——イスラエルとアラブ世界』上・下巻，神尾賢二訳，緑風出版，2013 年。

立山良司『ユダヤとアメリカ——揺れ動くイスラエル・ロビー』中公新書，2016 年。

パペ，イラン『パレスチナの民族浄化——イスラエル建国の暴力』田浪亜央江・早尾貴紀訳，法政大学出版局，2017 年。

ハーリディー，ラシード『パレスチナ戦争——入植者植民地主義と抵抗の百年史』鈴木啓之・山本健介・金城美幸訳，法政大学出版局，2023 年。

宗教と政治

伊達聖伸『ライシテから読む現代フランス——政治と宗教のいま』岩波新書，2018 年。

ホメイニー、ルーホッラー・ムーサヴィー『イスラーム統治論・大ジハード論』富田健次訳、平凡社、2003 年。

諸岡了介『世俗化論の生成——宗教という問いのゆくえ』ミネルヴァ書房，2023 年。

Tamimi, Azzam and John L. Esposito eds. 2000. *Islam and Secularism in the Middle East*. New York University Press.

Issawi, Charles. 1982. *An Economic History of the Middle East and North Africa*. Routledge.

メディア

千葉悠志『現代アラブ・メディア――越境するラジオから衛星テレビへ』ナカニシヤ出版，2014 年。

千葉悠志・安田慎編『現代中東における宗教・メディア・ネットワーク――イスラームのゆくえ』春風社，2021 年。

保坂修司『サイバー・イスラーム――越境する公共圏』山川出版社，2014 年。

マイルズ，ヒュー『アルジャジーラ――報道の戦争　すべてを敵に回したテレビ局の果てしなき闘い』河野純治訳，光文社，2005 年。

Khalil, Joe F., et al. eds. 2023. *The Handbook of Media and Culture in the Middle East*. Global Media and Communication Handbook Series. John Wiley & Sons.

経済開発

Cammett, Melani, et al. 2015. *A Political Economy of the Middle East*. Westview Press.
Hertog, Steffen, et al. 2013. *Business Politics in the Middle East*. Hurst.
Wilson, Rodney. 2021. *Economic Development in the Middle East*. 3rd Edition, Routledge.

石油／脱石油

兼清賢介監修『石油・天然ガス開発のしくみ――技術・鉱区契約・価格とビジネスモデル 改訂版』化学工業日報社，2020 年。

松尾昌樹『湾岸産油国――レンティア国家のゆくえ』講談社，2010 年。

ヤーギン，ダニエル『探求――エネルギーの世紀』上・下巻，伏見威蕃訳，日本経済新聞出版社，2015 年。

ロス，マイケル・L『石油の呪い――国家の発展経路はいかに決定されるか』松尾昌樹・浜中新吾訳，吉田書店，2017 年。

Krane, Jim. 2019. *Energy Kingdoms : Oil and Political Survival in the Persian Gulf*. Columbia University Press.

イスラーム金融

小杉泰・長岡慎介『イスラーム銀行――金融と国際経済』山川出版社，2010 年。

長岡慎介『現代イスラーム金融論』名古屋大学出版会，2011 年。

――――『お金ってなんだろう？――あなたと考えたいこれからの経済』平凡社，2017 年。

――――『資本主義の未来と現代イスラーム経済』上・下巻，詩想舎，2020 年。

ハシャン・アンマール『イスラーム経済の原像――ムハンマド時代の法規定形成から現代の革新まで』ナカニシヤ出版，2022 年。

中東でのビジネス

桜井啓子編『イスラーム圏で働く――暮らしとビジネスのヒント』岩波新書，2015 年。

高良留美子『アジア・アフリカ文学入門』オリジン出版センター，1983年。

サアダーウィー，アフマド『バグダードのフランケンシュタイン』柳谷あゆみ訳，集英社，2020年。

関根謙司『アラブ文学史——西欧との相関』六興出版，1979年。

ターミル，ザカリーヤー『酸っぱいブドウ／はりねずみ』柳谷あゆみ訳，白水社，2018年。

中東の近現代思想

岡崎弘樹『アラブ近代思想家の専制批判——オリエンタリズムと〈裏返しのオリエンタリズム〉の間』東京大学出版会，2021年。

栗田禎子・岡崎弘樹「中東・イスラーム世界と帝国主義——アフガーニーと抵抗のネットワークの形成」姜尚中総監修『アジア人物史第9巻　激動の国家建設』集英社，2024年。

マアルーフ，アミン『アイデンティティが人を殺す』小野正嗣訳，ちくま学芸文庫，2019年。

Hourani, Albert. 1983[1962]. *Arabic Thought in the Liberal Age 1798-1939*. Cambridge University Press.

ジェンダー

アブー=ルゴド，ライラ『ムスリム女性に救援は必要か』鳥山純子・嶺崎寛子訳，書肆心水，2018年。

長沢栄治監修「イスラーム・ジェンダー・スタディーズ」シリーズ，明石書店，2019年〜。

バトラー，ジュディス『ジェンダー・トラブル 新装版——フェミニズムとアイデンティティの攪乱』竹村和子訳，青土社，2018年。

嶺崎寛子「イスラームとジェンダーをめぐるアポリアの先へ」『宗教研究』93巻2号，2019年。

柳橋博之『イスラーム家族法——婚姻・親子・親族』創文社，2001年。

移民・難民

長坂道子『難民と生きる』新日本出版社，2017年。

錦田愛子編『政治主体としての移民／難民——人の移動が織り成す社会とシティズンシップ』明石書店，2020年。

映画『アラビアのロレンス』(イギリス，1962年，227分)。

映画『歌声にのった少年』(パレスチナ，2015年，98分)。

都市と農村

園部哲史・藤田昌久編『立地と経済発展——貧困削減の地理的アプローチ』東洋経済新報社，2010年。

山口直彦『アラブ経済史——1810〜2009年』明石書店，2010年。

中東を学ぶ人のための必読文献リスト

全　体

今井宏平編『教養としての中東政治』ミネルヴァ書房，2022年。

オーウェン，ロジャー『現代中東の国家・権力・政治』山尾大・溝渕正季訳，明石書店，2015年。

大塚和夫『イスラーム的――世界化時代の中で』講談社学術文庫，2015年。

私市正年・浜中新吾・横田貴之編『中東・イスラーム研究概説――政治学・経済学・社会学・地域研究のテーマと理論』明石書店，2017年。

酒井啓子『〈中東〉の考え方』講談社現代新書，2010年。

阪本公美子・岡野内正・山中達也編『日本の国際協力 中東・アフリカ編――貧困と紛争にどう向き合うか』ミネルヴァ書房，2021年。

末近浩太『中東政治入門』ちくま新書，2020年。

鈴木董『オスマン帝国の解体――文化世界と国民国家』講談社学術文庫，2018年。

師岡カリーマ・エルサムニー『変わるエジプト，変わらないエジプト』白水社，2013年。

ローガン，ユージン『アラブ500年史――オスマン帝国支配から「アラブ革命」まで』上・下巻，白須英子訳，白水社，2013年。

言語と宗教

小杉泰『イスラームとは何か――その宗教・社会・文化』講談社現代新書，1994年。

佐藤次高・岡田恵美子編『イスラーム世界のことばと文化』（世界のことばと文化シリーズ），成文堂，2008年。

竹田敏之『現代アラビア語の発展とアラブ文化の新時代――湾岸諸国・エジプトからモーリタニアまで』ナカニシヤ出版，2019年。

ランディ，ポール『イスラーム――この1冊でイスラームのすべてが見える』小杉泰監訳，ネコ・パブリッシング，2004年。

歴史叙述

イブン・イスハーク著，イブン・ヒシャーム編註『預言者ムハンマド伝』全4巻，後藤明・医王秀行・高田康一・高野太輔訳，岩波書店，2010-12年。

イブン・バットゥータ著，イブン・ジュザイイ編『大旅行記』全8巻，家島彦一訳注，平凡社，1996-2002年。

イブン=ハルドゥーン『歴史序説』全4巻，森本公誠訳，岩波文庫，2001年。

アラブ小説

カナファーニー，ガッサーン『ハイファに戻って／太陽の男たち』黒田寿郎・奴田原睦明訳，河出文庫，2017年。

「現代アラブ小説全集」シリーズ，全10巻，河出書房新社，1978-89年。

（注１）日本を含め国際社会の大多数には認められていない。
（注２）数字はイスラエルが併合した東エルサレム及びゴラン高原を含むが，同併合は日本を含め国際社会の大多数には承認されていない。
（注３）パレスチナ自治政府所在地。
（注４）2023年，パレスチナ中央統計局（PCBS）。西岸地区：約325万人，ガザ地区：約222万人。
パレスチナ難民数：約639万人（2021年，UNRWA）。西岸108万人，ガザ164万人，ヨルダン246万人，シリア65万人，レバノン54万人。
（注５）1947年に国連総会はパレスチナをアラブ国家とユダヤ国家に分裂する決議を採択。
出　所：CIA Factbook（https://www.cia.gov/the-world-factbook/）をもとに作成，一部改変。人口は，2023年推計。
パレスチナは，外務省ホームページ「パレスチナ基礎データ」（https://www.mofa.go.jp/mofaj/area/plo/data.html#section1）をもとに作成。
面積は，外務省ホームページ「国・地域」（https://www.mofa.go.jp/mofaj/area/index.html）をもとに作成。
作成者：編者および二宮さち子

中東を学ぶ人のための国別データシート

国名	首都	人口（万人）	独立年	面積（km²）	面積（日本との比較）	公用語
トルコ	アンカラ	8359	1923	780,576	日本の約2倍	トルコ語
イラン	テヘラン	8759	1979	1,648,195	日本の約4.4倍	ペルシア語
シリア	ダマスカス	2293	1946	185,000	日本の約半分	アラビア語
イラク	バグダード	4127	1932	438,300	日本の約1.2倍	アラビア語，クルド語
レバノン	ベイルート	533	1943	10,452	岐阜県程度	アラビア語
イスラエル	エルサレム（注1）	904（注2）	1948	22,000（注2）	四国程度	ヘブライ語（アラビア語：特別な地位を有する）
パレスチナ	ラーマッラー（西岸地区）（注3）	548（注4）	（注5）	6,020 西岸地区：5,655 ガザ地区：365	西岸地区：三重県と同程度 ガザ地区：福岡市よりやや広い	アラビア語
ヨルダン	アンマン	1109	1946	89,000	日本の約4分の1	アラビア語
クウェート	クウェート・シティ	310	1961	17,818	四国とほぼ同じ	アラビア語
サウディアラビア	リヤド	3594	1932	2,150,000	日本の約5.7倍	アラビア語
バハレーン	マナーマ	155	1971	786.5	宮城県仙台市とほぼ同じ	アラビア語
カタル	ドーハ	253	1971	11,427	秋田県よりもやや狭い	アラビア語
アラブ首長国連邦	アブダビ	997	1971	83,600	日本の約4分の1，北海道程度	アラビア語
オマーン	マスカット	383	1970	309,500	日本の約85%	アラビア語
イエメン	サナア	3157	1990	555,000	日本の約1.5倍弱	アラビア語
エジプト	カイロ	1億955	1922	1,000,000	日本の約2.7倍	アラビア語
スーダン	ハルトゥーム	4920	1956	1,880,000	日本の約5倍	アラビア語，英語
リビア	トリポリ（タラーブルス）	725	1951	1,760,000	日本の約4.6倍	アラビア語
チュニジア	チュニス	1198	1956	163,610	日本の約5分の2	アラビア語
アルジェリア	アルジェ	4476	1962	2,380,000		アラビア語，アマーズィーグ語
モロッコ	ラバト	3707	1956	446,000（西サハラ除く）	日本の約1.2倍	アラビア語，アマーズィーグ語

ま行

や行，ら行，わ

A~Z

な行

は行

さ行

た行

か行

ま行

や行, ら行

事　項

あ行

索　引

人　名

あ行

か行

さ行

た行

な行

は行

エルサレム問題の諸相』(晃洋書房, 2020), 論文に "Normalization with Enemy or Support for Brethren?" *Kyoto Bulletin of Islamic Area Studies,* 14 (2021), 訳書にラシード・ハーリディー著『パレスチナ戦争』(共訳, 法政大学出版局, 2023) など。(4-3)

高尾賢一郎 (たかお　けんいちろう)
中東調査会研究主幹。博士(神学)。主な著書に『イスラーム宗教警察』(亜紀書房, 2018),『サウジアラビア』(中公新書, 2021),『宗教と風紀』(共編著, 岩波書店, 2021) など。(4-4)

中町信孝 (なかまち　のぶたか)
甲南大学文学部教授。博士(文学)。主な著書に『「アラブの春」と音楽』(DU BOOKS, 2016) など。(第1部コラム)

村上　薫 (むらかみ　かおる)
日本貿易振興機構アジア経済研究所新領域研究センター主任調査研究員。修士(都市環境学)。主な著書に『不妊治療の時代の中東』(編著, アジア経済研究所, 2018) など。(第2部コラム)

岩﨑葉子 (いわさき　ようこ)
日本貿易振興機構アジア経済研究所地域研究センター中東研究グループ長。博士(経済学)。主な著書に『サルゴフリー店は誰のものか』(平凡社, 2018) など。(第3部コラム)

渡邊　駿 (わたなべ　しゅん)
日本エネルギー経済研究所中東研究センター主任研究員。博士(地域研究)。主な著書に『現代アラブ君主制の支配ネットワークと資源分配』(ナカニシヤ出版, 2022) など。(第4部コラム)

著，2023），“Industrial Linkage, Vertical Integration and Firm Performance,” *Quality and Quantity,* 58(1)（共著，2023）など。(2-3)

千葉悠志（ちば　ゆうし）
京都産業大学国際関係学部准教授。主な著書に『現代アラブ・メディア』（ナカニシヤ出版，2014），『現代中東における宗教・メディア・ネットワーク』（共編著，春風社，2021），“Arabic News Channels in the Middle East,” *The Handbook of Media and Culture in the Middle East*（John Wiley & Sons，2023）など。(2-4)

土屋一樹（つちや　いちき）
日本貿易機構アジア経済研究所地域研究センター研究員，修士（経済学）。主な著書に『エジプト動乱』（共編著，アジア経済研究所，2012），『中東アラブ企業の海外進出』（編著，岩波書店，2013），「アフリカとイスラーム経済」『現代アフリカ経済論』（ミネルヴァ書房，2014）など。(3-1)

堀拔功二（ほりぬき　こうじ）
日本エネルギー経済研究所中東研究センター主任研究員。博士（地域研究）。主な著書に「アラブ首長国連邦におけるインフォーマルな政治と交渉」『インフォーマルな政治制度とガバナンス』（ミネルヴァ書房，2021），「日本・湾岸君主国の関係」『君主制諸国』（ミネルヴァ書房，2023），“Energy First, Business Second,” *Asia in the* GCC（Middle East Council on Global Affairs and Waseda University, 2023）など。(3-2)

長岡慎介（ながおか　しんすけ）
京都大学大学院アジア・アフリカ地域研究研究科教授。博士（地域研究）。主な著書に『現代イスラーム金融論』（名古屋大学出版会，2011），『お金ってなんだろう？』（平凡社，2017），『イスラームからつなぐ2　貨幣・所有・市場のモビリティ』（編著，東京大学出版会，2024）など。(3-3)

齋藤　純（さいとう　じゅん）
日本貿易振興機構アジア経済研究所地域研究センター研究員。博士（経済学）。主な論文に「イラン大統領選挙の UAE 金融市場への影響」『中東研究』519 号（2014），「アラブ首長国連邦の銀行合併と取締役」『中東研究』530 号（2017），“Gulf-Japan Ties, Beyond the Energy Sector,” *Emirates Diplomatic Academy Insight*（共著，2019）など。(3-4)

今井宏平（いまい　こうへい）
日本貿易振興機構アジア経済研究所海外派遣員。Ph.D.（International Relations），博士（政治学）。主な著書に『トルコ 100 年の歴史を歩く』（平凡社新書，2023），『戦略的ヘッジングと安全保障の追求』（有信堂高文社，2023），『エルドアン時代のトルコ』（共著，岩波書店，2023）など。(4-1)

江﨑智絵（えざき　ちえ）
防衛大学校人文社会科学群准教授。博士（国際政治経済学）。主な著書に『イスラエル・パレスチナ和平交渉の政治過程』（ミネルヴァ書房，2013），論文に「非国家主体の対外関係とその規定要因」『国際政治』195 号（2019），「イスラエルによる秩序の模索とグローバル・サウス」『中東研究』549 号（2024）など。(4-2)

山本健介（やまもと　けんすけ）
静岡県立大学国際関係学部講師。博士（地域研究）。主な著書に『聖地の紛争と

執筆者紹介

末近浩太（すえちか　こうた）
奥付の編者紹介に記載。**（序章，第2部・第4部イントロダクション，終章）**

松尾昌樹（まつお　まさき）
奥付の編者紹介に記載。**（序章，第1部・第3部イントロダクション，終章）**

竹田敏之（たけだ　としゆき）
立命館大学立命館アジア・日本研究機構教授。博士（地域研究）。主な著書に『アラビア語表現とことんトレーニング』（白水社，2013），『ニューエクスプレスプラス アラビア語』（白水社，2019），『現代アラビア語の発展とアラブ文化の新時代』（ナカニシヤ出版，2019）など。**(1-1)**

小笠原弘幸（おがさわら　ひろゆき）
九州大学大学院人文科学研究院准教授。博士（文学）。主な著書に『オスマン帝国』（中公新書，2018），『ハレム』（新潮社，2022），『ケマル・アタテュルク』（中公新書，2023）など。**(1-2)**

柳谷あゆみ（やなぎや　あゆみ）
東洋文庫研究員，上智大学アジア文化研究所共同研究員。修士（史学）。主な訳書にザカリーヤー・ターミル著『酸っぱいブドウ／はりねずみ』（白水社，2018），サマル・ヤズベク著『無の国の門』（白水社，2020），アフマド・サアダーウィー著『バグダードのフランケンシュタイン』（集英社，2020）など。**(1-3)**

岡崎弘樹（おかざき　ひろき）
亜細亜大学国際関係学部教員。博士（社会学）。主な著書に『アラブ近代思想家の専制批判』（東京大学出版会，2021），論文に「アラブ近現代思想におけるサイードの位置づけ」『思想』（2023年12月号），訳書にヤシーン・ハージュ・サーレハ著『シリア獄中獄外』（みすず書房，2020）など。**(1-4)**

嶺崎寛子（みねさき　ひろこ）
成蹊大学文学部教授。博士（学術）。主な著書に『イスラーム復興とジェンダー』（昭和堂，2015），『ジェンダー暴力の文化人類学』（共編著，昭和堂，2021），『日本に暮らすムスリム』（編著，明石書店，2024）など。**(2-1)**

錦田愛子（にしきだ　あいこ）
慶應義塾大学法学部教授。博士（文学）。主な著書に『ディアスポラのパレスチナ人』（有信堂高文社，2010），『政治主体としての移民／難民』（編著，明石書店，2020），論文に「中東の難民の状況」『中東協力センターニュース』（2024年1月号）など。**(2-2)**

柏木健一（かしわぎ　けんいち）
筑波大学人文社会系教授。博士（国際政治経済学）。主な論文に “The Impact of Agricultural Cooperatives on Efficiency and Productivity,” *New Medit,* 19(3)(2020), “Effect of Adoption of Organic Farming on Technical Efficiency of Olive-growing Farms,” *Agricultural and Food Economics,* 11(26)（共

編者紹介

末近浩太（すえちか　こうた）

1973年生まれ。京都大学大学院アジア・アフリカ地域研究研究科5年一貫制博士課程修了，博士（地域研究）。立命館大学国際関係学部教授。主な著書に『イスラーム主義と中東政治』（名古屋大学出版会，2013年），『イスラーム主義』（岩波新書，2018年），『中東政治入門』（ちくま新書，2020年）など。

松尾昌樹（まつお　まさき）

1971年生まれ。東北大学大学院国際文化研究科博士後期課程修了，博士（国際文化）。宇都宮大学国際学部教授。主な著書に『湾岸産油国』（講談社，2010年），『中東の新たな秩序』（共編，ミネルヴァ書房，2016年），『移民現象の新展開』（共編，岩波書店，2020年）など。

中東を学ぶ人のために

2024年6月30日　第1刷発行　　定価はカバーに表示しています

編　者　末　近　浩　太
　　　　松　尾　昌　樹

発行者　上　原　寿　明

世界思想社
京都市左京区岩倉南桑原町56　〒606-0031
電話 075(721)6500
振替 01000-6-2908
http://sekaishisosha.jp/

（印刷 太洋社）

ISBN978-4-7907-1790-4